U0629683

权威・前沿・原创

皮书系列为
"十二五""十三五"国家重点图书出版规划项目

企业全球化蓝皮书
BLUE BOOK OF ENTERPRISES GLOBALIZATION

中国互联网科技企业全球化报告（2021）

ANNUAL REPORT ON GLOBALIZATION OF CHINA'S INTERNET
TECHNOLOGY ENTERPRISES (2021)

主　编／清博研究院
副主编／陈发奋　肖黎明

社会科学文献出版社
SOCIAL SCIENCES ACADEMIC PRESS (CHINA)

图书在版编目(CIP)数据

中国互联网科技企业全球化报告. 2021 / 清博研究
院主编. -- 北京：社会科学文献出版社，2021.7
（企业全球化蓝皮书）
ISBN 978 - 7 - 5201 - 8529 - 5

Ⅰ.①中…　Ⅱ.①清…　Ⅲ.①网络公司 - 高技术企业
- 研究报告 - 中国 - 2021　Ⅳ.①F279.244.4

中国版本图书馆 CIP 数据核字（2021）第 129630 号

企业全球化蓝皮书
中国互联网科技企业全球化报告（2021）

主　　编 / 清博研究院

出 版 人 / 王利民
责任编辑 / 丁阿丽　路　红

出　　版 / 社会科学文献出版社（010）59367194
　　　　　　地址：北京市北三环中路甲 29 号院华龙大厦　邮编：100029
　　　　　　网址：www. ssap. com. cn
发　　行 / 市场营销中心（010）59367081　59367083
印　　装 / 天津千鹤文化传播有限公司

规　　格 / 开　本：787mm × 1092mm　1/16
　　　　　　印　张：17.75　字　数：265 千字
版　　次 / 2021 年 7 月第 1 版　2021 年 7 月第 1 次印刷
书　　号 / ISBN 978 - 7 - 5201 - 8529 - 5
定　　价 / 168.00 元

本书如有印装质量问题，请与读者服务中心（010 - 59367028）联系

▲ 版权所有 翻印必究

《中国互联网科技企业全球化报告（2021）》
编委会

委 员（按姓氏笔画排序）

于 洋 毕 严 向安玲 胡燕哲 黄 黎

研创单位简介

　　清博研究院依托动态推演和态势感知等硬核技术，拥有覆盖互联网全平台的数亿个公开数据和一流学术资源，配置150多位全职分析师，深耕于互联网发展、新媒体业态、舆论感知、社会治理、中美博弈、国际传播、产业发展、企业营商、风险预测等多个领域。研究团队在多项 AI 和大数据国内外比赛中荣获第一名或金牌。目前，清博研究院已积累千亿数据、亿级知识节点，致力于用数据智能驱动产业发展。

前　言

向安玲*

近年来，中国产业结构由劳动密集型向资本密集型、技术密集型转变，以互联网和高新科技为特征的中国互联网科技企业已经成为经济增长的新动力。一方面，中国新兴科技创新发展速度全球领先，原生性科技产品进入全球视野，并在技术、应用、模式等多方面自成特色；另一方面，"一带一路"倡议等"出海"利好政策驱动越来越多的中国互联网科技企业走向海外市场，中国互联网科技企业"走出去"步伐逐步加快。

在政策、资本、市场、技术等多轮驱动下，部分中国互联网科技企业将目光投向海外以寻求新的用户与价值增长点，以欧美为代表的发达市场和以东南亚地区为代表的新兴市场成为企业"出海"争夺的主阵地。欧美国家通过两次工业革命在 20 世纪前完成了技术革命，后期大多成为世界上的发达国家，经济发展水平高、法律制度完善、市场体系健全、政治社会环境较为稳定，具有相当大的市场容量和强大的科技实力，在劳动生产率、教育创新等方面领先于其他国家，因此成为各大互联网科技企业竞相争夺的重要战略区域。东南亚地区凭借相对低廉的资源成本、市场消费增长红利、稳定的经济增长、宽松的政策环境等，也成为中国互联网科技企业"出海"发展的战略要地。

---

* 向安玲，清博研究院副院长，研究方向为媒介大数据、新媒体研究、网络舆论、国际传播。

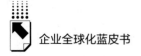

与此同时，世界政治经济环境的不确定因素有所增加，逆全球化思潮有所抬头，全球化已处于关键的十字路口。一些国家的政治生态发生显著变化，"身份政治"回潮，安全观念泛化，政策趋向保守，各类保护主义和民粹主义甚嚣尘上，大国间竞争的对抗性增强，并逐渐从经济领域向其他领域蔓延。在新冠肺炎疫情、中美贸易摩擦等多重因素冲击下，亚洲国家的经济出口严重受挫，加上国家内部消费需求低迷和气候变化导致的自然灾害，使得大部分亚洲经济体经济增长速度明显放缓，部分国家出现衰退迹象；而欧洲和拉美国家受困于内外部需求萎缩、供应链中断，经济衰退更为明显，国内政策的不稳定性风险快速上升……疫情防控常态化时期，全球营商环境存在着诸多不确定因素，中国互联网科技企业"出海"也面临着新的机遇和挑战。

在此背景下，本皮书针对中国互联网科技企业全球化发展进行调研，通过对中国互联网科技企业的"出海"战略和全球化障碍进行多维扫描，并在此基础上总结企业"出海"典型模式、成功经验、潜在风险、应对策略和发展趋势，为相关企业国际化发展提供参考经验和实操路径。本皮书整体结构如下。

第一部分：总报告，重点探讨在大国博弈和疫情防控常态化背景下，中国互联网科技企业"出海"的主流模式和发展现状。

第二部分：评估篇，构建重点国家和地区营商风险分析框架与企业品牌全球传播力评估指标体系，基于大数据对重点国家和地区的营商环境与样本企业的"出海"情况进行评估，基于评估结果对中国互联网科技企业全球化发展提出实操建议。

第三部分：风险管理篇，针对中国互联网科技企业全球化发展过程中存在的风险和问题提出对策建议。

第四部分：案例篇，基于上文分析，多维筛选中国互联网科技企业全球化发展的典型案例并进行解析，为相关领域企业"出海"提供参考。

摘　要

本书着眼于中国互联网科技企业全球化这一议题，针对中国互联网科技企业全球化发展的环境、问题和趋势进行调研与研判，由总报告、评估篇、风险管理篇及案例篇四部分组成。

通过对 50 家中国互联网科技企业的"出海"战略和全球化障碍进行多维扫描，旨在展现中国互联网科技企业"出海"的基本情况、特点及重点行业发展趋势。此外，报告分析了在错综复杂的国际局势下，中国互联网科技企业应当如何应对欧美发达国家对外资审查日趋严格的形势，规避风险，走向全球化，为相关企业全球化发展提供参考经验和实操路径。

在大国博弈以及当前疫情背景下，报告总结了中国互联网科技企业基于资本、模式以及技术的三种"出海"模式，并对游戏、电子商务、人工智能、智能手机四大重点行业发展趋势进行预测。此外，报告归纳了中国互联网科技企业海外营商面临的风险，并构建重点国家和地区营商风险分析框架与企业品牌全球传播力评估指标体系。

报告采用比较法、定向采访以及大数据文本挖掘等多种方法，梳理中国互联网科技企业全球化的模式和路径。其中，横向比较法主要用于对不同"出海"模式、不同赛道、不同行业领域的风险和效果进行比较；纵向比较法主要应用于历时性的报告，即中国互联网科技企业全球化发展的历史变迁。采访相关领域的企业、专家，以收集策略、建议、趋势等方面的专业观点。报告构建了企业品牌全球传播力指数（Enterprise Brand Global Communication Index）模型，基于大数据文本挖掘的方法，对中国互联网科技企业"出海"案例中的全球政策传播、舆论反馈、媒

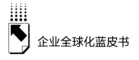

介报道、行业智库观点进行数据抓取和分析。本报告在亿级样本的基础上，进行了科学、具有可操作性的指标选取，做出了数据测算和模型迭代优化。

本报告的对策研究主要分为两个部分：第一，企业要在风险中挖掘机遇，从资本、模式、技术、战略传播以及政府管理这五个层面进行分析；第二，企业需了解重点国家和地区的风险并进行预判和管控。报告中重点针对数据安全管理、内容管理、版权管理、技术管理环节进行分析，在此基础上针对中国互联网科技企业"出海"过程中的风险管理提出对策建议，如建立风险监控预警大数据体系、强化涉外内容审核以及丰富业务线等。

当前，中国互联网科技企业在产业应用与模式创新方面较为领先，并逐步转入精细化竞争中。人工智能应用领域处于相对优势，但基础技术、理论研究滞后；短视频、游戏等项目正抢占世界互联网风口；通信工业作为互联网科技企业"走出去"的基础，有待进一步加强；中国互联网科技企业海外发展惠及层面广泛，多领域体现中国企业担当；成熟的国际互联网科技商业平台待孵化，品牌效应待检验；区域与全球政策法规研究、人才储备或成互联网科技企业持续发展之关键。过去几年，中国互联网科技企业抓住"发展时差"带来的"时光机效应"，将成熟市场业务复制到不成熟市场，成功向海外输出先进商业模式。在资本"出海"方面，不断复制成熟商业模式，进行本地化创新；深入研究新兴市场，切中细分赛道；洞察疫情防控常态化下的"出海"机遇，发现潜力品类；重视数据合规，加强隐私保护。在模式"出海"方面，泛娱乐"出海"讲究细分品类方向，健全内容审核管理机制；社交产品注重研判细分品类，扩展娱乐功能；工具类产品要增强技术独立性，建立内容壁垒；跨境电商则要调整选品维度，着力品牌建设。在技术"出海"方面，人工智能领域要夯实发展基础，强调伦理框架；云计算领域要满足存储和管理需求，提高多协议支持能力；区块链领域要积极加强行业监管，推进金融领域深度融合；太空互联网领域要抢占频轨资源，开发低成本的航天技术；手机通信领域要加大技术研发投入力度，弱化政治标签。

关键词： 互联网科技企业　品牌全球传播力　全球化

目 录 ⌐S∷∷∷∷

Ⅰ 总报告

Ⅱ 评估篇

Ⅲ 风险管理篇

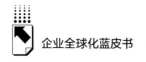

IV 案例篇

皮书数据库阅读使用指南

总 报 告
General Report

B.1

中国互联网科技企业全球化
发展报告（2020～2021）

摘　要：　在新冠肺炎疫情影响下，2020年世界各国经济普遍触底，全
球对外经济发展面临新的挑战。中国是2020年全球唯一实现
经济正增长的主要经济体，在国际政治格局中的地位逐渐提
高。国内互联网科技企业的海外拓展既引起了国际政治力量
的关注，也面临新的机遇与风险。报告回顾了近年来中国互
联网科技企业海外成长业态，总结了多轮驱动的"出海"模
式，并对游戏、电子商务、人工智能、智能手机四大重点行

---

*　课题组组长：向安玲，清博研究院副院长，研究方向为媒介大数据、新媒体研究、网络舆
论、国际传播。组员、执笔人：云庆，中国传媒大学广告学博士，研究方向为媒介与社会、
消费文化；李亭竹，中国人民大学新闻学院硕士研究生，研究方向为政治传播、舆论研究；
高爽，中国传媒大学学士，研究方向为国际传播、舆情分析；杨怡，南加利福尼亚大学硕士
研究生，研究方向为国际传播、舆论研究；赵思源，中国传媒大学普什图语专业本科生，研
究方向为国际关系、南亚研究。

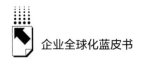

业进行预测。针对当前疫情给互联网科技企业全球化发展带来的影响，从加速论、指数论和补偿论三个维度展开，以疫情为原生变量，探讨其给互联网科技企业"出海"带来的衍生效应。研究还针对当前互联网科技企业"出海"现状，从企业资本"出海"、模式"出海"、技术"出海"三方面切入挖掘机遇，指出中国企业应适应快速变化的海外营商环境，研判新兴市场，深耕细分赛道。同时，各级政府和"出海"企业应关注海外法律法规调整，重视数据合规和隐私保护，降低营商风险。

关键词：　互联网科技企业　企业全球化　科技创新　国际话语权

一　背景：疫情防控常态化背景下的大国博弈之殇

（一）世界经济局势与东方转向

1. 2020年世界各国经济普遍触底，全球化面临全新课题

2020 年，新冠肺炎疫情给全球经济带来不可逆转的创伤。2020 年 10 月，国际货币基金组织发布了新一年度的《全球经济展望》，该报告预测，2020 年将发生自 20 世纪 30 年代大萧条以来规模最大的经济衰退，全球经济萎缩比例将达 4.4%，为 2009 年跌幅的 7 倍。① 综观全球较大经济体的具体表现，美国深陷疫情泥潭，政府推行的前所未有的货币政策与财政救助政策仍未能扭转经济下行的局面，加上大选造成的负面影响，消费者信心指数逐步下滑。欧洲各国也遇到史无前例的经济创伤，加上欧盟长期以来的经济

---

① 《2020 年全球经济形势分析及 2021 年展望》，新华财经，2020 年 12 月 21 日，https：//finance. sina. com. cn/jjxw/2020 – 12 – 21/doc – iiznezxs8047204. shtml。

发展动力相对欠缺，应对疫情与经济发展的相关政策稍显滞后，其经济复苏面临多重困境。2021年1月，世界银行发布了《2021年全球经济前景》，预测美国在2020年经济收缩幅度达3.6%，欧元区经济收缩7.4%，中国经济增长2%；2021年，美国与欧元区经济预计分别增长3.5%、3.6%，中国经济有望增长7.9%。[1]

对外经济作为各国发展的有效依托，已在全球范围内形成相对稳定的局面，各国之间互相依存，休戚与共，人类命运共同体在客观上已成为事实。但疫情从客观上要求各国实施"封锁"政策，经济困境也使得各国在自我保护的基础上重新审视对外经济发展道路，在新的世界经济局势中，如何推进经济向外发展已成为各国普遍面临的问题。而就目前全球经济发展趋势来看，疫情为互联网科技发展提出新的命题，科技创新驱动下的全球化基础解决方案亟待提出。

2. 中国经济格局揭开"双循环"序幕

中国是2020年全球唯一实现经济正向增长的主要经济体，交出了一份令人满意、让全球瞩目的答卷。国际社会刷新了对中国向前发展的信任度，期待中国传递出更多的信心和力量，成为世界经济增长的强大引擎。当下中国正处于"十三五"规划圆满收官、"十四五"规划开局之际，"十四五"规划提出要促进国内国际"双循环"，立足国内大循环，发挥比较优势，协同推进强大国内市场和贸易强国建设，以国内大循环吸引全球资源要素，充分利用国内外市场的优势资源，积极促进内需和外需、进口和出口、引进外资和对外投资协调发展，促进国际收支基本平衡。[2] "双循环"的新发展格局是中国在面对新的国际局势下提出的未来经济发展行动指南，曾任世界银行高级副行长的林毅夫说，"理解新发展格局，首先要看到格局中既有'国内大循环'，又有'国内国际双循环'，前者为'主体'，后者则要'相互

---

① World Bank：*Global Economic Prospects*，2021.1.
② 《中共中央关于制定国民经济和社会发展第十四个五年规划和二〇三五年远景目标的建议》，中国政府网，2020年11月3日，http://www.gov.cn/zhengce/2020-11/03/content_5556991.htm。

促进'"。① 从疫情变化与经济形势中也不难看出，以中国为代表的亚洲在2021年有相对优势进入经济复苏的行列，《亚太日报》在评论中指出，疫情下全球经济重心向以中国为代表的亚洲转移。历史学家皮埃尔·格罗瑟（Pierre Grosser）表示，亚洲的经济增长已经无须依靠美国，亚洲需要依靠的只有自己。这其中，中国的表现尤为突出，加上亚洲国家近年来在国际政治舞台上的地位日趋提高，疫情带来的机遇更使得"东方转向"成为未来发展趋势。

3. 中美博弈日趋激烈，互联网科技行业成交锋点

随着中国在国际政治经济格局中的地位逐年提升，国内互联网科技企业的海外拓展也引起了国际政治力量的关注。2019年以来，美国多次针对中国互联网科技企业出台禁令，美国的对华政策在一定程度上牵制了中国互联网科技企业全球化发展的进程。近年来，华为、阿里、腾讯等老牌互联网科技企业逐步位列世界500强，从崭露头角到初步发展，中国互联网科技企业在全球化历史进程中的势头不可逆转，但要想在全球化发展中站稳脚跟，深耕科技、创新业务模式、打破核心技术封锁是发展的必然方向。由于国际政治经济及意识形态等原因，中国互联网科技企业全球化发展仍然面临美国在政治、经济、技术等层面的阻碍，同时面临其他国家在政治力量博弈过程中的隐性危机，中国互联网科技企业全球化发展将在动态中寻求平衡。未来，中美之间的科技博弈将更趋激烈，主要体现在以下五大领域：一是在以手机为主的硬件设备领域，手机是移动互联网的硬件基础，苹果与华为及其他品牌的博弈将持续升级；二是在视频和社交软件领域，Facebook、Instagram和TikTok（抖音短视频国际版）等竞争将愈趋激烈；三是在新能源汽车领域，特斯拉与中国的小鹏、理想和蔚来等企业间的交锋将持续发酵；四是在航天领域，SpaceX与中国航天国家队之间的争锋还将继续升温；五是在新型冠状病毒疫苗研发领域，辉瑞、Moderna与中国生物等企业之间的较量还会持续升级。从这五大领域可以看出，中国在科技博弈战略上倾向于混合战，通过不同模式的组合打法来提升综合实力。总而言之，中美在互联网科技领域的博

---

① 《林毅夫解读"双循环"的新发展格局》，新华社，2020年10月12日。

弈日趋激烈，为中国互联网科技企业的"出海"也带来了新的风险与挑战。

4. 国际互联网科技行业潜力空间可观，全球化成必然趋势

相较于国内，国际互联网科技行业还有较大市场可供开拓。首先，国际网民数量还有提升空间（见表1），随着国家"一带一路"倡议的深入实施，对经济欠发达地区基础设施的完善，有助于中国互联网科技企业市场的进一步开拓。其次，在关于互联网相关应用的市场方面，中国企业基于国内大量消费群体的创新试验和各细分赛道的竞争突围，在互联网应用模式、产品功能开发、用户运维等层面都积累了大量经验，部分原生性创新模式在海外市场也吸引了大量关注，加之国内日趋饱和的用户市场，不断倒逼中国企业开拓全球化发展路径。

表1　2017年、2019年全球各地区互联网网民渗透率统计

单位：%

地区	2017 年	2019 年
全球	48.0	53.6
非洲	21.8	28.2
阿拉伯国家	43.7	51.6
亚太地区	43.9	48.4
美洲	65.9	77.2
欧洲	79.9	82.5

资料来源：中国工信部、国际电信联盟、艾瑞咨询，2020 年 8 月。

（二）互联网企业全球化发展政策利好

1. 中国企业搭乘"一带一路"发展快车，整体声量渐趋强势

"一带一路"倡议提出七年来，从基础设施建设、民生改善、贸易往来到文化交流，其成果惠及世界，这为中国企业全球化发展提供了政策支持，有利于互联网科技企业"走出去"。此外，商务部发布的《对外投资合作国别（地区）指南》系统地介绍了"一带一路"投资合作目的国（地区）的政治、经济、社会、文化、政策等相关情况，该指南涉及亚洲、非洲、美

洲、大洋洲、欧洲的 170 多个国家和地区，为中国企业开展对外投资合作提供了丰富的有效信息。① 在"一带一路"倡议下，中国对外发展处于有策略、稳定且可持续的进程中，中国企业搭载这一政策快车，赢得发展机遇（见图1）。在互联网行业，中国互联网科技企业的第一轮"出海"大潮出现在 2011～2015 年，其中以工具类应用产品作为"出海"主赛道。例如，仅用两年时间在全球积累超过 10 亿用户的工具类应用茄子快传（SHAREit），通过将跨平台传输服务做强做大，在 64 个国家的苹果商店的销售榜位居首位，并在印度、印度尼西亚、俄罗斯等 36 个国家的谷歌商店的热门工具排行榜中位居第一。② 近年来，内容应用类产品也相继"出海"，包括抖音（TikTok）、快手（Kwai）此类涵盖直播、拍照、短视频等业务在内的互联网社交应用相继进入海外市场并引起热烈反响。

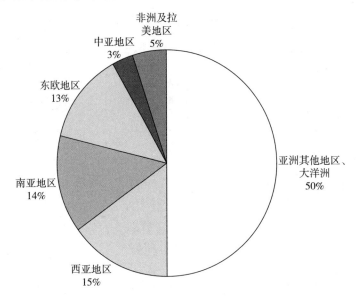

图 1　2017 年中国企业"出海"业务地区营收分布

资料来源：国家信息中心，2017 年。

---

① 《对外投资合作国别（地区）指南》，"走出去"公共服务平台，http://fec. mofcom. gov. cn。
② 《"一带一路"倡议为中国互联网海外市场提供清晰航向》，中国"一带一路"网，2018 年 1 月 3 日，https://www. yidaiyilu. gov. cn/xwzx/gnxw/42243. htm。

2. RCEP 继续发展"一带一路"，亚太成未来经济发展重点

2020 年底，中国、日本、韩国、澳大利亚、新西兰、东盟十国共 15 国签订了《区域全面经济伙伴关系协定》（简称 RCEP）。这一协定的签署成为亚太地区建立开放、一体化经济体系的重要基石，RCEP 可以通过加强各成员国之间法规和政策的协调来强化区域生产网络，从而进一步促进地区贸易，并降低出口成本。2020 年，中国互联网科技企业"出海"产品地区分布广泛，数量较多（见图 2），正如上文中提到国际经济整体有"东方转向"的趋势，也从侧面说明了未来中国企业的发展方向，目前虽然还没有为中国企业发展创造实际价值，但是在未来具有不可估量的作用。亚洲开发银行首席经济学家泽田康幸指出，受新冠肺炎疫情影响，2020 年全球有多个国家做出了关闭边境或实行旅行限制的决定，这使得跨境贸易和供应链都出现了中断，在此背景下，RCEP 仍然重申了其对于开放贸易和投资的坚定承诺，并坚定支持一切基于规则的国际贸易体系。[1] RCEP 不仅是亚太贸易发展成果，其影响还将惠及全球。

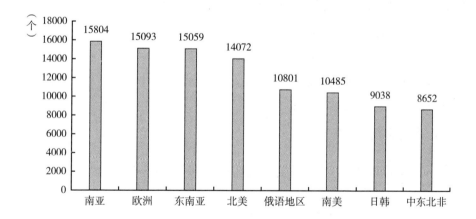

图 2　2020 年中国互联网科技企业"出海"产品分布地区及数量

资料来源：久谦咨询，2020 年。

---

[1] 《亚行首席经济学家谈 RCEP：亚太成果，惠及全球》，中国自由贸易区服务网，2020 年 12 月 22 日，http://fta. mofcom. gov. cn/article/rcep/rcepgfgd/202012/44062_ 1. html。

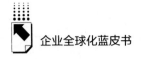

3. 数字丝绸之路赋能互联网科技企业

在"一带一路"倡议不断深入推进的进程中，科技创新一直受到各国各界的重视，中国发起"一带一路"国际科学组织联盟（ANSO），还实施了科技伙伴计划，推动区域技术转移平台的建立。在这一过程中，中国与东盟、南亚等先后形成了科技伙伴关系，并与东盟、南亚等地的国家一起，建设了多个区域技术转移平台。基于国家政策这一利好形势，中国企业加快"走出去"步伐，更广泛地参与国际市场的开拓。

中国基于科技创新的"数字丝绸之路"从 2015 年开始酝酿。2015 年 7 月，《国务院关于积极推进"互联网＋"行动的指导意见》明确提出要突出企业主体作用，大力拓展互联网与经济社会各领域融合的广度和深度。在 2017 年 5 月召开的第一届"一带一路"国际合作高峰论坛上，习近平主席指出，我们要坚持创新驱动发展，加强在数字经济、人工智能、纳米技术、量子计算等前沿领域合作，推动大数据、云计算、智慧城市建设，连接成 21 世纪的数字丝绸之路。在疫情防控常态化背景下，"数字丝绸之路"为中国互联网科技企业的海外发展注入了强心剂。目前，中国互联网科技企业的业务遍布全球，企业内在发展需求加上"一带一路"倡议提供的发展机遇，为电子商务、移动支付、共享经济等领域的中国原创的互联网产品打开了市场，既方便了国人的生活，也驱动了国际公民的新型生活方式（见图 3）。例如，印度最大的移动支付工具派特姆（Paytm），被称为世界第三大电子钱包，其背后是中国互联网企业的资本与技术。

（三）疫情影响下中国企业全球化境遇的激变与重构

2020 年以来，国际市场经营环境发生了巨大变化，新冠肺炎疫情席卷全球，中美博弈持续升级，欧美技术封锁收紧，商业活动制裁加剧。在新的市场环境挑战下，发达国家和新兴市场国家对中国互联网科技企业的认知差异扩大，全球营商环境出现新变局，中国互联网科技企业海外发展的不确定性持续增大。尤其是在新冠肺炎疫情影响下，一方面互联网科技企业的潜在市场容量和数字化红利得以凸显，疫情加速了新兴技术的普及应用和指数化

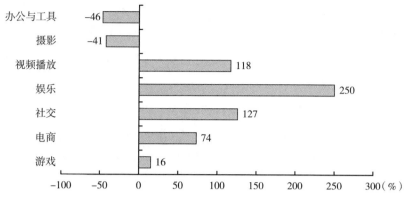

图3　2020年中国互联网科技企业"出海"应用总收入增长情况

资料来源：AppsFlyer，2020年。

发展；另一方面，疫情重构了全球政治经济格局和中国对外多边关系，使得互联网科技企业"出海"面临的政策风险、市场风险、法律风险和舆论风险也不断加码。本报告针对疫情给互联网科技企业全球化发展带来的影响总结出"三论"：加速论、指数论和补偿论。以疫情为原生变量，探讨其给互联网科技企业"出海"带来的衍生效应。

1. 加速论：新兴技术助力中国互联网科技企业弯道超车

安迪·格鲁夫在《只有偏执狂才能生存》一书中提出"十倍速变化"概念，用以指那些突然加速变化的因素和力量。重大危机事件则具备这种加速变化的能力，疫情带来的长远影响就是加速某些趋势。具体来看，疫情在给社会经济发展带来负面影响的同时，也加速了新兴技术的发展进程。2020年的新冠肺炎疫情使得以物联网、大数据、人工智能、区块链等为代表的新兴技术实现了高速发展，给人们的生产消费方式带来变革。新兴技术在国内创新应用为国际化发展奠定了实践基础，中国互联网科技企业在全球化战略方面也迎来新一轮机遇。

2. 指数论：社会环境变化呈指数级共振，挑战企业的应对效率

新冠肺炎疫情病例在全球呈指数级增长，已经形成了严重的全球公共卫生危机。对于指数级增长而言，初始值极为重要。也就是说，新冠肺炎疫情

的指数级增长轨道对于初始条件有极高的敏感性，在初始时期，即使是微小的扰动也会对整个人类社会造成指数级影响，即所谓的指数级增长的能量溢出。这种指数级影响具体表现为经济上、政治上以及公众心态上的指数级共振。综观目前全球局势，线性的应对措施可能已经难以控制指数级增长的能量溢出，甚至有极大可能失去控制或被反噬。因此，目前必须提出应对新冠肺炎疫情的指数级危机的措施。对于中国互联网科技企业发展也是一样，在疫情背景下必须采取指数级增强的发展策略、创新策略、竞争策略才能实现逆势突围。在疫情期间，中国互联网科技企业的"出海"应用数量虽少，但其收入较为可观（见图4），也在一定程度上说明企业在疫情期间的挑战与机遇呈双向增强态势。

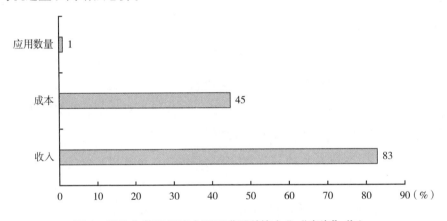

图4　2020年第三季度中国互联网科技企业"出海"收入、成本与应用数量增加变化

资料来源：AppsFlyer，2020年。

3. 补偿论：沟通空间虚拟化，科技有效补偿居民日常生活

疫情拉大了人与人之间的空间距离，但公众对互联网和新媒体的深度使用却造成了媒介距离的大幅缩短。疫情背景下国内网民日均在线时间长达8小时，相比疫情之前增加了近2小时。[1] 用户投入虚实世界中的时间开始出

---

[1] 《中国疫情时期网络长视频内容价值回顾及探索》，艾瑞咨询，2020年12月21日，http：//report. iresearch. cn/wx/report. aspx？id＝3581。

现逆转，从娱乐、消费、沟通到工作、学习、就业，已构成基于线上平台的多场景应用闭环，具体消费情况参见图5。对于互联网科技企业而言，一方面通过线下模式的数字孪生补偿了传统线下商业在疫情期间的缺口；另一方面通过信息对冲和时空拓展实现了针对用户的生活补偿和情感补偿。

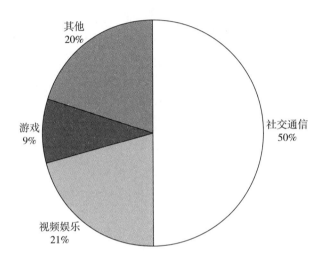

图5 2020年中国移动端流量在不同品类App上的分布（用户使用时长占比）

资料来源：白鲸出海、华为，2020年。

（四）中国互联网科技创新的"承前"与"启后"

1. 重视科技创新，但原创核心技术仍待突破

纵观世界历史发展，不断印证着科技是第一生产力的论断。依托数字化体验、分析技术、云技术、数字现实技术、区块链等技术的互联网科技产业是未来企业发展的基础，也是21世纪人类向前发展的主要驱动力，中国在科技领域的发展直接影响了未来的国际竞争力，互联网科技企业也随之在这一时期焕发新的活力。中华人民共和国成立后，一直重视科技创新，在政策支持、产业扶持、人才培养等方面进行倾斜，促成现有的科技发展态势，互联网科技企业的发展正是得益于不断突破的科技。巴基斯坦前驻华大使马苏

德·哈立德赞叹，"从高铁到太空探索，从新能源汽车到移动支付，中国在科技领域的长足进步改变了人们的生活，也促使人们以更加科学的方式思考和实践，进一步释放社会创新活力"。[1] 虽然中国在科技发展领域仍有一些"卡脖子"问题，如芯片技术、核心部件、基础理论研究等问题需要解决，但是基于中国多年发展科技的积淀，以及互联网发展的比较性优势，美国的打压成为中国降低外源性依赖的动力。中国科技发展也面临新的机遇。2020年，中国自主研发的石墨烯已经被用来制造8英寸石墨烯晶片，这是完全有别于硅基芯片的碳基芯片，中国成为世界上第一个完成碳基芯片突破的国家。碳基芯片的好处就是不用依赖光刻机，也就是说，美国的芯片禁令将对我们国家不再有用。[2] 只有基于核心科技的突破，中国互联网科技企业才会有持续发展的动力。

2. 面对国际政治势力的介入与打压，中国互联网科技企业抱团出征成必然趋势

近年来，中国乘互联网浪潮，适应技术变革新形势，不断推动产业创新发展。此前，美国多次利用政治手段打压中国企业，中国要想冲出美国等国家在科技领域对中国企业的围困，必须在科技自立的前提下实现全球化发展。2019年，华为及其附属公司被美国商务部列入了管制"实体名单"，该事件迅速引起国内外舆论高度关注。资深通信专家李进良指出，中国企业应该从本次事件中吸取教训，要提高自主创新能力，合理分配供应商货源以及准备不同预案来尽量降低风险；要团结各国友好企业，认清经济发展的形势，做好共同应对挑战的准备；要打通上下游产业链，保证稳定供应，利用国内市场优势，适时转为技术优势。[3] 面对疫情影响下的世界局势之变，中国在保持经济增长的同时，仍然注重科技的发展，中美科技竞争大有扭转之势。

---

① 《中国科技创新活力令世界惊叹》，人民网，2020年11月23日，http://jx. people. com. cn/GB/n2/2020/1123/c186330 - 34432458. html。

② 《美科学家：中国芯片要想跨过5nm不是不可能，但要突破这项关键技术》，腾讯网，2020年12月28日，https://new. qq. com/omn/20201228/20201228A0A3T200. html。

③ 王欣、崔亮亮：《科技自立是中国企业全球化的必然选项》，《通信产业报》2019年第17期。

3. 人工智能、5G 等技术风口带来新机遇

目前中国的 5G 建设进度远超其他国家。截至 2020 年 9 月底，中国已经建设完成并开通的 5G 基站超 60 万个，总用户量超 1.5 亿，在北京、上海、广州、杭州等一线或新一线城市，已经实现了城市区域 5G 网络连片覆盖。①目前看来，在 5G 的基站铺设和其话语权争夺中，中国的华为、中兴和中国移动发展势头强劲，也正是由于这种良好发展的态势，遭到美国的制裁。具体来看，华为在通信基础设施与智能手机等设备上协同发展，成果显著，在基带芯片及高端手机等领域实现小范围突破。目前，华为旗下的海思半导体公司可以说是中国最具竞争力的半导体公司。此外，其他互联网科技企业也表现出一定活力，在人工智能的芯片领域，寒武纪以及地平线等企业表现亮眼。

4. 中国在人工智能、区块链等重点领域进行强有力部署

相较于欧美等发达国家，中国科技领域的企业发展起步晚，但发展迅速，政府在其中扮演着至关重要的角色。高科技产业及其产品都需要大量的资金投入，因此该技术产业的高资本有机构成是必然的，但是高资本有机构成可能会导致企业出现利润下降、创新的实现需要外力帮助等问题。因此，高科技产业既需要大规模的投资，又需要形成市场规模效应，以抵消利润的下降。为此高科技产业必须要有相应的知识产权保护制度用于保障和获取技术租金。而在知识产权保障政策方面，国家的作用是至关重要的。国家可以调动社会资源，以政治保障的方式支持企业研发，并保障企业获得市场和技术租金。这些政治保障制度则具体体现为市场开放的制度和相应的知识产权制度。② 在科技重点领域，每一步的发展都离不开政府的积极部署。2000~2020 年，政府连续出台刺激人工智能发展的政策，行业出现多个独角兽企业，如出门问问、明略科技、云从科技等。科技部等部门在 2020 年 3 月印

---

① 《工信部：截至 9 月底，全国开通 5G 基站 69 万个》，腾讯网，2020 年 10 月 22 日，https://new.qq.com/omn/20201022/20201022A03V8700.html。

② 李滨、陈怡：《高科技产业竞争的国际政治经济学分析》，《世界经济与政治》2019 年第 3 期。

发了《加强"从 0 到 1"基础研究工作方案》，该方案提出要支持人工智能等领域做出核心技术突破，进而抢占前沿科学研究的制高点。因此目前必须要对人工智能产业的核心技术实现点对点的精准突破，以攻克目前存在的技术困境。在人才培养方面，2018 年，教育部提出探索"人工智能 + X"的跨学科人才培养模式，2019 年 3 月，全国 36 所高校获得首批"人工智能"新专业建设资格，标志着中国人工智能人才培养进入了新时代。① 各地政府也相继出台人工智能发展方案。广东省在 2018 年提出，要在 2020 年实现全省人工智能核心产业规模超 500 亿元，并带动人工智能相关产业规模超过 3000 亿元的目标，以加速布局新一代人工智能产业，将珠三角地区建设为全国最重要的人工智能产业集聚区之一。浙江省在 2019 年颁布了《浙江省促进新一代人工智能发展行动计划（2019～2022 年）》，力争到 2022 年成为全国领先的新一代人工智能核心技术引领区、产业发展示范区和创新发展新高地。天津市充分发挥天津互联网大数据与云计算等方面的基础优势，以软件和信息服务为立足点，全面推动人工智能产业战略布局。目前，天津市已初步形成了包括自主可控信息系统、大数据等在内的七条产业链，并且计划围绕这七条主要产业链，建设并完善人工智能产业创新生态体系。②

2020 年，区块链发展被纳入国家"新基建"层面，区块链行业不断成熟，与此同时，应用场景也在落地进程中，"区块链 + 各种行业"正成为新趋势。中国信息通信研究院发布的《区块链白皮书（2020 年）》显示，截至 2020 年 10 月，中国涉足区块链领域的上市公司已经超过 262 家，这些企业分别来自包括保险、房地产、商业百货、安防设备、包装材料、电信运营在内的 39 个领域。国家网信办发布的区块链信息服务备案清单则显示，上市公司已有的区块链项目达 45 项。③

---

① 王雪、何海燕、栗苹、张磊：《人工智能人才培养研究：回顾比较与展望》，《高等工程教育研究》2020 年第 1 期。
② 《人工智能：关键领域国际竞争加速》，《信息系统工程》2019 年第 4 期。
③ 《2021 年"区块链 +"将会如何发展？》，腾讯网，2021 年 1 月 15 日，https：//new. qq. com/omn/20210115/20210115A06IFR00. html。

二 现状：中国互联网科技企业如何"走出去"

本报告所研究的"中国互联网科技企业"包括国家归属和领域归属两大限定。首先就"中国企业"而言，从法律层面来看，中国企业是指注册地在中国的企业，包括本土企业、港澳台企业以及三资企业。从资本归属层面来看，如果企业接受了国外资本的股权投资，但这些资本不参与经营管理，只获取投资收益，不是最终控制人，这类企业亦属于"中国企业"。其次，就"互联网科技企业"而言，当前学界和业界主要从两大角度进行区分：一是从企业生产要素的角度出发进行定义，也即以互联网技术作为主要生产要素进行生产的企业；二是根据企业提供的商品或服务的内容来进行定义。相较之下，第二种定义方法更为直观和全面。本报告采用第二种定义方法，将向市场提供互联网产品或相关技术服务（含软硬件服务）的企业均视为互联网科技企业。基于以上概念界定，本报告对中国互联网科技企业的全球化现状、问题和趋势进行分析。

（一）中国互联网科技企业海外业态概况

1. 中国互联网商业模式在海外复制与迭代

21世纪伊始，中国互联网产业起步，2001年前后，中国互联网网民数量开始井喷式增长，互联网硬件设施的普及，也使得中国互联网企业的发展成为可能。再加上中国人口基数大，商业模式的调整和升级有良好的消费者基础，中国移动互联网发展迅速，产品和商业模式较为成熟。目前已经孕育出了大量互联网行业就业机会，包括产品设计、前端开发、市场营销等，拥有较强的企业"出海"基础。

在互联网商业模式不断成熟的过程中，各类应用场景得以落地与成熟，据统计，目前，中国的电子商务交易量、移动支付业务量居世界第一，这类应用以其便捷、人性化的特征迅速占领用户心智，这类商业模式对海外消费者也具有强大的吸引力，发展前景良好。成功的商业模式对海外政府部门同样具备吸引力，中国的城市数字化发展引起国外重视，并被引进。2016 年，阿里巴巴集团提出"城市大脑"的概念，其业务内容是基于城市数据资源，优化城市公共资源，修正城市运行缺陷。在中国成功试点后，这一模式引起海外国家和地区的重视。阿里巴巴集团于 2018 年与马来西亚的数字经济发展机构和吉隆坡市政厅达成合作，以实现阿里云的"ET 城市大脑"在马来西亚的本土化，合作共建"马来西亚城市大脑"。① 除了阿里巴巴集团外，字节跳动在北美布局了移动视频应用和在线教育细分行业，加上疫情影响，居家生活应用成刚需，发展迅速。此外，字节跳动在居家生活应用行业的投资与并购活动活跃，表现不俗。

但就目前来看，互联网科技企业的商业模式门槛低，技术壁垒弱，被替代的风险较大，短视频、游戏等产业涉及跨文化传播等难题，项目落地、发展，以及与本土企业竞争筹码不足，中国的科技产品模式易被美国等国家复制。如时尚电商平台 Poshmark，模拟了国内闲鱼 App 的功能，营业范围主要为销售衣物和饰品，涵盖二手、中高端精品女装及旗下自有品牌。该公司已向美国证券交易委员会（SEC）递交招股书，准备在美国纳斯达克上市，发展势头良好。所以，在互联网科技企业全球化进程中，企业应着重考虑降低被替代风险并努力形成绝对优势。

2. 人工智能应用领域处于相对优势，基础技术、理论研究滞后

人工智能被称为第四次工业革命中的关键领域，前三次工业革命的发展场域集中在发达国家，在激烈的科技竞争中，中国能否在第四次工业革命实现"弯道超车"，掌握核心科技力量至关重要。在世界知识产权组织 2019 年发布的《人工智能研究报告》中，中国人工智能公司表现良好，商汤科技、旷视科技、依图科技、第四范式、地平线机器人和初速度六家与人工智能相关的企业入选。为研究中国在科技研究领域的贡献，曾有中国学者以相关政策的数量、科技文献发表量以及专利数量为指标，量化研究了全球各个国家的人工智能产业核心技术竞争力。该研究的结果表明，中国的相关政策

---

① 《中国科技企业带着模式"出海"》，《中国青年报》2019 年 11 月 26 日。

和科技文献发表数量都排名第二，落后于美国；但是从专利数量来看，中国在全球排名首位。综合来看，美国综合实力仍然位居全球第一，但不可否认中国在该领域的科技研究也发展迅速。①

中国的人工智能优势有以下三个层面。第一，人口基数大。中国有活跃且庞大的消费市场，产业动力强劲，人工智能相关应用的推广普及试错率与容错率均有相对良好的用户基础，且其边际成本较低，这也是中国人工智能应用层发展较快的主导性原因。第二，中国有海量数据的优势。人工智能的发展主要依托数据算法，强调以数据为基础的学习和应用。由于中国智能设备的普及率较高，用户群体庞大，可以将这些数据优势转化为技术优势。第三，中国政府大力支持。近几年，中国政府积极部署"互联网＋"战略，这为人工智能的发展奠定了坚实的基础，中国政府也意识到从数字化到智能化转型的重要性，并鼓励多领域开拓。

但是，中国人工智能也存在明显的短板，尤其在基础技术与理论研究方面。中国人工智能产业发展联盟总体组组长孙明俊表示，虽然目前的全球人工智能市场规模出现了快速的扩张，但从客观上看人工智能及其相关产业依然处于发展的初级阶段。目前我们将人工智能的创新分为基础层、技术层、应用层三个层次，但是目前中国在这三个层次中呈现的发展特点是倒三角形的，也就是说，中国目前的创新成果多是应用上的和技术上的，在基础理论和基础技术上仍有相当大的提升空间。中国科学院大数据挖掘与知识管理重点实验室筛选出人工智能的八大核心技术：计算机视觉技术、自然语言处理技术、跨媒体分析推理技术、智适应学习技术、群体智能技术、自主无人系统技术、智能芯片技术、脑机接口技术。② 增强这些领域的创新能力才能具备人工智能发展的强大引擎。在人才培养方面，正如上文中提到的，中国人工智能教育在近几年开启了新篇章，但相较于其他发达国家来说，人工智能

---

① 袁野、吴起楠、李秋莹：《人工智能产业核心技术的国际竞争态势分析》，《中国电子科学研究院学报》2020年第11期。

② 《2019全球人工智能发展白皮书》，德勤科技，2019年9月21日，https：//max.book118.com/html/2019/0921/5201133221002131.shtm。

人才培养教育还处于相对落后的局面。在本土人才培养建构过程中，国际借鉴至关重要。中国高校在培养人工智能领域人才时，应当多分析国外高校典型案例，挖掘其在人才培养理念、内容、目标、模式、机制以及多主体协同等方面的经验与特点，并结合中国国情进行本土化创新教育。[①]

3. 短视频、游戏等项目，抢占世界互联网娱乐风口

短视频"出海"是近几年互联网科技企业全球化进程的一大亮点，其热度、话题度屡冲中美舆论风口，短视频的使用习惯与移动互联网的深度普及有着极大的关联。在即将到来的5G时代，短视频引起了国内外的多个行业的重视，尤其在国外疫情暴发之后，短视频有效补充了居家生活的日常消遣，其市场还有很大潜力。这也助推了TikTok（抖音短视频国际版）在美国市场的飞速发展，使得Facebook等海外企业充满危机感，Instagram首席执行官亚当·莫塞里（Adam Mosseri）甚至将TikTok视为劲敌。尽管面临美国、印度等国家不同程度的抵制，但是TikTok因其应用场景灵活、模式契合互联网消费生态，增长之势不可逆转。在2020年即将结束之际，TikTok欧洲总经理Rich Waterworth在发表公开信时透露，2020年TikTok发展迅速，在欧洲的月活跃用户已超过1亿，平台内容也包罗万象，他说，"这真的让我倍感惊喜，在我看来，TikTok在2020年已经成功融入了伦敦及整个英国的流行文化"。[②]GlobeNewswire对2017~2024年的视频流媒体收入做了统计和预测（见图6），未来视频流媒体的发展趋势引人注目。但是，短视频等应用场景也引起世界互联网行业的关注，各国对标中国短视频应用TikTok（抖音短视频国际版）、Kwai（快手国际版）和Vigo Video（火山短视频海外版）进行产品设计与更新，其商业模式成为海外互联网行业竞相模仿的对象。目前，国内基于短视频发展的直播带货蔚然成风，国外在这一领域还处于起步阶段，短视频平台与电子商务、物流等领域结合，中国短视频企业发展面临多重竞争浪潮。

---

① 王雪、何海燕、栗苹、张磊：《人工智能人才培养研究：回顾比较与展望》，《高等工程教育研究》2020年第1期。

② 《出海日报｜TikTok欧洲总经理：欧洲月活用户超1亿；马斯克称要全力以赴实现2020年交付50万电动车的目标》，36氪，2020年12月28日，https://36kr.com/p/1030404963502082。

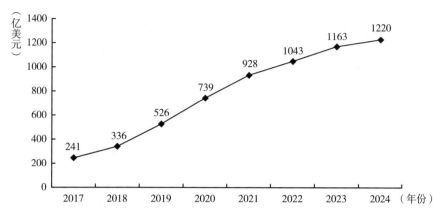

图6　2017~2024 年视频流媒体收入及预测

资料来源：GlobeNewswire，2020 年 6 月。

中国基于互联网、数字化的文化娱乐产品"出海"高歌猛进，游戏也是其中之一。近两年，中国游戏成功进驻北欧、东南亚、中东、日本、韩国、美国、墨西哥、巴西等多个国家和地区的游戏市场，这与国内政策与资本投入密不可分。《2020 年中国游戏产业报告》显示，2020 年中国自主研发游戏的海外市场销售收入达 154.5 亿美元，同比增长 33.25%。中国游戏公司的"出海"目的地也从美国、日本、韩国等传统地区，扩大到德国、法国、印度尼西亚、土耳其、中东、巴西、印度等其他地区。当下，腾讯等公司适时进驻海外市场，但仍需在 IP 培养、市场推广方面深耕。此外，游戏"出海"还面临多重困境，一方面，海外广阔的蓝海市场吸引了大量游戏公司进入全球化的竞争赛道，促使行业加速发展；另一方面，游戏流畅度难以保证、网络延迟、DDoS 攻击等问题，仍是游戏公司"出海"要面临的痛点与挑战。①

4. 通信工业作为互联网科技企业"走出去"的基础，有待进一步加强

"共通互联"是"一带一路"倡议的重要导向，在这一导向的要求下，首先需要突破的就是通信工程领域。2018 年，《工业和信息化部关于工业通

———————

① 《游戏"出海"鲸英会 | 白鲸出海携手 Microsoft Azure 为本土游戏出海赋能》，白鲸出海，2020 年 12 月 23 日，http://www.baijingApp.com/article/31801。

信业标准化工作服务于"一带一路"建设的实施意见》提出，企业主体、政府引导是基本原则之一，还要聚焦"一带一路"建设发展需求，多方协作，保障国际产能和装备制造合作、信息互通共享有序推进。在实施意见中，部署重点领域的建设方向，将"互联网＋"与先进制造业结合，并在组织、资金、培训、宣传等方面加以保障。近几年，中国通信行业与老挝、阿拉伯、孟加拉国、柬埔寨等多个国家建立合作关系。中国互联网科技企业在对外发展中扮演着引领世界互联网产业发展的角色，惠及众多国家，在产业扶持、就业增长等方面表现突出。如阿里巴巴集团创始人马云在 2017 年 4 月于日内瓦提出了 B200 计划，该计划旨在将全球尽可能多的非发达国家的中小企业纳入世界电子贸易平台（eWTP）框架，并帮助发展中国家培养 1000 名年轻创业者。

中国"一带一路"建设进程中的基础设施建设增长迅速，但相较于现有的互联网产业，海底光缆等基础设施还处于相对弱势，中国信息通信研究院 2018 年发布的《中国国际光缆互联互通白皮书（2018）》显示，中国人均海底光缆带宽资源与中国互联网企业在全球所处的地位并不匹配，随着腾讯、阿里、华为、字节跳动等中国互联网科技企业海外用户的不断增加，中国与共建"一带一路"国家之间数据流量增长迅猛，但中国企业拥有的海底光缆份额较低，未来海底光缆资源可能成为制约这些企业海外发展的因素之一。①

5. 中国互联网科技企业海外发展惠及层面广泛，多领域体现中国企业担当

2020 年，新冠肺炎疫情肆虐全球，中国互联网科技企业在抗疫方面表现突出。腾讯自 2020 年 3 月设立全球战疫基金以来，捐赠的海外战疫物资累计超过 1500 万件，飞行总里程超 33 万公里。这批物资有效帮助了意大利、英国、美国、德国、法国、厄瓜多尔、塞尔维亚、柬埔寨等 20 多个受

---

① 《中金：海底光缆——中国科技企业出海的重要战略资源》，搜狐网，2020 年 12 月 23 日，https：//www.sohu.com/a/388382547_ 114984。

疫情影响的国家填补物资缺口。① 腾讯健康新冠肺炎疫情模块国际版以地图和数据统计曲线展现全球疫情统计数据，科学统计为全球抗击新冠肺炎疫情贡献科技力量。大疆无人机在美国、西班牙、意大利等 7 个国家参与抗疫，用于通知、运输、测温等场景。

中国互联网科技企业的"出海"也为其他国家创造了更多的就业岗位。以华为为例，华为仅在英国就建立了 36 个研究中心，共雇用研发人员300～400人，在英国当地创造了大约 26000 个就业岗位。② 字节跳动在伦敦、洛杉矶、山景城、新加坡、迈阿密和孟买等地开放多个热门职位，在全球范围内共提供约 10000 个就业岗位。同样，小米在印度的制造业合作伙伴雇用了超 30000 名工作人员，这些工作人员 95% 都是女性，除了门店员工和物流合作伙伴的员工，还提供了服务中心工程师、维修工厂工程师和客户服务主管等职位。③

在教育领域，科大讯飞和澳大利亚高等教育机构澳洲成峰高教共同建设了首个 AI 智慧型高校，打造引领澳洲教学新模式的新一代智慧校园的人工智能应用。在新加坡、日本打造了符合海外教师用户使用习惯的互联网教学系统。

6. 成熟国际互联网科技商业平台待孵化，品牌效应待检验

平台是互联网产业发展的重要思维，其核心理念是共享、开放、互赢。国内互联网科技企业的发展受益于平台构建，阿里、腾讯、百度、美团等互联网企业所开发的平台模式致使其成为互联网行业翘楚，并在国内经受住了市场考验。实践证明，以平台为依托的经济模式是符合互联网生态环境的，所以，在中国互联网科技企业"出海"进程中，平台的搭建至关重要。就目前来看，中国互联网科技企业海外平台搭建仍处于起步阶段，怎样整合利

---

① 《腾讯 1500 万件"战疫"物资驰援海外》，《经济日报》2020 年 5 月 8 日。

② 《中国驻英国大使刘晓明：华为在英国创造了大约 26000 个就业岗位》，《北京商报》2020 年 7 月 19 日。

③ 《小米在印度创造超过 50000 个就业机会，女性在制造业占大部分》，环球网，2020 年 1 月 16 日，https://tech.huanqiu.com/article/3wdoN2xDfCN。

用国内外资源，进行资源的合理配置，并在开放共赢的基础上甄别竞合关系，这是每个互联网科技企业面临的一大挑战。虽然国外发达国家的互联网科技企业以其用户规模暂时处于优势地位，但是中国企业在国内具有的平台优势，是其向外发展的重要基础，加上中国政策的扶持力度，在关系博弈与市场争夺中也极具优势。

品牌效应是检验产品面临市场风险的重要指标，也是企业面临市场动荡的保护壳。品牌构建需要长年累月的积淀，近几年，中国品牌的国际地位正处于提升阶段，尤其在电子产品领域，中国品牌的市场规模逐步扩大，客观上提升了中国品牌的信任度，加上中国互联网科技企业的创新，使得中国制造产品在使用体验层面具有相对优势，中国品牌向外发展整体呈良好态势。但是，这仅仅停留在对中国品牌的认知阶段，距形成品牌忠诚还有一定距离。品牌建设的目的是发挥品牌效应，提升品牌认知度与美誉度，优化用户消费体验，并使消费者在相同品类产品的选择中有所倾向。就目前来看，中国品牌在海外已崭露头角，在众多国际品牌评估与排行中占有一席之地，但中国的品牌工程起步晚，相较于谷歌、微软、亚马逊等品牌的价值"护城河"仍有一些距离。2020 年，在英国品牌评估机构 Brand Finance 公布的科技品牌价值排行榜前十强中，中国的华为、微信、腾讯 QQ 上榜，分别位居第七、第八、第十位，除韩国三星外，剩余六大品牌均来自美国，美国科技创新引领世界依然是普遍共识，品牌具有来源国聚类效应，一个品牌不足以撑起一方市场，只有积累才能不断扩张，这也是中国互联网科技企业协同发展的意义所在。

7. 全方位研究区域与全球政策法规，人才储备成互联网科技企业持续发展的关键

在企业全球化进程中，政策与法规作为发展的前提条件，需要中国互联网科技企业进行全方位研究。中国互联网科技企业除关注国家层面的劳工政策外，还需要关注环境、社区、技术等相关法律。以美国为例，美国是唯一一个颁布、执行例外法的国家，加上长期施行安全审查机制，对中国互联网科技企业发展形成一定威胁。所以，在研究政策与法规基础上提前做好应对措施，是企业"出海"发展的必由之路。

科技竞争的本质是人才竞争，目前中国互联网科技企业在人才资源的争夺方面竞争也十分激烈。整体来看，具备人才资源优势的科技企业，其发展速度较快。中国互联网科技企业已经认识到人才与研究平台搭建的重要性。2017年，阿里为研究前沿技术专门打造达摩院，吸引了不少人才。此外，阿里的人才推荐系统在互联网行业中具有代表性。华为的人才政策与人才维护在业内有较高知名度，由前华为人发起的华友会在业内有口皆碑。OPPO还积极成立了产学研部门，以提升企业人才培养能力、科技创新能力，提高对外交流水平，并与多家高等院校和科研院所达成合作，以探索更多场景下的技术和应用。滴滴出行CTO张博表示，滴滴将在未来继续推动与学界的广泛合作，进一步拓展科研边界，开放更多非隐私数据，努力与学界一起创造出更多的交通领域的基础性与前瞻性研究，并促进成果转化，加速智慧交通领域的科研发展。中国互联网科技企业正在焕发前所未有的活力，在吸引人才方面前景光明。2019年，中国科研经费支出占GDP的比重为2.23%，较2018年上升了0.04个百分点，相比2010年1.71%的比重有了大幅提高，中国也是金砖国家中科研经费支出比重最高的国家，但与世界领先国家相比仍存在一定差距。[①]

（二）多轮驱动的互联网科技企业"出海"模式

1. 模式"出海"

　　模式"出海"主要指中国互联网科技企业将本土原生业务模式或者创新商业模式在海外进行复制和落地实践。从整体而言，中国互联网科技企业"出海"主营业务模式集中于游戏、电商、文创、云服务和人工智能等相关产业。

　　从空间维度来看，中国互联网科技企业海外业务几乎遍布世界主要国家和地区（见表2）。

---

① 中国民生银行研究院：《中国与世界主要经济体发展对比启示及政策建议2020》，2020年12月。

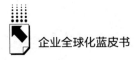

在北美地区，腾讯主营数字文娱业务；阿里巴巴主营电商与软件服务；字节跳动主营移动视频应用和在线教育等；联想主营电子产品；华为主营网络设备业务。

在欧洲地区，华为主营通信业务；小米主营手机业务，为法国第二大手机供应商。

在印度地区，腾讯主营游戏、视频和电商；字节跳动主营投资的印度内容整合平台 DailyHunt；小米主营手机业务，为市场份额领先者。

在日韩地区，腾讯主营游戏业务；比亚迪主营电动汽车业务；海尔建立海外制造基地，主营家电业务。

在东南亚地区，腾讯主营影视产业和游戏产业等；阿里巴巴主营电商平台 Lazada；字节跳动主营新闻推荐系统 BABE。

表2　中国部分"出海"互联网科技企业海外业务布局

地区	企业	业务布局规划
北美	腾讯	主攻数字文娱领域
	阿里巴巴	集中于互联网软件与服务和在线零售领域
	字节跳动	多布局移动视频应用和在线教育等细分行业的投资与并购活动
	电信集团	设立美洲分部,主营通信业务
	比亚迪	主攻新能源汽车领域
	联想	在美国纽约设立临时总部,主营电子产品业务
	华为	主营网络设备业务
欧洲	字节跳动	主营移动视频应用
	海尔	研发、制造基地,主营家电业务
	华为	主营通信业务
	小米	主营手机业务,是法国第二大手机供应商
印度	腾讯	主营游戏、视频和电商
	字节跳动	投资印度内容整合平台 DaiyHunt
	小米	主营手机业务,为市场份额领先者

续表

地区	企业	业务布局规划
日韩	腾讯	主营游戏业务
	比亚迪	主营电动汽车业务
	海尔	建立海外制造基地，主营家电业务
东南亚	腾讯	海外布局核心，影视、游戏等投资、出口
	阿里巴巴	投资控股东南亚最大电商平台 Lazada
	字节跳动	投资印尼新闻推荐系统 BABE，发布了 UGC 短视频平台 Hypstar（Vigo Video）

资料来源：清博智能，2020 年。

随着中国"走出去"的步伐不断加快，越来越多的中国企业逐渐参与到国际市场的竞争中，参与的范围也越来越广、程度越来越深，中国制造的产品也逐步从中低端市场向高端市场不断迈进。但是，欧美国家的高端市场拥有较为完备的法律制度，因此投资合作准入门槛相对较高，同时有着非常严格的环保和劳工标准，对于企业的品牌声誉和社会责任实践也提出了更高要求，这就要求中国企业不仅要提高自身的经营能力，更要进一步提升企业的综合业务能力和跨国跨境经营能力。目前，集项目投资、规划、设计、建设、咨询及运营维护于一体的"投建营一体化模式"是国际工程领域的重要发展方向。中国企业要拓展国际化市场，实现海外营商的可持续性发展，就要从提供单一服务向提供项目全产业链综合服务转型升级。此外，随着数字技术的快速迭代和人工智能技术的进一步发展，项目业主对承包工程的信息化、科技化和智能化水平的要求也不断提升，企业的创新应用能力和成果转化能力将受到越来越多的重视。随着基于物联网的智能建筑技术不断迭代并发展成熟，云计算、大数据、移动互联网等新一代信息技术将得到更大规模的应用。中国企业要在海外营商过程中实现向高端市场和高端产业链迈进，一方面需要着力提升企业的环保水平、节能水平并提供更加多元的数字化解决方案，另一方面还要加强对于具有自主知识产权技术的研发，提出有利于企业发展的技术标准，使知识产权成为中国企业保护自身利益，同时拓展海外市场的利器，做好充分准备，努力抢占下一轮产业竞争的制高点。

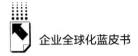

2. 资本"出海"

资本"出海"主要是指中国互联网科技企业通过投资、入股、控股、收购、并购等方式实现海外市场的拓展。中国资本大规模"出海"从 21 世纪初开始，自 2001 年加入世界贸易组织（WTO）以来，中国互联网科技企业进行资本"出海"的规模在持续扩大并保持活跃。

中美双边关系恶化，多个国家和地区出于"国家安全"或意识形态因素的考虑对中国资本的监管态度更加严格。这体现在以下两个方面：一方面，2020 年中国海外并购量持续下滑，越来越多的中国互联网科技企业将目光转向欧洲、东南亚以及南美洲等地区，期望在这些地区进行技术收购；另一方面，允许中国投资者进入的领域将渐渐收紧，如在人工智能、半导体和 5G 等领域的投资将受到限制。

虽然中国互联网科技企业资本"出海"面临的政策法律环境渐趋复杂，但预计未来尊重市场经济规则的主流经济体将继续许可中国资本进入敏感度较低的行业。①

3. 技术"出海"

技术"出海"主要是指中国互联网科技企业通过技术专利售卖、技术硬件交易、技术研发产业链布局等方式开展全球化业务。疫情加速了中国的人工智能、医疗与生命科学、信息通信等产业的发展，预计未来以科技为核心驱动力的产业、服务业仍将成为中国技术"出海"的主要聚焦领域。

短期内，各国为应对疫情冲击和经济下行，可能会将与基础制造业相关的产业链进行回迁。但在产业全球化的今天，中国相关企业在供应链、生产效率以及生产成本等方面均具有优势，产业链回迁并不是首选。从中长期来看，中国的消费电子产业将进行结构化升级，国内企业将更注重高附加值环节，部分低附加值环节可进行降维外迁，这也对迁入地的基础设施条件以及

---

① 《乘风破浪，激流勇进：中国企业海外并购"新常态"》，麦肯锡官网，2020 年 12 月 11 日，https://www.mckinsey.com.cn/wp - content/uploads/2020/12/Del_ 2020_ 麦肯锡_ 中国企业海外并购 . pdf。

承接能力有一定要求。

未来，颠覆性创新技术的"出海"与全球博弈将成为互联网科技企业对外发展的最大变量，核心技术资源也将成为重构全球产业链布局的关键杠杆。

（三）重点行业增长预测

1. 游戏

受疫情影响，线上娱乐需求增加，用户参与度快速提升。2021 年，根据数据拟合结果，虽然游戏行业面临同比高基数压力，但新爆款游戏仍有望继续保持 61.15% 的增长率。增长动力或从原有的头部游戏实现切换，海外市场仍然是开疆扩土的重要阵地。

海外市场游戏变现的扩张对头部公司来说至少是 3~5 年长线策略。2020 年由于全球疫情的发展过程不尽相同，对游戏变现峰值期间来说，海外市场较国内市场大约晚一个季度，但整体上都受到玩家游戏时长增加的利好。从 2020 年数据来看，国内游戏"出海"表现依旧强劲，中国自主研发的网络游戏凭借较高品质进一步巩固了在海外的竞争优势。预期随着国内游戏市场回归常态化增长以及海外新游戏及新市场的增量贡献，头部公司海外游戏收入占比提升空间巨大。

在用户规模增速持续放缓的背景下（见图 7），游戏细分品类会进一步发展，用户付费继续作为主要引擎驱动游戏市场增长。当前，角色扮演类游戏在国内已积累了丰富的产品经验，在走向国际的过程中也大受欢迎。此外，策略类游戏以及射击类游戏的占比逐渐提升，游戏行业在细分品类上的发展仍有增长空间。

2. 电子商务

受海外市场需求以及中国制造优势等因素影响，跨境电商"出海"成为主流趋势。一方面，当前海外电商渗透率①仍然较低，未来提升趋势明显。

---

① 电商渗透率是指电子商务相关产品/业务用户所占比例，反映了电商行业对某一区域的整体覆盖度。

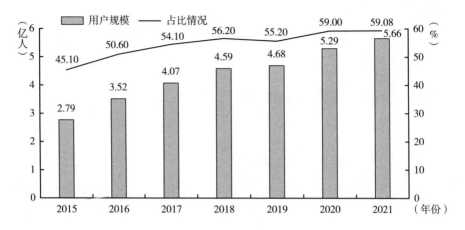

图7 2015～2021年中国手机网络游戏用户规模及占比情况

注：2021年数据为预测数据。

资料来源：App Annie，2020年。

2019年，印度、巴西、阿联酋等国家的电商渗透率在10%以下（见图8）。中国制造业相关产业链以及电商产品开发运营经验在世界范围内有着显著优势。未来，通过跨境电商和海外物流，将优势延长至零售环节，打造中国品牌，进一步推动品牌等具有高附加值的产品"出海"。另一方面，电商产业对海外基础设施要求较高。中国规模较大的跨境电商如环球易购等在海外建有大规模仓库，通过完善基础设施，更好地对物流全链条进行提效降本；通过对小规模物流企业进行整合调度，使得物流流程更短、效率更高。

3. 人工智能

2017年，国务院印发的《新一代人工智能发展规划》提出，要按照"构建一个体系、把握双重属性、坚持三位一体、强化四大支撑"进行布局，形成人工智能健康持续发展的战略路径。从中国人工智能领域的产品、融资情况、市场规模来看，中国人工智能产业在全球范围内都具备极强的竞争力。截至2020年6月，中国已有5125家人工智能企业，相比于其他国家人工智能企业数量而言，中国在全球位列第二。[①] 国际数据公司（IDC）与

---

① 深圳市人工智能行业协会：《2020人工智能产业发展白皮书》，2020年8月。

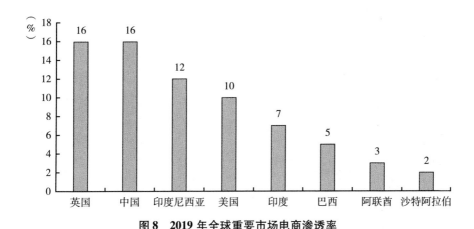

图8 2019年全球重要市场电商渗透率

资料来源：华泰证券，2020年。

浪潮集团日前联合发布的《2020~2021年中国人工智能计算力发展评估报告》预测，中国的人工智能市场在2021~2024年可能保持30.4%的年均复合增长率（Compound Annual Growth Rate，CAGR），2024年将达到1722亿美元的市场规模，中国在全球人工智能市场的占比将达到15.6%，成为全球市场增长的重要驱动力。

从图9可以看出，2017年和2018年中国人工智能市场增长率达52.6%和56.6%。虽然2019年、2020年增长情况有些许下降，但市场规模的进一步扩大已成了不可阻挡的趋势，根据清博智能数据拟合预测，2021年，中国人工智能市场规模有望达到960.0亿美元，2022年则能进一步增长到1255.2亿美元。

人脸识别技术作为人工智能领域的一种，全球著名的市场研究公司Technavio对全球人脸识别市场做出的预测显示，到2021年底，全球该市场的规模可能高达65亿美元。由于中国拥有巨大的人口基数和高度集中化的身份数据库，目前中国的人脸识别技术发展势头良好，发展速度较快。2016~2020年，中国人脸识别市场规模每年以25%左右的速度稳步增长。根据清博智能数据拟合预测，中国人脸识别市场规模到2021年将超过50亿元，在2023年预计达到78亿元。

图9　2015～2021年中国人工智能市场规模统计及趋势预测

注：2021年数据为预测数据。

资料来源：IDC、浪潮集团，2020年。

据FT报道，中兴、大华等多家中国科技公司，正在联合制定新的人脸识别标准。由于非洲、中东和亚洲的发展中国家尚没有确立人脸识别的统一标准，中国人脸识别企业"出海"将拥有广阔机遇。目前，来自华为、海康、大华等公司的人脸识别设备已顺利应用于南非、乌干达部分地区。其他公司如依图、旷视、商汤、云从等也制定了"出海"战略，打算逐步开拓至东南亚等地市场。

4. 智能手机

从苹果开创性地实现手指触摸功能开始，传统智能手机经过硬件和软件的不断升级，摄像头更清晰，屏幕更大，运行系统更快，以及更新了指纹解锁、人脸识别、无线耳机等功能，不断刷新人们对智能手机的认知。

从华为年度报告可以看出，2019年华为实现全球销售收入8588亿元，净利润超过620亿元，全球销售收入同比增长19.1%，净利润同比增长5.6%，其经营活动现金流超过910亿元，同比增长达22%。

受美国实体清单影响，华为海外消费者业务损失预估超100亿美元。虽然华为手机海外销量下滑，但是小米、OPPO等品牌却逆势增长。调研机构Canalys最新发布的数据显示，在2020年第四季度全球手机销量统计中，小米手机的销售量增长了31%、OPPO增长了15%，苹果涨幅只有4%，华为则掉出前五名。①

图10为白鲸出海针对2012～2020年中国传统智能手机出货量和增长率的统计数据以及对2021年的规模预测，可以看出国内传统智能手机的销售将面临较大的挑战。

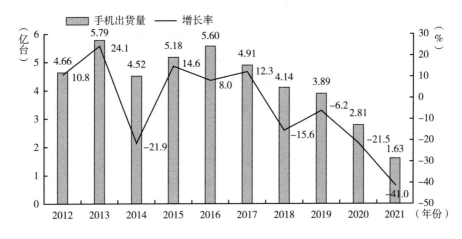

图10 2012～2021年中国传统智能手机出货量及增长率

注：2021年数据为预测数据。

资料来源：白鲸出海，2020年。

中金企信的统计数据显示，前五大手机厂商市场份额占全球智能手机市场份额的七成以上。在2019年全球智能手机出货量市场中，华为的市场份额占比达到17.6%；小米出货量为1.256亿台，在市场份额中占比为9.2%；OPPO出货量比小米稍低，为1.143亿台，在市场份额中占比为8.3%。近年来，智能手机在美国、法国、德国、英国、日本等发达国家的市场开始逐渐饱和，中国价格适中、功能丰富的高性价比智能机型越来越多，在亚太地区、拉丁美洲和非洲拥有了更加广阔的市场空间。②

---

① Canalys（sell - in shipments）：*Smartphone Analysis*，January 2021。

② 《2021～2027年中国智能手机行业市场发展现状研究及投资战略》，产业调研网。

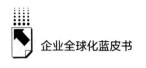

三 对策：在风险中挖掘机遇

（一）资本"出海"的对策建议

1. 复制成熟商业模式，进行本地化创新

当前，中国互联网科技企业在产业应用与模式创新方面已经较为领先，逐步转入精细化竞争与拉锯中，而海外新兴市场仍然存在许多机会，可供初创企业扩张。过去几年中，中国资本抓住这一产业"发展时差"带来的"时光机效应"，将成熟市场业务复制到不成熟市场，成功向海外输出先进商业模式。

而当前，中国资本在面临全球市场国际贸易保护主义抬头和全球经济下行的压力时，需要深扎当地市场，不仅要将商业模式进行复刻，更需要做好本地化研究，从团队、服务到产品都进行高度本地化，深入调研单一国家市场，结合当地的商业逻辑和市场需求给予相应的市场策略。

建议在对单一国家市场进行研究时，综合进行地区研究、模式研究、影响力研究，三管齐下，为资本"出海"提供充足的信息支持，以实施更有效的本地化策略。地区研究方面，对目标市场的地缘政治定位、国家宏观经济环境、所处行业在该国的经济定位和全球产业链条分布进行全面研判。模式研究方面，聚焦目标行业的投资主体、投资模式和目标市场的经济表现，对交通、楼宇、能源设施、通信设施、综合基建等进行细分研究。影响力研究方面，重点关注该市场的发展和创新要素，关注"出海"投资对当地社会的就业率、人口迁移、劳工权益、土地价值、货流成本等社会和环境影响，将企业社会责任（CSR）和环境、社会与企业治理（ESG）标准纳入投资策略，充分研判"出海"企业对当地的可持续影响力。

2. 深入研究新兴市场，切中细分赛道

当前国际形势较为复杂，一方面，逆全球化趋势蔓延，以美国为首的西方发达国家对中国出台对抗性政策，与中国贸易摩擦加剧；另一方面，"一

带一路"倡议深化落地，带动了新的国际交流与合作，与此同时，印度、中东等新兴市场互联网渗透率不断提高，基础设施建设逐渐成熟，已经广泛受到创投市场的关注。要在当前巨头角力的全球市场中占有一席之地，需深入研究新兴市场，并依据市场特性切中细分赛道。

GSMA（全球移动通信系统协会）于2019年底发布的数据显示，当前全球4G网络覆盖率已达到51%，新兴市场中，拉美与亚太的4G网络覆盖率均超过50%，而中东和非洲的4G网络覆盖率较低，仍然以2G和3G网络为主，撒哈拉沙漠以南的非洲4G网络覆盖率仅为10%。[1] 因此，互联网科技企业"出海"须结合当地通信设施建设程度、互联网发展情况展开相应的业务。

以新兴市场非洲为例，目前有约13亿人生活在非洲，年龄中位数为19.7岁，低于世界中位数年龄30.6岁。[2] 据皮尤研究中心数据，2016～2019年，南非智能手机持有率从总人口的37%上升至60%。[3] 巨大的人口红利、年轻化消费群体和日渐提高的智能手机普及率正催生出拥有巨大潜力的互联网消费市场；同时，与东南亚、南亚等中国互联网科技企业"出海"较早、辐射较深的市场相比，当前非洲本土创投力量还不活跃，在非洲的本地资本供给明显不足的情况下，拥有充足资金、丰富创业投资经验的中国投资方无疑拥有更好的"出海"机会。

2019年，专注非洲市场的中国手机品牌传音与被称为"非洲的阿里巴巴"的电商平台Jumia先后上市，代表着非洲移动互联网数字经济有较大的发展空间，从基础建设、赋能平台到各种应用都拥有市场机会。但与此同时，当前非洲手机市场的功能机仍占较大比重，并且流量费用较高、手机内

---

① GSMA Intelligence, *2019 Mobile Industry Impact Report: Sustainable Development Goals*, https://www.gsma.com/betterfuture/wp - content/uploads/2019/10/2019 - 09 - 24 - a60d6541465e86561f37f0f77ebee0f7 - 1.pdf.

② worldometer, *Africa population*, https://www.worldometers.info/world - population/africa - population/.

③ *Smartphone Ownership Is Growing Rapidly Around the World, but Not Always Equally*, https://www.pewresearch.org/global/2019/02/05/smartphone - ownership - is - growing - rapidly - around - the - world - but - not - always - equally/.

存空间不足，因此非洲互联网科技创业项目难以实现类似在中国市场的高增速。因此，建议在对市场进行充分研判后选择细分赛道。例如，GSMA 报告数据显示，全世界 45.6% 的移动钱包使用者来自撒哈拉以南的非洲地区，建议继续重点关注金融科技生态中的电子钱包行业；文娱产业方面，受流量费用和非洲整体文化影响，可以重点关注音乐类应用。

3. 洞察疫情防控常态化下"出海"机遇，发现潜力品类

新冠肺炎疫情的全球大流行对世界经济运行和个人生活产生了重大影响。从短期的行业影响来看，当前新冠肺炎疫情推动在线娱乐（包括游戏和视频）、在线快消、SaaS（软件即服务）等互联网细分行业加速增长。Google Trends 关于 2020 年网络用户对网购搜索引擎和网络购物门户网站的数据显示，自 2020 年 3 月 22 日起，全球用户对网上购物的相关信息搜索量开始稳步上升。居家消费场景的全面升级提示中国资本应及时调整布局策略，洞察"出海"机遇，发现潜力品类，寻求"新品牌""新技术""新场景"。

近年来，资本更多关注优质 SaaS 项目。SaaS 项目 B 端的潜在用户数量和 ToB 市场容量具有较大的想象空间。考虑到 ToB 软件市场的特性，资本应寻找收入可预期性强、质量高、增长快速的 SaaS 项目。一旦 ToB 的企业软件产品真正切中了客户需求，积累了客户数据与工作流，就容易产生较高留存。而随着企业客户自身成长，SaaS 产品可以向同一个企业客户销售更多模块，增强企业客户黏性。

以远程办公服务产品为例，新冠肺炎疫情影响下，"无接触"工作和学习方式已成为企业办公与学校授课的重要选项，各类云服务、家庭办公硬件与软件设施迎来发展机遇。从短期来看，疫情带来的"窗口期"过后，远程办公服务产品用户需求回落，存在用户流失的风险；但从长期来看，随着跨区跨国合作的增强、雇佣关系的迭代、5G 技术及云计算的普及发展，远程办公行业仍然具有较高的投资价值。建议研发综合协作类应用的人性化设计解决方案，同时重点解决海外企业主要担心的企业安全与信息泄露问题，引导企业养成远程办公应用使用习惯，助力远程办公成为企业办公新常态，增强用户黏性。

4. 重视数据合规，加强隐私保护

近年来，包括 GDPR（欧盟《通用数据保护条例》）在内的数据保护法规在全球各地出台，随着执法频率、监管力度和惩罚额度的加大，执法主体倾向多部门共同监管，"出海"互联网科技企业面临着越来越大的数据合规风险。"出海"企业需要时刻关注相关行业在目标国家市场区域和全球的法律法规，明确法律适用范围、执法机关关注点、执法活跃度、惩罚条例等，聘任及授权合适的 DPO（数据保护监察专员）并确保及时跟进合规事务，做出相应的合规性调整，降低"出海"企业风险。

在对目标国家市场和行业数据法规进行及时跟进后，企业首先应完善隐私政策撰写，明确数据收集、存储、利用、传输条款；其次应建立清晰及时的用户响应机制，建立健全技术架构，保障数据主体权利；再次企业内部应完善数据管理与网络安全体系，提高数据收集控制能力，明确数据收集的目的，并根据目的对数据进行独立控制，提高系统的灵活性；最后对企业外包服务供应商应加强监督约束，对接触客户个人数据的内部人员和外部委托人员设置访问权限机制，防止人员对客户数据进行泄露或转移。

另外，"出海"企业需要特别关注儿童隐私保护。目前各国都对儿童数据隐私保护出台了相关法律法规，例如，GDPR 第 8 条规定数字年龄（Digital Age），即认为如果向未满 16 周岁的儿童提供信息社会服务，需要征得父母责任主体的同意或授权。美国制订的 COPPA（《儿童在线隐私保护法》）法案则保护 13 岁以下的儿童，一旦 COPPA2.0 版本通过，该法案适用范围将扩大至 15 岁以下的未成年人。同时需要注意的是，该法案约束所有美国管辖下的网站、美国服务器上托管的网站、总部设在美国领土的所有者的网站、美国市场上的商业网站。因此，"出海"企业首先应明确目标国家对儿童隐私保护的年龄规定并做出相应的合规调整。可以通过自我验证和自动化分析机制结合的方式验证儿童的真实年龄，避免儿童在互联网谎报年龄导致的风险，此外，"出海"企业应明确取得父母"可验证的同意"具体操作方式，在确保合规和降低烦琐程度、保证用户转化率之间找到平衡。

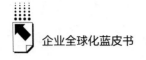

（二）模式"出海"的对策建议

1. 泛娱乐"出海"：细分品类方向，健全内容审核管理机制

游戏是中国"出海"企业广泛关注的赛道。根据白鲸出海数据，在"出海"的 7415 家企业中，有 3575 家企业涉及游戏业务，占比达 48%。2019 年中国游戏厂商手游"出海"收入前 100 的产品发行商收入占比如图 11 所示。2018～2020 年，中国"出海"移动游戏持续增长，2020 年上半年，中国移动游戏使用时长和用户支出增长率高于其他海外发行商。目前，很多初创型、小微型游戏公司在东南亚、中东、北非等新兴地区表现突出，中国自主研发游戏海外重点地区收入分布数据见图 12。

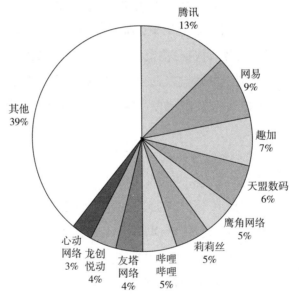

图 11　2019 年中国游戏厂商手游"出海"收入前 100 的产品发行商收入占比

资料来源：伽马数据、白鲸出海、久谦咨询，2020 年 3 月。

当前游戏头部"出海"品类较稳定，游戏创新需关注更细分维度，"出海"企业可以参考 App Annie 推出的游戏市场评估工具 GameIQ 对游戏产品进行的细粒度分析，即将游戏分为硬核、博彩、休闲三大类和上百个小类，

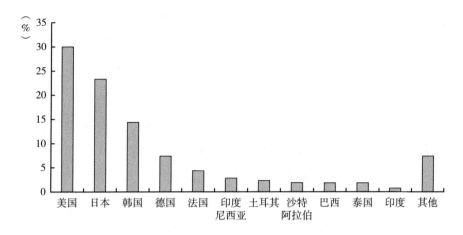

图 12　中国自主研发游戏海外重点地区收入分布

资料来源：中国音数协游戏工委、中娱智库、IDC，2020 年 4 月。

对游戏产品进行细分品类的深耕。例如，可以对全球市场规模大但中国"出海"移动游戏份额较小的经典三消游戏、超休闲游戏、第一人称射击游戏进行开发，运用热门游戏中的设计和玩法元素，丰富游戏体验；对全球榜单处于头部，仍有拓展潜力的回合制角色扮演游戏、消除游戏、团队战斗制游戏进行玩法融合和创新；对当前表现强势的"出海"移动游戏，例如，动作角色扮演游戏、放置类角色扮演游戏和塔防游戏加强精细化运营，关注游戏玩法创新的方向和多样化，延长游戏的生命周期。

另外，在游戏自身细分类型中"跨界"融合的混合游戏有可能成为未来游戏"出海"的新主流。2020 年下载量全球第一的超休闲游戏《刺客行动》就将迷你行动、策略解密元素进行"混搭"，碰撞出新的玩法。面对不同的新兴市场国家和用户画像，混搭玩法有助于高效融合开发者提供的核心玩法和用户的丰富诉求。

短视频泛娱乐"出海"同样广受关注。2016 年以来，欢聚时代、字节跳动、快手等企业先后进行短视频产品"出海"，并逐渐在世界范围内布局。当前受国际形势与海外舆论场角力影响，短视频内容在美国、印度等地"出海"受阻。"出海"企业应建立健全信息内容审核管理机制，降低雷区

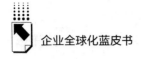

风险，开拓成长空间。

短视频平台主要强调内容分享，传播主体多元，目前有用户生产内容（UGC）、专业生产内容（PGC）和机构生产内容（OGC）三种主要内容生产方式，此外还衍生了专业个人生产内容（PUGC）等内容生产方式。应明确不同利益主体，针对内容生产者、消费者、广告商、平台运营商等建立不同的监管机制与级别。此外，还应当要求用户进行实名认证，同时依托大数据监测平台，完善举报投诉机制，优化平台自净机制，建立健全短视频后台内容审核管理机制。

建议"出海"企业对"出海"短视频内容进行分级、分区化管理，降低低俗、政治敏感等雷区风险。可以借鉴视频网站 YouTube 的内容分级思路，同时进一步优化：一是以注册用户生日年份信息作为一级划分依据，以此初步圈定内容准入范围，并设置关键词对重点敏感信息进行审核；二是对涉及政治、宗教，以及成人信息发布、播放、下载与传播设置二层分级；三是明确重点敏感区用户必须以登录者身份才能浏览等用户权益。

此外，虽然短视频赛道在国内市场已进入头部企业角力的阶段，但围绕短视频的上下游细分产业和短视频内部的细分领域产品还有广阔的提升空间。如，小象直播在马来西亚进入华人直播这一细分市场，抓住海外华人直播需求，在马来西亚获得了较高收益。

网络文学也是中国互联网科技企业泛娱乐"出海"的重要内容。根据艾瑞咨询数据，2019 年中国网络文学的海外用户量达到 3193.5 万，据预测，2021 年这一数据将会增长至 4935.9 万。① 中国网络文学产业的"出海"业务经历了版权出售、建立阅读和翻译平台、开启海外原创 IP 三个阶段的成长。

下一阶段要继续推进网络文学"出海"，需保持 IP 全产业链发力：发

---

① 《2020 年中国网络文学出海研究报告》，艾瑞网，http：//report. iresearch. cn/report_ pdf. aspx? id =3644，2020。

掘更多优质数字内容阅读创作者，培养一部分为海外用户服务并熟悉海外文化环境的国内外写手，构建可持续的原创内容生产体系；加快针对网络文学的 AI 智能翻译开发，采用人工与 AI 智能翻译相结合的翻译方法，提升内容翻译效率和质量；加快搭建网络文学"出海"平台与移动端 App，积极拓宽海外内容发布渠道，加强与当地阅读平台或机构之间的合作；将中国网络文学市场 IP 全产业链开发的成功经验和成熟模式应用到海外市场，在拓展市场的过程中摸清海外观众的兴趣爱好，并对有良好商业价值的作品进行相关的动漫、影视 IP 衍生品制作。

网络文学平台下一步应积极探索多元化商业模式，依托不同市场对互联网付费的不同意愿和消费习惯，探索海外用户内容付费的更多可能。在目前比较普遍的向海外内容公司出售版权、网文 App 会员制度、内部作者打赏、小说按整本或章节付费基础上，可以探索付费订阅、看广告解锁付费章节、众筹章节、付费激励解锁隐藏彩蛋或番外章节等商业模式。

2. 社交产品：研判细分品类，扩展娱乐功能

社交产品目前可以分为熟人社交和陌生人社交应用。由于 Facebook 等跨国公司和各国本地的竞争对手带来的压力较大，中国的熟人社交应用进入海外的稳定市场阻力较大，陌生人社交应用具有更大的"出海"潜力。

陌生人社交是指基于某种需求的社交匹配市场，目前以约会类软件为代表，在全球约会市场中表现较为强劲的增长势头。约会类软件"出海"应关注各个国家不同垂类用户的婚恋价值观研究，寻找细分品类，推出针对特定人群、具备自身亮点的产品。例如中国移动应用 Blued 专为男同性恋提供约会和社交服务，2015 年首次在荷兰"出海"，次年即开始盈利，2020 年在海外上市。主打特殊人群（如 LGBTQ、中老年用户）的约会类软件在海外落地时可以借鉴 Blued 的成功经验，与当地的 NGO、社群合作，开办线上线下交友活动，与本土约会类软件建立合作伙伴关系，扩大本地影响力和提升知名度。

同时，"出海"社交类 App 未来应考虑扩展更多娱乐功能，如游戏、视频、音频直播等。线上交友和匹配模式可以创新打法，例如音乐品味匹配、

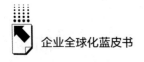

双人云上影院、直播相亲等，增强交友软件可玩性，增加交友匹配度。

3. 工具类产品：增强技术独立性，建立内容壁垒

当前，中国互联网科技企业开发的工具类产品"出海"需求度依旧很大。当前，中国"出海"工具类应用主要分为手机管理类和服务社交的美颜、图片视频编辑类工具。

自 2012 年以来，以猎豹为代表的中国工具类应用开始大规模"出海"。猎豹的"出海"模式为通过工具类应用获得流量入口，再依靠移动应用的分发和游戏联运、广告进行赢利。猎豹凭借清理工具 CleanMaster 以及办公工具 WPS 的海外运营获得较好口碑，其开发的游戏与直播类应用的海外输出也使其获利良多。此外，猎豹曾作为 Facebook、谷歌的重要流量源，在全球范围内举足轻重。2020 年，猎豹被谷歌认为涉及广告欺诈，猎豹旗下猎豹移动部分产品被谷歌移除。针对该事件，猎豹移动已经积极应对：一方面，在收入层面，猎豹移动由此前的纯广告模式逐渐转向会员付费与广告相结合的模式；另一方面，在业务层面，控制海外业务成本，精简并改善海外业务运营，及时止损，同时也更加关注国内市场，将猎豹旗下的移动工具和游戏进一步细化。

针对工具类"出海"企业，第一，在与目标国家关系处理方面，为推进政府关系和当地商业伙伴关系，要寻找精通目标国家政策的人才，就用户隐私、网络安全以及知识产权等议题进行调研，为"出海"企业提供参考。第二，需要增强技术独立性，面对政治风险可能带来的影响，工具类企业各个业务线对于美国软件系统、研发设备、信息技术的依赖度需要进一步降低，提前进行风险转移，多元化价值链的建构势在必行。第三，在地化的本土运营和细分市场的洞察。在对目标国家的政经环境和风土人情进行充分调研的基础上，一地一策，回应用户关切，解决用户刚需。在工具层面做到极致，在技术层面进行创新，从根源上建立内容壁垒，为用户带来差异化产品将成为工具产品"出海"制胜的关键。

4. 跨境电商：调整选品维度，着力品牌建设

跨境电商"出海"迎来黄金期。从全球范围来看，伴随着疫情下海外

消费场景持续向线上转移，海外电商渗透率将继续提升。从国内来看，"双循环"战略部署具有中长期意义，跨境电商作为"外循环"重要引擎，品牌及供应链将是企业决胜关键。当前，出口跨境电商领域分布分散，导致物流费用高昂且需要交纳较多的平台使用费用，使得跨境电商企业盈利能力大大受限。未来，跨境电商在进一步了解海外用户消费心理、提供优质服务的同时，也应当加强对海外市场供应链的管理，降低物流和其他手续费成本，获取更多经济收益。"跨境通"的品牌管理以及供应链运营在中国跨境电商中较为领先。得益于其供应链和海外仓，"跨境通"的物流时效较同行而言更快，旗下自有品牌知名度较高。

针对此类跨境电商企业，第一，要重视渠道品牌与产品品牌双轨道建设。一方面通过第三方平台进行业务开展，另一方面也着力建设自营渠道。其中，借助第三方渠道模式能够快速获取客户流量，但该种模式下难以保证产品曝光度，需要持续进行大量销售费用投入维护流量池，而自营渠道却能够培养黏性用户，拥有较为稳定的流量基本盘。

第二，应及时调整选品维度，除了口罩等防疫物资，应关注疫情影响下的"宅经济"，如家用办公椅、家具、小家电等，同时选品需结合当地文化和消费习惯；"出海"电商可以专注具备物流和国内供应链支持的品类，如婚纱、汽车配件等。

第三，应分析消费者行为，精准洞察，挖掘潜力市场与品类，提高平台转化率。通过精准营销投放电商广告获得用户数据和市场数据，不断完善公司大数据中台，刻画清晰的用户画像。此外，要重视私域流量的建构，通过自身的社交平台账号或社群运营，也可以提高品牌认知度，增强消费者对品牌的复购率。

第四，要提升物流优势，如通过海外仓建设提升运输效率。一方面，海外仓能够有效帮助跨境电商企业提前将货物运输至目标国家，客户下单后，可直接在目标国家发货，节省了货物运输时间，不仅提高了时效而且可将高频运输的货物进行集体运输，节约了成本；另一方面，海外仓能够有效对客户进行售后服务，无论是响应速度还是购物体验均能够有效提升客户感知。

第五，应在选品、电商网页等各个阶段充分适应当地市场本土特征。例如，美国千禧一代的购买决策高度受到品牌价值观和可持续化理念影响，产品的促销信息展示、电商网页风格、退换货政策等在国内可能并不十分重要的因素，在美国电商市场中都可能是"种草"或"拔草"商品的关键点。因此，跨境电商要打入美国市场，必须重视品牌价值观的本土化。从 2019 年全球重要市场电商渗透率来看，英国和中国的电商市场渗透率较高。从 2017～2019 年中国跨境电商市场交易规模来看，2018 年中国进出口交易额较高（见图 13）。

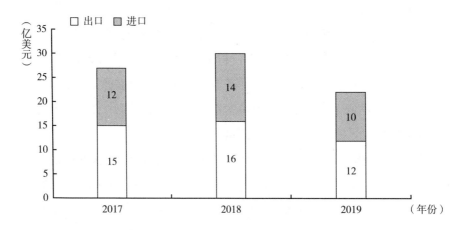

图 13　2017～2019 年中国跨境电商市场交易规模

资料来源：中商产业研究院，2020 年 4 月。

5. 移动支付"出海"：完善金融基础设施，制定"中国标准"

随着中国人出境游和海外购范围不断扩大，遍布世界的中国游客最先将国内移动支付手段引领"出海"。近年来移动支付"出海"关注的已不再只是出境游客的钱包，而是从提升国人出境游消费体验走向海外普惠金融。以微信支付为例，近年来微信支付向以东南亚为主的海外目标国家复制移动支付生态，在不断完善海外金融科技基础设施建设的同时，也输出了中国智慧生活模式。未来，移动支付"出海"应加强与当地金融机构、银行、第三方支付机构的合作，支持金融基础设施建设，助力人民币国际化和维护国家金融数据安全，为包括移动支付在内的海外数字经济升级提供长久的支撑和保障。同时，中国移动支付应对海外市场金融基础设施建设程度和金融科技监管法规做充分调研，在输出自身核心技术的同时快速适应当地运营模式、市场监管和消费习惯，与目标国家政府维持良好关系，更快实现组织架构本地化。

同时，当前中国移动支付在境外推广存在障碍，这与 Visa、Mastercard 等国际支付巨头的垄断有一定关系。海外金融组织在过去半个多世纪以来制定的移动支付"西方标准"很难与中国支付标准和支付习惯兼容。应鼓励中国移动支付企业积极承担责任，尽快在国际领域牵头修改和制定国际支付行业标准，促进中国标准与国际标准融合，推动全球支付标准创新迭代，增强"中国标准"的话语权，抢夺未来移动支付发展"制高点"。

（三）技术"出海"的对策建议

1. 人工智能：夯实发展基础，强调伦理框架

在 2020 年 11 月发布的《中共中央关于制定国民经济和社会发展第十四个五年规划和二〇三五年远景目标的建议》（以下简称《建议》）中，47 次强调"创新"，36 次提及"科技"，"坚持创新驱动发展"被摆在各项规划任务的首位，进行专章部署。《建议》将人工智能列为前沿科技发展中的最高优先级。同时，中美贸易摩擦演进制约着中国人工智能产业"出海"传播和落地。

新的国际形势下，人工智能从业者与研究人员应加快主航道技术研发，加强人工智能学术科研投入，为技术研发提供强大的理论支撑。互联网科技企业应当加大基础创新投入力度，集中开发核心技术与核心产品。"出海"的互联网科技企业应对与海外居民生活息息相关的细分领域加强 AI 技术融合与渗透，根据自身实际情况在海外落地人工智能创新应用先导区，推动"AI＋医疗""AI＋教育""AI＋安防""AI＋人居"等行业协同发展。

2020 年，中国人工智能企业的创新研发支出仍落后于美国等发达国家，中国企业目前拥有的人工智能相关专利多为门槛较低的实用新型专利，相比

之下，发明专利较少，失效时间快。因此，中国相关企业应加大在主航道技术专利开发和保护知识产权方面的投入力度。硬件方面推动传感器与芯片产业加速攻坚，软件方面夯实算力算法核心基础，大力推进人工智能数据库、解决方案库建设，建成更加完备的人工智能公共服务平台，夯实人工智能技术的发展基础，重视人工智能核心算法框架的创新推广。构建中国技术与产品双壁垒，提升产品供给方的议价能力，保持人工智能产业"出海"的商业价值。

当前国际形势下，面对以美国为主的西方发达国家对中国人工智能技术的打压和封锁，中国企业可以从社会责任和人工智能伦理入手，与国内外人工智能学界合作，研究并推广中国企业人工智能伦理守则或框架，减少海外对中国人工智能科技企业"窃取隐私信息"等问题的担忧。加强与联合国、欧盟等国际组织在国际人工智能伦理方面的合作，强调人工智能企业的社会责任，在全球人工智能伦理框架制定中提出"中国标准"。

2. 云计算：满足存储和管理需求，提高多协议支持能力

物联网发展规模化，中国云计算产业发展持续向好。中国云计算企业中阿里、百度、华为相对领先。就全球市场来看，阿里旗下的阿里云全球市场占有率排名第三，发展态势较优。阿里云布局多年，不论是产品的成熟度还是行业的渗透率都具有明显优势，主要采取自主研发的方式确保技术的可靠性。逐渐完善"云计算＋大数据＋人工智能"的"CBA"布局，阿里云成为中国与亚太地区云计算龙头。当前，在全球范围内，阿里云开放了的可用区共计63个，覆盖数十亿用户。

针对此类云服务"出海"企业，第一，要满足高性能、高弹性的存储需求。一方面，要满足较高吞吐量的传统数据库应用；另一方面，也要支持小文件低延迟数据的访问。第二，多协议支持。在混合云中，不同的应用类型需要采用不同接口和存储方式，如何针对不同的业务需求进行回应也需考虑。第三，要对数据生命周期进行管理，控制成本。

3. 区块链：积极加强行业监管，推进金融领域深度融合

当前，中国企业区块链技术"出海"还有较大机遇。在海外市场中，

东南亚各国区块链技术尚未崛起，本土竞争者较少；以欧美发达国家为代表的区块链企业尚未大规模触及本国之外的企业。中国企业可以抢占挖掘海外机遇，通过创新和输出区块链技术，建立日趋紧密和完善的网络社会经济共同体，提高中国企业在全球区块链技术的话语权。

在当前国际形势下，海外市场对中国"出海"的互联网科技企业的数据隐私和信息安全尤为重视，区块链技术的去中心化、匿名性等特性和加密货币、ICO 融资等新概念使现有的针对中心化机构的市场监管体系不断调整其监管方案。国内应继续加强区块链行业监管，对借区块链名义的非法集资、诈骗等行为进行监督和监管；对加密货币交易平台及其硬件服务提供商提出相应法律和监管要求，减少区块链应用在共识机制、智能合约等方面的技术安全风险，加速区块链技术应用落地。

当前区块链技术在金融领域应用比较成熟，基于区块链的数字货币可以作为支付工具和清算资产，打造点对点的支付方式，提高结算效率，契合了贸易金融业务时间短、次数频繁、速度快、交易透明的特点，解决信息不对称问题，提高价值传输的效率。[①] 区块链技术引入海外金融基础设施建设，可以重塑资产的维护和存储方式，改变交易实现、义务履行及风险管理手段。目前的区块链技术已经开始与包括供应链金融、证券、银行、保险、支付清算等在内的诸多金融细分领域逐步实现深度融合，但仍缺少在国际有示范作用的区块链应用项目。未来中国"出海"企业应继续打造该类项目，战略化布局区块链，使新技术优势融入现有生态中，对产业产生更大的推动力和发挥引领作用。互联网企业可以发挥优势，运用在国内积累的技术经验，寻找海外合作伙伴，开辟海外市场。例如蚂蚁金服为马来西亚的汇款服务商 Valyou、巴基斯坦的"支付宝"Easypaisa 提供区块链跨境解决方案，助力目标国家区块链跨境汇款项目落地。

4. 太空互联网：抢占频轨资源，开发低成本的航天技术

在 5G 成为全球经济数字化转型的重要基础设施的同时，卫星互联网技

---

① 黄尹旭：《区块链应用技术的金融市场基础设施之治理——以数字货币为例》，《东方法学》2020 年第 5 期。

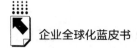

术也已成为通信技术竞争的新焦点，全球已进入卫星互联网的竞赛时代。尽管现在美国已在这一领域"抢滩登陆"，但中国卫星互联网计划的国际申报也已经开启。目前，中国以航天科工、航天科技、中国电科等主导的低轨卫星星座计划虽然仍在起步阶段，但"中国速度"的爆发力不容小觑。

要赢得卫星互联网布局竞争，第一，需要互联网科技企业尽快布局中低轨道频段资源。航空航天领域的频轨资源是一种稀缺资源，一颗卫星所占据的通信频率和运行轨道很难与其他卫星共享。而频轨资源目前采取"先申报先使用"的分配机制，因此企业应加强无线电规则研究及双边合作，大力推进低轨卫星物联网星座的部署，努力抓住发展新机遇；同时可采用基于频谱感知信号检测技术，选择空闲载波进行业务传输，实现与现有卫星通信系统之间无干扰或低干扰的同频段共存，① 解决可用频率资源稀缺、协调困难的问题。

第二，中国企业应对传统的卫星制造和发射进行迭代升级，采用标准化、轻量化的生产线技术，以流水线量产和"一箭多星"方式降低成本，开发相对低成本的航天技术，快速构建新一代互联网卫星的低成本批量化制造能力。②

第三，互联网科技企业应当尽快确定网络上下行速率、带宽、接口与接收设备规格等一系列标准化问题。

5.手机通信：加大技术研发投入力度，弱化政治标签

新冠肺炎疫情防控常态化下全球经济复苏、从产能出口到品牌出口的战略调整，都决定了在技术和市场均处于世界前列的通信行业将成为科技"出海"攻坚的主力。作为中国科技产业中有能力处在世界最前沿的行业之一，通信行业能够打造品牌、输出标准，夺得科技战的话语权，这将造就一批像华为、中兴一样的世界龙头企业。

美国制裁虽有影响，华为依然保持份额领先，反推中国科技产业链补

---

① 吴奇龙、龙坤、朱启超：《低轨卫星通信网络领域国际竞争：态势、动因及参与策略》，《世界科技研究与发展》2020年第6期。

② 吴奇龙、龙坤、朱启超：《低轨卫星通信网络领域国际竞争：态势、动因及参与策略》，《世界科技研究与发展》2020年第6期。

全。从新的通信行业份额数据来看，华为依旧领跑，诺基亚业绩下滑，爱立信增速放缓，中兴稳健增长。2020 年上半年，全球七大设备制造商依次为华为、诺基亚、爱立信、中兴、思科、Ciena 和三星，这七家公司合计占全球设备市场收入的 90% 以上。① 华为与中兴依靠中国市场，凭借技术优势积极拓展海外市场，跻身一流通信设备商前列。从 2013 年至今，中国通信设备商占全球通信设备市场份额比重不断提高。目前，华为和中兴是世界上仅有的两家具备 5G 端到端全产业链技术的主设备厂商，这奠定了在未来相当长一段时间内的主设备商的全球格局。

针对通信类互联网科技企业，第一，以美国为主的国家和地区在数据安全、技术漏洞、内容管理等层面对中国高科技互联网产品的制裁持续加码。如何撕掉或者弱化政治标签仍是"出海"企业在国际化道路上面临的一个难题，去政治化、去意识形态化任重道远。第二，要做好硬核科技研发，加大技术研发投入力度并将其转化为在网络、IT、智能终端和基础研究的各个领域内的竞争力，也转化成向客户持续提供新产品和高效服务的能力。一方面，可以继续在性能、灵活性和安全性等方面加强底层基础设施的建设；另一方面，应当着重攻克核心场景的应用，形成行业模范。第三，要在全球范围内承担社会责任，提升企业在地责任和人文关怀，为弱势群体和不发达地区赋能，建立更加积极正面的企业形象。

（四）战略传播的对策建议

1. 利用多元化传播载体，把握网络平台可供性

互联网科技企业进行海外品牌传播时应注重选择和设计不同的线上线下传播方式，以多种形式的媒介为载体，通过多种途径达到传播目的。

在线上传播方面，中国企业的"出海"需要更好的海外形象塑造策略与新的品牌传播战略，而互联网平台的可供性对于中国企业而言意义重大。

---

① 《通信行业 2021 年投资策略》，未来智库，2020 年 11 月 30 日，https://www.vzkoo.com/doc/25377.html。

可供性的概念由美国生态心理学家吉布森最先提出，在网络平台研究领域，可供性体现在平台与不同类型的用户之间的关系中。复旦大学新闻学院教授潘忠党评估媒介的指标更为详细，他认为，当下新媒体的可供性可分为信息生产的可供性、社交可供性和移动可供性三部分。① 互联网企业应对这三个重要指标针对传播特点和用户行为进行研究，帮助平台的可供性进行精准传播。

企业应精心打造自身传播平台，包括用户友好的官方网站、翔实有趣的企业手册、活跃的多语种官方社交媒体账号等。社交媒体账号运营应具备互联网思维，由企业内容及运营团队有力支持长期宣传物料（包括图片、视频、文字）生产和短期传播热点运营，研究和区分包括 Twitter、Youtube、Instagram 在内的海外社交媒体平台传播规律，实现多平台传播物料高效分发，多角度、全方位触达消费者及客户。

在线下传播方面，企业应积极参与当地展会，全方位进行品牌推广，挖掘潜在客户。企业应注重线上线下系统宣传规划，采取展前预热、展中直播、展后新闻与公关稿件同步的策略，尊重展会主办国的独特文化和风俗习惯，使用当地群众喜闻乐见的语言和表达方式优化传播内容。

2. 打造专家意见领袖，创新企业传播矩阵

过去，中国企业"出海"倾向于将维护与国际媒体、市场、公众关系的业务全权交给第三方（公关公司等），而对海外媒体行业生态、内部文化缺乏系统了解。在当前中美长期舆论对抗的国际形势下，西方对中国政治经济影响力日益警惕，西方媒体对中国企业报道逐渐同质化。建议企业海外传播转变思路，除了与海外媒体的沟通外，可以接触、打造或扶植当地专家意见领袖（Expert Opinion Leader），开拓新的企业传播社会网络节点，创新传播矩阵。

与中国企业"出海"相关的专家意见领袖包括学者、智库专家、金融

① 潘忠党、刘于思：《以何为"新"？"新媒体"话语中的权力陷阱与研究者的理论自省——潘忠党教授访谈录》，《新闻与传播评论》2017 年第 1 期。

机构与咨询公司分析人士、企业高管及投资人、相关领域政府官员、媒体评论员、专栏作家、NGO 及社群活动人士等。与普通意见领袖（Key Opinion Leader）相比，专家意见领袖在大众领域认知度相对较低，但在相关媒体垂类中有较高的认可度和影响力。专家意见领袖作为意见的上游，可以通过个人著述、社交媒体表达、接受记者采访、媒体约稿等多种方式影响媒体报道，进而影响大众认知，也可以通过社交媒体账号的运营直接影响大众。

例如，前百度国际媒体公关总监、前奥美中国数字行销策略群总监 Kaiser Kuo（郭怡广）出身于美国纽约州，在海外社交媒体 Twitter 和知识问答社区 Quora 上均有较大的影响力，其自 2010 年起开办的讨论中国事务的播客 Sinica Podcast 被认为是较为权威的讨论中国问题的英文节目之一，对中国互联网行业尤其具有深刻的洞察。建议中国"出海"企业将包括 Kaiser Kuo 在内的专家意见领袖作为企业传播社会网络的重要节点，在其活跃的网络社区（如 Twitter 及 Quora）搭建传播矩阵，实现专家意见领袖对海外媒体和对社会公众的双路径传播，构建全方位多层次的企业形象，助力企业"出海"。

3. 抓住疫情防控常态化下的传播窗口，以社会责任重建道德信任

受中美对抗局势影响，以美国为主的部分国家对中国互联网科技企业进行政治打压和技术封锁。研究者指出，在中美就科技议题进行舆论博弈期间，西方媒体多次对中国互联网科技企业进行道德打压和"原罪"指控，比如窃取西方国家高新科技、在中国政府指令下收集海外用户信息实施间谍行为、危害美国国家安全、泄露用户数据隐私、聘用少数民族劳工等。因此，中国企业"出海"重建道德信任至关重要。建议抓住疫情防控常态化下的传播窗口，通过启动国际抗疫援助，传播正能量，重建海外社会信任。

随着新冠肺炎疫情的蔓延，全球防疫重心逐渐扩展到中国境外。与此同时，国际媒体聚焦危机中各国企业和机构的社会责任表现，并关注各国如何在封锁时期应对疫情的影响。包括《麻省理工科技评论》、Gigabit Magazine、PYMNTS 在内的国外科技、金融类媒体重点关注了中国互联网科技企业如何利用高新科技力量助力全球抗疫行动。例如，腾讯、百度、华为等中国互联网科技企业向海外开放 AI、大数据、云计算等技术能力与解决方案，开启

AI 战疫。

建议企业建立有效的社会责任履行机制，将社会责任与生产经营有效融合，疫情期间积极履行社会责任，提升品牌价值，发挥互联网科技企业的专业技能优势，应对目标国家的疫情及由疫情引发的社会问题，实现社会与品牌的"双赢"。同时，可以通过社交媒体与传统媒体相结合、用当地语言定期发布《社会责任报告》并邀请专家解读等方式，加强社会责任信息披露管理，增强目标国家民众对中国企业价值观的认同感。腾讯秉持"科技向善"的愿景和使命，提供产品服务和解决方案帮助政府、企业和民众有效应对新冠肺炎疫情。例如，通过各类疫情服务小程序，帮助民众更便捷地获取疫情信息和服务；通过企业微信、腾讯会议、腾讯文档等产品，助力企业远程办公合作；为科研机构提供人工智能和算力支持等。

（五）政府管理的对策建议

1. 政治：预判地缘风险，把握亚欧新机遇

当前国际形势较为复杂，美国不断出台对华遏制政策，中国企业"出海"面临阻碍。在对企业"出海"项目进行审批落地时，政府决策部门应审慎评估和防范地缘政治风险，强化地理安全意识。可在行政序列中设立地缘经济部门，并形成跨部门联席机制。积极组织相关企业、非政府组织（行业协会）、中介机构等进行信息沟通和共享，全面收集、分析海外各国的基本信息和最新政策，如政府工作报告、国家领导人重要讲话、各国经济消费习惯等，通过政府购买、与国内国际数据现有系统合作等方式发展完善信息系统，建立全面识别企业国际化地缘风险的识别评估平台。[①] 重点评估"出海"企业海外项目是否处于海权力量与陆权力量的博弈地带，是否会引发或加剧大国间的地缘政治冲突，结合以美国为主的发达经济体对华经济遏制的最新政策，评估有关项目落地是否会减损其他国家的经济利益、削弱其

---

① 潘忠党、刘于思：《以何为"新"？"新媒体"话语中的权力陷阱与研究者的理论自省——潘忠党教授访谈录》，《新闻与传播评论》2017 年第 1 期。

他国家的竞争力、恶化其他国家的就业状况等。在对"出海"项目进行地缘政治风险的认识和预估中，制定防范和管控地缘政治风险的有效策略，力争使各方利益获得动态平衡。[①] 在对互联网企业资质进行审批时，政府应注意多方面评控和把关，严格进行申请报批、实行备案制度和许可制度，确保审批流程规范合法。

同时，中国与东盟、欧盟保持良好贸易合作关系。2020 年底，中国相继签署《区域全面经济伙伴关系协定》（RCEP），推动东亚区域一体化进程，及中欧投资协定，为中欧双方企业带来更多投资机会和更好营商环境。2020 年 11 月 20 日，习近平总书记在亚太经合组织第二十七次领导人非正式会议上发表讲话时表示，中国"将积极考虑加入《全面与进步跨太平洋伙伴关系协定》（CPTPP）"。加强与亚洲和欧盟的经贸关系往来，是未来中国企业应对美国对华政策的可见选择。各级政府应把握机遇，出台相关政策，全面对接国际区域协定规则，助力企业积极探索 RCEP 与 CAI 蕴含的丰富宝藏与投资机遇，学习掌握 RCEP、CPTPP 贸易规则变化，关注相关政策和法规动态调整，积极探索贸易合规解决方案。商务部可举办全国线上专题培训班，协助地方政府、大中小企业、行业中介组织全面熟悉新规则。

2. 经济：合理规划海外园区建设，持续提供优惠政策

政府应合理规划海外工业园区建设，以产业衔接、产能互补为导向，助力跨国企业投资布局，将各关联产业集合在海外产业园区中，构建专业化生产要素基地，使"出海"企业能够有效共享园区内市场环境，形成规模效应和外部效应，提升工业园区整体区域竞争力。

目前，中国在海外规划的产业园区存在前期投入成本较高、收益渠道较少、配套设施不全等问题，可从以下两个方面解决。第一，应充分发挥政策性金融机构如中国进出口银行、国家开发银行等机构的作用，建立健全投融资支撑体系，为海内外需求商提供更多优质投融资服务。鼓励海外工业园区

---

① 刘漫：《"一带一路"倡议下互联网企业国际化投资风险管控研究——以猎豹移动为例》，硕士学位论文，杭州电子科技大学，2020。

与国内投资开发企业合作，提供各类金融服务，如项目融资、订单抵押等，以减轻企业建设资金压力。第二，应实施集群式招商，依托中国完备的产业链聚集生态，利用制造业优势，通过打造良好的产业生态来带动园区发展。

此外，政府可持续为出口企业提供优惠政策。当前新冠肺炎疫情席卷全球，部分外贸企业受创严重，物流、仓储等配套行业受限，线下零售暂停、国外合同临时撤销、订单断崖式锐减等挑战。政府税务部门应及时启动帮扶机制，向符合国家政策的"出海"企业提供出口退税等政策优惠。各市区级政府可以建立针对外向型企业的保税区，助力企业更平稳"出海"，具体来看，可以采取的措施包括提升企业出口退税服务水平、简化企业退税流程、加快退税进度落实等。

3. 文化：整合国内外资源，确保信息同步

当前国际形势较为复杂，国际投资环境不断变化，"出海"企业在不同国家难免面临人生地不熟的文化隔膜与社会风险。企业要整合信息资源，打破信息壁垒，尽可能规避海外投资的文化风险，需要政府支持，牵头打造集政府、企业、商会、智库、NGO 五位于一体的"出海"策略，保证信息同步，帮助"出海"企业全方位、多角度地对"出海"地区文化社会背景进行调查研判，灵活调整投资策略，规避文化风险。

政府应为企业"出海"当地信息资源的整合提供一定的政策支持，承担与对象国当地政府、其他信息提供方进行沟通和谈判的责任，以大型国际会议或大型双边互访活动为平台，为企业"出海"寻找更多机遇；应督促"出海"企业重视当地其他企业或服务商合作伙伴的资信调查、本地化程度和当地声誉；联络当地商会，由商会、当地领事馆等部门向"出海"企业介绍当地文化习俗和法律法规，增强企业驾驭风险的能力；整合智库资源，促使智库为"出海"企业进行信息传达、政策评估、寻找和提供项目入境策略；联络海外 NGO，与境内营商环境不同的是，西方发达国家的 NGO 和目标国家的本土 NGO 往往关注企业运营的规则监督，并可能形成较强的压力，"出海"企业应积极回应 NGO 具体诉求，形成资源共享。

参考文献

张晓通、许子豪：《"一带一路"海外重大项目的地缘政治风险与应对——概念与理论构建》，《国际展望》2020 年第 3 期。

评 估 篇
Evaluation Reports

B.2
重点国家和地区营商风险评估
报告（2021）

清博智能舆情分析课题组*

摘　要：　近年来，随着中国互联网科技企业逐步"出海"，从欧美日
韩等成熟互联网市场，到印度、东南亚等新兴市场，相关
领域的全球竞争局势在不断变化。在海外业务版图日渐成
型的过程中，由于不同海外市场在多方面存在差异，互联
网科技企业海外营商风险也随之发酵，海外营商风险事件
频现。本报告采用文本分析、内容分析、编码分析等研究
方法，通过对国内外相关风险理论以及企业海外营商风险
维度划分相关研究成果的梳理，总结归纳出中国互联网科
技企业海外营商所面临的风险类目，构建重点国家和地区

---

* 课题组组长：向安玲，清博研究院副院长，研究方向为媒介大数据、新媒体研究、国际传
播、网络舆论；执笔人：李爽、张亚男，河北大学新闻与传播学院硕士研究生，研究方向为
政治传播、传播理论。

营商风险分析框架，并根据实际情况对重点国家和地区营商环境的风险类型、风险程度、应对措施、媒体报道、舆论反馈等方面进行数据编码，进一步结合当地的政策、经济、竞争和舆论环境进行风险分析，最终形成针对不同国家和地区的营商风险评估和风险趋势研判，以期为中国互联网科技企业的"出海"提供更多理论参考和经验借鉴。

关键词： 营商风险　互联网科技企业　海外公共安全

一　评估指标体系概况

纵观中国互联网科技企业全球化趋势，从进军智能移动终端普及率高、用户付费能力和付费意愿更强的欧美日韩等成熟互联网市场，到开发以印度为代表的、仍处于高速发展期且未形成稳定的竞争格局的新兴市场，中国互联网科技企业相关领域的全球竞争局势在不断变化。不同的海外市场在用户特性、市场特性、政治特性、经济社会民生背景等多方面存在差异，中国互联网科技企业海外业务版图逐步成型，与此同时海外营商风险也随之发酵，海外营商风险事件频现，涉及政治风险、经济风险、技术风险和安全合规风险等多方面。本报告选取2018～2020年，包括腾讯、阿里巴巴、华为、中兴、字节跳动、百度、微博、快手、中国电信等在内的中国互联网科技企业，基于公开媒体报道数据，采用文本分析、内容分析、编码分析等研究方法，对相关案例的风险类型、风险程度、应对措施、媒体报道、舆论反馈等方面进行数据编码，进一步结合当地的政策、经济、竞争和舆论环境进行风险分析。具体来看，通过对国内外相关风险理论的梳理以及企业海外营商风险维度划分相关研究成果的总结，归纳出中国互联网科技企业海外营商所面临的主要风险及风险维度，具体如表1所示。

表1　重点国家和地区营商风险评估指标体系

一级指标	二级指标
政治风险	政治势力"区别性干预"风险
	蚕食式征用风险
	战争或内乱风险
经济风险	宏观经济风险
	货币兑换风险
	汇率变动风险
	融资风险
	债务风险
法律风险	政策变动风险
	法律变动风险
社会文化风险	文化冲突风险
	种族歧视风险
	恐怖主义风险
	人员安全风险
技术风险	技术开发风险
	技术泄露风险
	技术使用风险
安全合规风险	数据安全风险
	内容安全风险
	知识产权管理风险
	技术管理风险
	企业经营风险
舆论风险	媒体舆论风险
	网民舆论风险
	政府舆论风险

（一）政治风险

当前国际环境变得愈加复杂，各国"出海"企业将面临更多的不确定性以及更为复杂的风险，其中，由目标国政治因素引发的政治风险显得尤为突出，因此提升应对目标国政治风险的防范能力就显得尤为紧迫。企业在跨国投资时，应当充分研究目标国的政治环境，以此来规避潜在的政治风险，减少不必要的损失。2001 年，中国加入了 WTO，在政府、金融机构等多方面的支持和鼓励下，大量中国企业开拓了海外业务线，业务范围覆盖世界各地。中国已从一个境外资本的输入国，成为一个资本输出国。即使在经济环境低迷、国际局势动荡的 2008 年、2012 年，中国企业的"出海"势头仍未受到影响，海外投资速度不断提升、投资规模不断扩大。

但由于缺乏海外投资经验，中国企业在海外投资的过程中频频遇阻，如中兴、华为、字节跳动等多家互联网科技企业在美国投资都曾受到不同程度的阻拦，印度封禁大量的中国互联网 App 等一系列事件反映了政治风险的危害性。可见中国企业在对外投资时，目标国市场虽然前景广阔，但是也存在着许多潜在的政治风险，可能会对中国企业对外投资的安全和利益造成威胁。

（二）经济风险

中国企业海外投资规模扩展迅速，由此带来的经济风险也在不断增加，经济风险主要包括宏观经济风险、货币兑换风险、汇率变动风险、融资风险和债务风险。

其中，宏观经济风险能够反映目标国经济发展的动态变化，并与政治制度、宏观政策和社会环境因素相互作用，容易产生交叉风险，对外部投资造成影响。在经济发展过程中，诸如劳动力数量、对外开放程度、资源状况等变量都会在一定程度上影响国内外资本的流动。如果目标国在这些方面没有明显优势，那么上述因素将成为限制国外资本流入的阻碍，例如经济增长速度慢、市场规模小和国内资源匮乏，通常意味着目标国贸易发展程度低、内部需求不够、物流成本高，目标国的宏观经济状况较为低迷。反之，如果目标国的宏观经济状况越好，则越有利于经济、政治和社会的稳定，越能够为外国直接投资创造良好的投资环境，能够吸引更多外部投资。

货币兑换风险主要是指目标国主权信用风险，包括外债水平、偿付能力、国际收支和财政赤字。受目标国的政治、经济波动影响，目标国可能会无法偿还债权人债务，导致债权人利益受损。另外，与证券投资或短期银行贷款不同，外国企业很难从存在经济风险的目标国撤出直接投资。所以，如果目标国受通货膨胀、汇利率水平过高、金融体系崩溃等因素影响而所负外债过多，其偿债能力就越弱，企业所面临的债务风险就越大。历史上，20世纪80年代的拉丁美洲债务危机和21世纪的欧洲债务危机，都是因为债务风险导致目标国国际资本流动产生巨大波动，进而破坏宏观经济的健康和稳定发展。

（三）法律风险

法律风险，除了来自目标国自身法律存在的一些缺陷以外，还来自目标国存在的一些明显带有歧视性的政策。例如，中国企业在目标国进行投资并购时，由于目标国对外资的法律法规不够完善，中国企业的许多行为可能是无法可依的，一旦与目标国的政治、经济利益发生冲突，目标国政府有极大的可能为了保护本国利益，做出损害中国企业利益的决定。

法律风险是一种与政治风险密切相关的风险，从本质上看，法律风险就是政治风险在法律领域的具体表现。因此当中国企业在法律不够完善的目标国进行投资时，政局变动可能会使法律法规出现变化，给中国企业的海外营商造成更高的法律风险。如2012年美国外资委员会修订了《外资投资法》，该法案修订后，美国增加了对外资低于10%的股份收购的企业的审查。

此外，中国跨国经济活动的发展历史并不长，因此目前中国海外投资立法框架还不够完善，在国际经济形势快速发展的大背景下，这些问题便显得更加突出。而且，中国海外投资活动本身发展不够完善，带入了许多国有企业可能存在的问题，权益不明确、机制不灵活、腐败问题频发，导致中国海外投资总量较小，经济效益相对较差。究其原因是中国的海外投资立法相对落后，制度不完善，相关领域国际条约和国家法律不健全。

中国投资者法律意识相对薄弱，其管理制度也相对落后。例如，法律工作人员在投资方做重大决策时无法充分发挥作用，许多企业的法务部门专业化程度不高，业务能力有限，一旦发生纠纷，往往难以第一时间做出最有利于企业的解决方案；而企业主为降低企业运营成本，可能怀着侥幸心理知法犯法，以为可瞒天过海逃过法律制裁，但往往会为此付出沉重的代价。

（四）社会文化风险

不同国家有着不同的文化表现形式，一个国家的文化会深刻影响该国营商环境，如该国的风俗习惯、宗教信仰、道德观念等文化特征使得入场企业在没有准确理解该国文化的状况下难以实现高效、准确的信息传递，因此沟通不畅带来的问题接踵而至，由于传播信息的不对称，双方误解加深，进而加大运营风险和提高运营成本，甚至可能引发文化冲突。

在跨文化管理过程中，文化差异导致的文化冲突是无法避免的，其造成损失的程度取决于企业对不同文化差异的理解能力和控制力。文化冲突的存在会将企业的注意力转移至解决文化冲突上，使企业忽略了开展经营活动本身。这不仅会降低企业对外直接投资的效率，还会增加企业成员间的消极情绪，从而影响对外直接投资的顺利进行。如果企业在海外直接投资的过程中不能正确处理或有效控制文化冲突，那么引发跨文化纠纷的可能性就会增加。

（五）技术风险

技术风险是指中国企业对外投资在目标国进行产品与技术研发的过程中，因研发人员、技术标准、实施环境等因素造成的经济风险和损失。创新是引领发展的第一动力，技术创新是中国企业海外投资的主要动力。在海外投资过程中，主要存在三个风险点：技术开发风险、技术泄露风险和技术使用风险。其中，技术开发风险主要由于中国企业缺乏创新能力，无法跟上市场技术升级的步伐；技术泄露风险主要由于员工自身职业素养较低，对重要信息的保密意识薄弱或道德意识存在缺陷，为了个人私利泄露企业的核心技术和商业机密；技术使用风险主要由于员工的工作技能低下，无法将核心技术正确地应用于实际工作。技术作为企业的有力支撑，一旦存在风险，中国企业在外国投资将遭受严重的经济损失。

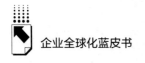

（六）安全合规风险

对于中国互联网科技企业，除了上述风险外，在数据安全、内容安全、知识产权管理、技术管理、企业经营方面还存在一些常见的安全合规风险。

1. 数据安全风险

现如今，数据已经是企业与个人最重要的资产之一。特别是对个人而言，它不仅是数字环境中的个人信息收集、处理、使用或共享的过程资源，还关系到个人在数字世界中的虚拟存在和数字身份。在互联网信息过载和数字信息爆炸的当下，数据安全和隐私边界也需要进行更明确的界定和更精细化的管理。本报告将数据安全风险划分为数据收集与存储、数据传输安全、数据处理与使用、隐私保护监督管理、特殊人权数据和用户个人权利六大类，具体说明如表2所示。

表2　数据安全风险维度说明

三级指标	说明
数据收集与存储	网络或企业运营者通过网站、应用程序等储存用户个人信息，包括收集目的、种类、数量、频度、方式等
数据传输安全	用户数据信息传输行为，包括传输内容、设备、范围、传输安全保护等
数据处理与使用	对用户数据的使用、销售、处理是否合法，使用目的和规则是否明确具体、公开透明
隐私保护监督管理	对收集、使用、存储的用户数据，进行安全保护、监督和管理工作
特殊人权数据	对青少年、医疗患者等特殊群体的数据要给予额外的关注和保护
用户个人权利	数据提供者应具有一定的权利，如要求数据控制者确认、更改、移植、删除数据的权利

2. 内容安全风险

关于互联网不良信息的分类和界定，各个国家和地区因文化背景不同而存在差异，国际上也尚无统一的标准。但各国对于互联网不良信息的界定也有基本共识，可能威胁国家安全和社会稳定的信息、涉及个人利益的信息、造成现实危害的信息等，都明确属于互联网不良信息的范畴。在对互联网不良信息进行监管成为国际性议题的背景下，如何清晰、准确、合理地界定"互联网不良信息"的内涵和外延，成为互联网不良信息治理的前提和基础。本报告将内容安全风险划分为危害国家安全和民族尊严、网络色情和暴力、网络邪教和迷信、网络虚假信息和诽谤、网络欺诈与非法交易五大类，[①] 具体见表3。

表3　内容安全风险维度说明

三级指标	说明
危害国家安全和民族尊严	有关政治局势变动、民族主义、种族主义、暴力恐怖主义等可能直接危害国家安全或影响民族尊严的内容
网络色情和暴力	涉及在网络中传播淫秽、色情和猥亵的信息
网络邪教和迷信	涉及传播封建迷信和邪教的信息
网络虚假信息和诽谤	涉及虚假宣传、谣言、诽谤的信息
网络欺诈与非法交易	涉及利用互联网进行欺诈活动、非法交易活动的信息

3. 知识产权管理风险

知识产权管理风险特别是网络内容版权风险可以说是互联网信息产品的原罪之一，伴随着网络内容爆炸式发展而愈发凸显。为在全球范围内保护知识产权，世界知识产权组织（WIPO）曾在1996年出台了有关知识产权保护的《世界知识产权组织版权条约》以及更具针对性的《世界知识产权组织表演与录音制品条约》，主要解决互联网环境下引发的各种版权保护问题。近年来，诸多互联网科技企业在海外开展业务，通过互联网跨境传输向海外用户提供内容服务，境外侵权风险相比境内进一步加大。本报告将知识产权管理风险划分为版权保护范围界定、版权人权利保护、一般侵权行为、技术侵权行为、版权管理责任说明五个维度，具体见表4。

---

① 贾焰、李爱平、李欲晓等：《国外网络空间不良信息管理与趋势》，《中国工程科学》2016年第6期。

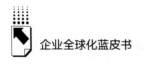

表4　知识产权管理风险维度说明

三级指标	说明
版权保护范围界定	涉及版权人、版权内容或技术、版权保护适用区域等
版权人权利保护	版权所有者使用、传播内容，并获得其产生的经济效益的权利
一般侵权行为	未经权利人许可，将受版权保护的内容擅自进行发行、向公众传播等行为
技术侵权行为	未经权利人许可，抄袭或侵犯版权作者的技术型财产的行为
版权管理责任说明	涉及版权管理者的责任要求，版权管理者有责任保护版权提供者不被侵权

4. 技术管理风险

软件和硬件技术应用共同构成互联网科技企业发展的基础支柱。近年来，全球的信息技术产业取得了突飞猛进的发展，但随着中美贸易摩擦的白热化、逆全球化趋势的演化，互联网底层技术的产业脱钩风险和违规风险也在加剧。本报告将技术管理风险划分为技术开发风险、市场应用风险、市场竞争风险、技术数据风险和技术进出口风险，具体见表5。

表5　技术管理风险维度说明

三级指标	说明
技术开发风险	技术开发过程中的漏洞、技术缺陷等风险
市场应用风险	技术在市场应用中出现的风险
市场竞争风险	技术产品间的竞争、技术垄断等风险
技术数据风险	技术在应用中记载了大量用户数据、个人隐私和技术数据所带来的风险
技术进出口风险	技术产品的海内外发展风险

5. 企业经营风险

除了在产品、技术、数据层面存在的风险持续发酵，在企业自身经营管理过程中也存在一些通用性风险，具体见表6。其中，在员工管理、市场监管、市场垄断、企业安全四个方面涉及的企业经营风险值得关注。

企业进行海外投资时，也应将工业化水平、基础设施、市场结构、上下游配套企业因素作为业务经营风险的内容。落后的基础设施将限制企业的生产和经营活动，并增加运输物流成本以及经营成本；上下游配套企业如果缺少足够的支持，企业的生产效率则得不到提高，不利于达到知识技术溢出的集聚效应。工业化发展滞后会导致市场规模难以持续扩大，并且不能为其他行业提供技术或资本支撑。

此外，企业管理水平不仅包括生产经营、研发等经济因素，还包括罢工、员工安全和社会责任管理等社会文化因素，这些微观因素也会给企业在海外的投资和经营带来风险。

表6　企业经营风险维度说明

三级指标	说明
员工管理风险	涉及员工罢工、游行、公开反对企业等风险
市场监管风险	企业受各方面监管,声望、经济受影响的风险
市场垄断风险	企业受到反垄断控制等风险
企业安全风险	受疫情等安全因素影响的风险

（七）舆论风险

舆论风险包括媒体舆论风险、网民舆论风险和政府舆论风险三个维度。媒体舆论风险主要指媒体或由于对中国国情及中国企业不够了解，或出于某种特殊目的，对中国企业做出负面的评价，并利用媒体强大的信息扩散能力，使这种负面评价在普通人中扩散。

网民舆论风险主要指网民受某些事件的影响，对于中国企业产生负面评价，这种评价在网民群体中迅速扩散，甚至成为看待某些事件的主流观点。

政府舆论风险主要是目标国政府出于特殊政治目的，在舆论场中做出抹黑中国的舆论引导，并努力获得来自媒体和网民的舆论支持，给中国企业乃至中国造成舆论风险。

二　重点国家和地区营商风险评估

不同国家和地区在用户特性、市场特性、政治特性、经济社会民生背景等多方面存在差异，中国互联网科技企业海外营商环境在动态演化中出现新

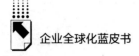

的机遇和风险。在此背景下，本报告针对美国、日本、印度、马来西亚、韩国、泰国、新加坡、印度尼西亚、越南、英国十个国家的营商环境进行数据调研和风险评估，以期为"出海"的中国互联网科技企业提供经验借鉴和决策参考。

总体来看，重点"出海"目标国近年来经济普遍呈现震荡性增长的态势（见图1），受新冠肺炎疫情的影响，2020年各国经济增长速度明显趋缓，中国互联网科技企业"出海"的经济环境承压。

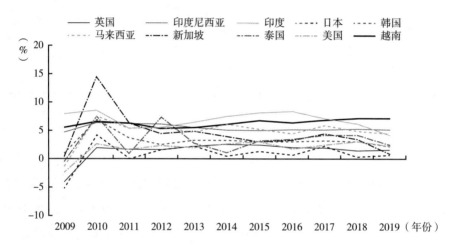

图1 2009~2019年重点"出海"目标国GDP增长情况

资料来源：世界银行，2020年。

通过百度指数发现，中国网民对美国关注度最高，其次为日本、韩国，整体而言发达国家更易引起网民关注；对印度尼西亚、泰国、马来西亚等东南亚国家关注度相对较低（见图2），中国互联网科技企业"出海"热度分布存在一定区域性差异。

从2020年目标国涉华报道情绪倾向来看，印度尼西亚媒体对中国的报道口碑最佳，其次为泰国、越南，而美国、印度的媒体对中国的报道敌意度较高（见图3），与中国网民关注度基本呈现正向相关关系。

从目标国涉华报道声量来看，美国媒体对中国关注度最高，其次是印度、英国，印度尼西亚、泰国、日本的媒体对中国关注度相对较低（见图

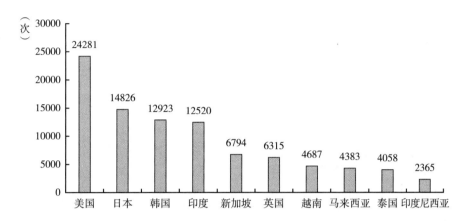

图2　2020年中国网民对重点"出海"目标国关注度（日均搜索次数）

资料来源：百度指数，2020年。

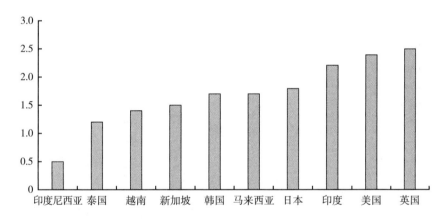

图3　2020年重点"出海"目标国媒体对中国敌意度

资料来源：GDELT，2020年。

4）。双边关系在很大程度上影响了区域声量，而媒体作为公共舆论的重要引导者，其对华报道声量和价值取向也在间接影响中国企业"出海"的用户基础和舆论环境。

2020年中国互联网科技企业"出海"总数达9.9万家，其中南亚、欧洲、东南亚成为中国互联网科技企业"出海"的热衷地区（见图5）。

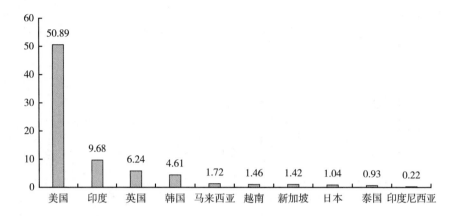

图4 2020年重点"出海"目标国媒体对中国关注度

资料来源：GDELT，2020年。

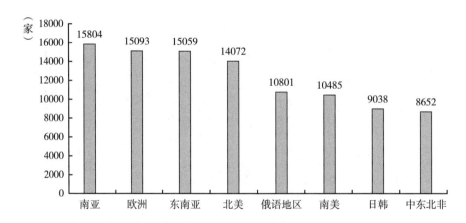

图5 2020年中国互联网科技企业"出海"各地区的数量

资料来源：久谦咨询，2020年。

从重点"出海"目标国的5G市场发展情况来看，GSMA《亚太移动经济报告》数据显示，2018年目标国5G覆盖率平均水平达到33%，包括韩国、美国在内的发达国家5G覆盖率超过50%，印度、印度尼西亚等新兴市场国家的5G覆盖率较低（见图6），但整体呈现增长态势，潜力空间较大。

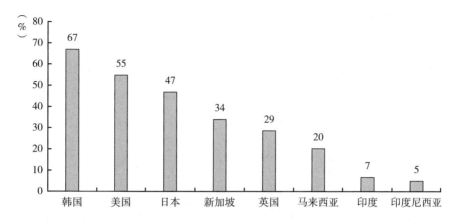

图6　2018年重点"出海"目标国5G覆盖率

注：泰国、越南数据暂缺。
资料来源：GSMA，2019年7月。

从互联网移动设备市场情况来看，2018年目标国的智能手机使用率平均水平达到77%，新加坡、韩国、美国三国智能手机使用率已达到85%，印度、印度尼西亚新兴市场国家的智能手机使用率也超过了60%（见图7），而且还在以一定速度不断攀升，这也为中国互联网科技企业"出海"奠定了用户基础。

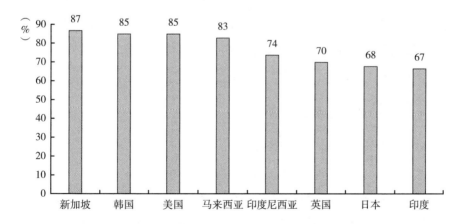

图7　2018年重点"出海"目标国智能手机使用率

注：泰国、越南数据暂缺。
资料来源：GSMA，2019年7月。

从互联网用户市场情况来看，2018 年目标国互联网渗透率平均水平约为 79%，包括新加坡、韩国、日本在内的发达国家互联网渗透率已超过 85%，印度、印度尼西亚等新兴市场国家的互联网渗透率超过 50%（见图 8）。

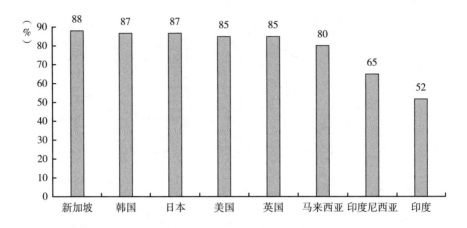

图 8　2018 年重点"出海"目标国互联网渗透率

注：泰国、越南数据缺失。
资料来源：GSMA，2019 年 7 月。

总体而言，在海外潜力市场空间不断激活的当下，已有上百家中国企业、两千余个中国软件应用进行了全球化拓展，但这种拓展在开启全球化道路的过程中也面临目标国的政治、经济、法律、文化等各方面的风险因素制约。在此背景下，本报告针对重点"出海"目标国分别进行营商风险评估和风险趋势研判。

（一）美国营商风险评估

互联网起源于美国，因此美国互联网在法律层面和经济基础设施层面都相对成熟。同时，由于美国政府在互联网产业的发展中起着重要的推动作用，美国互联网市场呈现建立在一定管控基础上的相对自由态势，这为互联网产业提供了较好的发展机遇。中国企业在美国的直接投资在 2008 年全球经济危机以后出现了快速发展的强劲势头，从而将以美国对华直接投资为主导的单向关系，转换为一个每年承载数十亿美元的双向关系。近年来，美国将中国企业在美国的投资并购视为威胁其国家安全和"窃取"其重要技术的行为。特朗普政府执政期间，中美两国之间的贸易摩擦不断升级。因此，随着外交政策的变化，在审查制度日益严格、舆论压力日益增大、美国境内营商风险（见表7）提高的情况下，近年来中国在美国的直接投资已大大减少。

表7　美国营商机遇与风险

机遇	
贸易关系	• 2008年开始，中美双边直接投资逐渐反转，中国对美直接投资快速发展；自特朗普当选美国总统以来，美国政府就将中国定位为"战略竞争对手"，为此，美国政府和国会对中国企业的直接投资审查不断加码；2021年，拜登当选美国总统，中美贸易敌对态势有望改善
法律成熟	• 互联网起源于美国，其在互联网监管制度方面较为成熟。美国政府从联邦和州两方面设置机构并进行法律管控 • 美国政府扮演推动者角色，对于互联网的建设和管理基本采取一种自由非管制的态度
风险	
政治风险（高风险）	• 中美竞争加剧，遏制中国成为民主党、共和党的共识 • 以违反法律、危害国家安全等名义对中国企业进行审查、提出制裁
经济风险（中高风险）	• 美国经济增速放缓，受疫情影响GDP增速大幅下降 • 将中国定位为"战略竞争对手"，在经济政策上加强对来自中国的直接投资等方面的审查力度 • 美国外国投资委员会出于政治目的，对中国在美国的直接投资设卡设限
法律风险（中高风险）	• 倡导"少干预、重自律"，但也设定了一些基础管控原则 • 关于互联网的信息法规涵盖宏观规范和微观规定，较为全面 • 美国政府执法部门对待外商投资企业的态度不一
社会文化风险（高风险）	• 美国提出"全政府对华战略"，对华意识形态遏制不断升级 • 美国国内各派反华势力由分化转为合流的趋势日益明显 • 宗教、种族文化差异较大、冲突加剧，社会文化环境相对复杂
舆论风险（中等风险）	• 美国媒体对中国的新闻报道较多，舆论关注度较高，但对中国企业了解不深 • 美国网民对中国企业的言论整体客观，中性信息占比最高，负面信息高于正面信息 • 美国政府禁止中国社交软件的使用引发大量舆论支持

注：风险等级划分为低、中低、中等、中高、高风险。

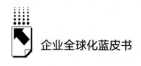

1. 政治风险

近年来，中国互联网科技企业赴美投资并购数量逐年增加，使美国对待中国企业的态度变得更加谨慎，美国将在美的中国企业视为威胁，认为投资并购是中国企业"窃取"重要技术的手段。2018 年，美方对华加征关税使两国间的贸易摩擦继续升级，并准备改革扩权，试图利用美国外国投资委员会来阻挠中国企业并购美国涉及"国家安全"的企业。

此外，美国还以违反当地法律、危害美国国家安全为由，对中国企业进行了严格的审查和制裁。例如，2019 年 5 月，华为等企业被列入美国商务部工业与安全局的实体管控清单，禁止这些企业在未经美国政府允许的情况下从美国企业获得相关元件和技术支持。自 2020 年 8 月以来，美国官方以主权和国家安全受到威胁为由，相继封禁包括 TikTok 在内的中国互联网科技企业/产品（见表 8），中国企业在美国投资的政治风险不断加剧。

表 8　美国封禁中国互联网科技企业/产品的部分案例

案例	原因	时间	企业/产品
特朗普禁止美国个人及企业与微信交易①	主权和国家安全受到威胁	2020 年 8 月 6 日	WeChat
美国再启动清洁网络行动②	主权和国家安全受到威胁	2020 年 8 月 5 日	腾讯、百度、阿里巴巴、TikTok 等
特朗普禁止 TikTok 在美国运营③	主权和国家安全受到威胁	2020 年 8 月 1 日	TikTok

资料来源：

①《特朗普下令 45 天后禁止与抖音海外版和微信进行交易》，新华网，2020 年 8 月 7 日，http：//www. xinhuanet. com/world/2020 – 08/07/c_ 1126338390. htm。

②《美启动"清洁网络"行动直指多家中国企业，外交部：典型的霸道行径》，中青在线，2020 年 8 月 6 日，http：//news. cyol. com/situo/2020 – 08/06/content_ 18725379. htm。

③《威胁又来！特朗普刚刚宣布：将禁止 TikTok 在美国运营》，环球网，2020 年 8 月 1 日，https：//world huanqiu. com / article / 3zHyI9dhM9W。

2. 经济风险

2008 年全球金融危机之后，中国对美直接投资发展迅速，中美双边直接投资关系发生转变，投资关系日渐均衡（见表9）。直到2017年，特朗普政府将中国定位为"战略竞争对手"，美国政府和国会加强了对中国企业直接投资的审查力度，美国外国投资委员会对中国在美直接投资设卡设限，中国对美直接投资规模也因此开始大幅缩小。

表9　中国企业在美国融资并购的部分案例

案例	时间	企业	领域
腾讯音乐:完成对 UMG 股权收购①	2020 年 3 月	UMG	音乐
视觉中国收购 500PX 100% 股权②	2018 年 2 月	500PX	线上摄影社区
昆仑万维收购 Grindr 剩余 38.47% 股权	2015 年 5 月	Grindr	社交网站
今日头条收购 Flipagram 100% 股权③	2017 年 2 月	Flipagram	视频图片分享社区
阿里巴巴入股团购鼻祖 Groupon④	2016 年 2 月	Groupon	电子商务零售
阿里巴巴 2 亿美元入股 Snapchat⑤	2015 年 3 月	Snapchat	社交平台
阿里巴巴 1.2 亿美元投资美国游戏公司 Kabam⑥	2014 年 8 月	Kabam	游戏
美国拼车应用 Lyft 融资 2.5 亿美元(阿里巴巴参投)⑦	2014 年 4 月	Lyft	拼车服务
阿里巴巴投资应用搜索公司 Quixey⑧	2013 年 10 月	Quixey	搜索引擎
腾讯 3.3 亿美元收购 Epic Games 48.4% 的股份⑨	2013 年 3 月	Epic Games	游戏
腾讯收购 Riot Games 93% 股权	2011 年	Riot Games	游戏

资料来源：
①《参与完成对环球音乐集团的股权收购，腾讯音乐娱乐集团推动音乐产业链转型升级》，新浪财经，2021 年 3 月 31 日，http：//finance. sina. com. cn/stock/relnews/hk/2020 – 03 – 31/doc – iimxyqwa4349076. shtml。
②《视觉中国宣布收购 500PX，未回应大股东减持事宜》，网易新闻，2018 年 2 月 28 日，https：//www. 163. com/news/article/DBOD16BA00018AOR. html。
③《今日头条收购 Flipagram 作价不到 5000 万美元》，央广网，2017 年 2 月 3 日，http：//tech. cnr. cn/techgd/20170203/t20170203_ 523550464. shtml。
④《阿里巴巴入股团购鼻祖 Groupon 全球化提速》，新浪财经，2016 年 2 月 18 日，http：//finance. sina. com. cn/roll/2016 – 02 – 18/doc – ifxprqea4615661. shtml。
⑤《消息称阿里巴巴向 Snapchat 投资 2 亿美元》，腾讯新闻，2015 年 3 月 12 日，https：//tech. qq. com/a/20150312/009734. htm。
⑥《阿里巴巴宣布 1.2 亿美元投资游戏公司 Kabam》，中国经济网，2014 年 8 月 1 日，http：//finance. ce. cn/rolling/201408/01/t20140801_ 3275022. shtml。
⑦《Lyft 融资 2.5 亿美元　阿里巴巴和 Thrid Point 参投》，网易财经，2014 年 4 月 3 日，https：//www. 163. com/money/article/9OT7DMKJ00251LK6. html。
⑧《阿里巴巴投资应用搜索 Quixey 布局移动搜索》，环球网，2013 年 10 月 8 日，https：//tech. huanqiu. com/article/9CaKrnJCyke。
⑨《腾讯收购虚幻引擎 3 开发商 Epic 耗资 3.3 亿美元》，网易娱乐，2013 年 3 月 22 日，https：//ent. 163. com/game/13/0322/10/8QIJR1AU00314J6L. html。

3. 法律风险

（1）美国互联网相关政策法规

美国的互联网行业起步早。从立法层面来看，美国政府从联邦和州两个层面进行制度设置和立法管理（见表10），涵盖宏观规范和微观规定，其管理体制已经比较成熟。

在互联网的建设和管理中，美国政府一直扮演着推动者的角色，本国互联网行业的发展基本上不受监管。而且，政府还为信息网络化发展创造了良好的政策环境，积极拨款，大力支持该行业发展。

表10　美国出台的与互联网科技企业相关的政策法规

政策法规	政策法规目的	时间
《2020 年 5G 安全及超越法案》	该法案要求总统与相关联邦机构协商，制定一项战略，以保护美国第五代(5G)及后代系统和基础设施	2020 年 3 月
《联邦首席信息官授权法案》	重新授权并提升联邦首席信息官的作用	2019 年 1 月
《公共、公开、电子与必要性政府数据法案》	要求各部门须创建一份全面的数据清单，确立了首席数据官的法定职位，计划设立联邦首席数据官委员会	2019 年 1 月
《2019 美国国家安全和个人数据保护法》	要求各高科技公司仅能收集其运营所需的用户数据，不可将数据传输到相关国家	2019 年
《2018 加州消费者隐私法案》	消费者被赋予更多个人信息控制权，企业在通知、披露和响应消费者要求方面亦将承担更多义务	2018 年 6 月
《儿童网上隐私保护法》	网站经营者必须对儿童隐私保护承担相应责任	1998 年

资料来源：根据公开资料整理，2020 年。

（2）海外公司在美投资法律风险

法律风险主要包括对外国在美投资的政策限制、反垄断和国家经济安全审查、国内对外直接投资的法律约束以及与投资项目有关的法律规范。因此，中国企业在进行对外直接投资前，应进行认真的调查、评估和研究。此外，美国政府执法部门的执法状况和对外商投资企业的态度，也会在一定程度上加大在美外商直接投资企业面临的法律风险（见表11）。例如，当美国法律的缺失使中国企业无法依法投资时或当美国与中国投资企业的利益发生冲突时，美国出于自我保护的考虑会损害中国企业的利益，造成中国投资企业的损失。

表 11　互联网科技企业/产品在美国涉及法律风险的部分案例

企业/产品	案例	原因	时间
Perceptics	Perceptics 车牌识别公司遭黑客入侵，敏感数据被盗[①]	Perceptics 遭到黑客入侵，包括商业计划、财务数据和个人信息在内的近 65000 条数据被窃	2019 年 5 月
Instagram	Instagram 数百万名人信息被泄露[②]	一个包含数百万 Instagram 名人账户信息的庞大数据库在网上被公开。该数据库包含从名人 Instagram 账户中刮取的公共数据，包括 Instagram 账户所有者的简历、个人资料图片、关注者数量、位置、私人联系信息、电子邮件地址和电话号码，甚至还包括已删除信息内容	2019 年 5 月
Facebook	Facebook 再爆隐私问题，大量用户数据被公开[③]	网络保安公司 UpGuard 在亚马逊云端数据库上发现大量 Facebook 用户的个人资料，涉及上亿条用户信息，可被任何人公开获取	2019 年 4 月
Flipboard	Flipboard 遭黑客攻击，用户名密码等信息遭到泄露[④]	Flipboard 的数据库发生了"未经授权的访问"，导致用户的账号信息泄露	2018 年 6 月 ~2019 年 4 月
Quora	Quora 1 亿用户数据因为第三方黑客恶意攻击而遭到泄露[⑤]	12 月 3 日，美国知名问答社区 Quora 发公告称，因为第三方黑客攻击，社区的 1 亿用户的个人数据遭到泄露	2018 年 12 月
Amazon	Amazon 部分用户信息被泄露[⑥]	据美国财经媒体 CNBC 报道，亚马逊向用户发邮件称，由于技术问题，一些用户的姓名和邮件地址被泄露	2018 年 11 月
Cobham Holdings	Cobham Holdings 违反美国针对乌克兰的制裁法律[⑦]	2018 年 11 月，美国 Cobham Holdings 被认定违反《乌克兰相关制裁条例》，向 OFAC 缴纳 8.7 万美元的罚款。Cobham Holdings 之所以被罚，主要是因为其所使用的第三方制裁扫描软件使用的是全名匹配而非部分名称匹配，致使其未能有效识别被纳入 SDN 名单中的客户	2018 年 11 月
Uber	Uber 被黑客盗取用户信息[⑧]	2016 年底黑客通过窃取 Uber 公司的 AWS 实例凭证获得了数千万 Uber 用户和司机的个人数据。最终 Uber 支付了 1.48 亿美元的法律诉讼和解费	2016 年 12 月

续表

资料来源：

①《车牌识别器制造商遭黑客攻击，被盗文件达数百 GB》，昂楷科技，2019 年 5 月 26 日，http://ankki.com/AboutNewsDetail_84_3887.html。

②《数百万 Instagram 名人信息被曝泄露》，中关村在线，2019 年 5 月 23 日，https://net.zol.com.cn/717/7174840.html。

③《Facebook 再曝隐私问题：数百万条用户数据被公开在亚马逊云服务器上》，新浪财经，2019 年 4 月 4 日，http://finance.sina.com.cn/stock/relnews/us/2019-04-04/doc-ihvhiqaw9836148.shtml。

④《Flipboard 数据库未经授权访问用户账号密码泄露》，腾讯云，2019 年 5 月 30 日，https://cloud.tencent.com/developer/article/1438865。

⑤《又一数据泄露事件！美 Quora 网站 1 亿用户信息被盗》，腾讯云，2018 年 12 月 24 日，https://cloud.tencent.com/developer/article/1376904。

⑥《亚马逊部分用户信息被泄露：包括姓名和邮件地址》，搜狐网，2018 年 11 月 22 日，https://www.sohu.com/a/277105459_582307。

⑦《违反美国经济制裁法律法规的十大原因及相关案例》，品略图书馆网，2019 年 5 月 4 日，https://www.pinlue.com/article/2019/05/0423/498859678030.html。

⑧《企业陷入数据泄露的启示》，搜狐网，2019 年 6 月 5 日，https://www.sohu.com/a/318749838_604699。

4. 社会文化风险

美国虽然明确反对种族歧视和宗教歧视，但实际上美国因种族歧视和宗教歧视引发的风险案例并不鲜见，对穆斯林、移民、残疾人等群体的歧视事件都发生过并造成了较大的社会影响（见表 12）。社会文化的风险一旦发生，同样会给企业发展造成不利影响，甚至会引起较大的舆情事件，影响企业的正常经营。

表 12　涉及美国社会文化风险的部分案例

企业/产品	案例	原因	时间
思科	印度向硅谷输出高管，也出口种姓歧视①	美国加州公平就业和住房部监管机构起诉思科，申诉人是一名由印度移民到美国的工程师，他声称，受到印裔美国人经理的歧视和骚扰，晋升的机会也被剥夺	2020 年 6 日
Lyft	因司机拒载残疾乘客 Lyft 被罚款 4 万美元②	有投诉声称 Lyft 司机歧视坐轮椅的乘客。该投诉是由美国司法部提出的，司法部称这家打车公司违反了《美国残疾人法案》(ADA)	2020 年 6 日

续表

企业/产品	案例	原因	时间
特斯拉	员工投诉特斯拉职场种族歧视	美国 CBS 旗下的 WIVB 电视台报道指出，于水牛城特斯拉工厂工作的 6 名非洲裔美国人及西班牙裔前员工，向美国平等就业协会委员会及纽约州人权局投诉，指出其在工作期间受到歧视	2019 年 11 日
亚马逊	亚马逊遭遇宗教问题③	三名索马里穆斯林工人向联邦平等就业机会委员会提出指控，称亚马逊未能满足他们的宗教需要，并对他们的抗议进行了报复	2019 年 7 日

资料来源：

① 《印度向硅谷输出高管，也出口种姓歧视》，百度网，2020 年 9 月 27 日，https：//baijiahao. baidu. com/s？id=1678997593115217692&wfr=spider&for=pc。

② 《因司机拒载残疾乘客 Lyft 被罚款 4 万美元》，百度网，2020 年 6 月 23 日，https：//baijiahao. baidu. com/s？id=1670250888870971830&wfr=spider&for=pc。

③ 《罢工六小时！亚马逊美国仓库的工人计划罢工》，新浪财经，2019 年 7 月 9 日，http：//finance. sina. com. cn/stock/relnews/us/2019-07-09/doc-ihytcitm0827576. shtml。

5. 舆论风险

分别以 Tencent、WeChat、ByteDance、TikTok、Alibaba、Baidu、Weibo、Kwai 为关键词，设置时间范围为 2020 年 1 月 1 日至 2020 年 10 月 11 日，通过清博舆情系统（海外版），检索了 Twitter、Facebook 等平台，共得到 18367 条相关信息，总体来说中性信息居多，负面信息多于正面信息（见图 9）。

6. 竞争格局①

2020 年美国著名研究机构 Strategy Analytic 发布的报告显示，受社交媒体（包括 Facebook 和 TikTok）以及移动浏览工具推动，新冠肺炎疫情期间美国智能手机用户的 App 使用偏好变化巨大。自新冠肺炎疫情发生以来，美国用户平均每天使用 App 的时长增加了大约 12 分钟，每月使用时长增加了 6 小时。

① 竞争格局是在风险分析的基础上，对中国互联网科技企业在特定国家"出海"过程中面临的市场竞争进行分析，以帮助读者和企业更加全面地认识特定国家的市场情况，为企业"出海"提供更多参考，竞争格局并非企业面临的风险。

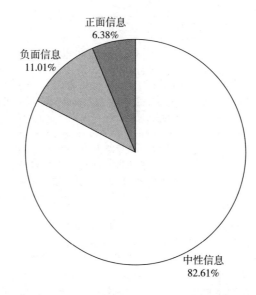

图 9　美国关于中国互联网科技企业的舆论正负面信息占比

资料来源：清博智能，2020 年。

在新冠肺炎疫情期间美国用户平均每月使用时长在前 9 位的 App 中，美国 App 有 7 款，占比 78%；中国和韩国 App 各有 1 款，占比同为 11%（见表 13）。

表 13　美国用户平均每月 App 使用时长

单位：分钟

序号	App	每月使用时长	国家
1	Facebook	1144	美国
2	Google Chrome	743	美国
3	Youtube	636	美国
4	TikTok	555	中国
5	WhatsApp	437	美国
6	Samsung Internet Browser	406	韩国
7	Instagram	382	美国
8	Reddit	376	美国
9	Android Messenging	318	美国

资料来源：Strategy Analytic《美国用户 App 使用季度简报——2020 年 Q2》，2020 年。

根据月活用户计算，截至 2019 年 9 月，在美国最受欢迎的社交类 App 排行榜中（见表 14），老牌社交应用 Facebook、Instagram 和 Facebook Messenger 名列前三。另外，榜单还包括 Snapchat、WhatsApp、Discord – Chat for Games、Tumblr 和 TikTok 等热门应用。尽管经历了动荡的 2018 年，Facebook 仍然是美国最大的社交平台，2019 年 9 月有 1.6976 亿人次访问了 Facebook 应用程序。该公司的 Instagram 和 Facebook Messenger 分别排名第二和第三名，2019 年 9 月分别有 1.2123 亿人次和 1.0640 亿人次访问。

表 14   2019 年 9 月最受美国用户欢迎的移动社交 App

单位：百万人次

序号	App	月活跃用户数量	国家
1	Facebook	169.76	美国
2	Instagram	121.23	美国
3	Facebook Messenger	106.40	美国
4	Twitter	81.47	美国
5	Pinterest	66.88	美国
6	Reddit	47.87	美国
7	Snapchat	45.98	美国
8	WhatsApp	25.58	美国
9	Messenger by Gooogle	17.46	美国
10	Tumblr	16.74	美国
11	Discord – Chat for Games	15.01	美国
12	Google Hangouts	14.19	美国
13	GroupMe	10.75	美国
14	Kik	7.72	加拿大
15	TikTok	6.24	中国
16	Skype	5.53	卢森堡
17	Telegram	3.47	阿联酋
18	LINE	3.15	日本
19	Google +	2.62	美国
20	WeChat	1.48	中国

资料来源：Strategy Analytic《美国用户 App 使用简报》，2020 年。

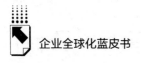

（二）日本营商风险评估

近年来，虽然中日政治关系趋于冷淡，但是两国的地理位置和互补的贸易关系，使日本经济对中国经济发展的依赖性增强。在互联网市场方面，日本相关法律法规相对健全，通过签署《联盟公约》、更新和颁布新规等方式加强网络管理。但对于外资企业来说，主要营商风险有以下两点：第一，近年来，日本的投资保护主义抬头，或引发更多的全球经贸摩擦；第二，人口老龄化严重，投资成本高，经营成本过高（见表15）。

表15　日本营商机遇与风险

	机遇
市场开放	• 在如今全球经济增速放缓以及日本人口大幅度减少、国内市场缺少动力的背景下，日本将吸引外资作为推动其经济的重要途径
经济依存关系	• 日本与中国有极为密切的地缘关系，受地理环境、经济基础等条件的影响，中日两国在商品结构和发展方向上都存在较为明显的差距，随着近年来中国的高速发展，日本对于中国的经济依存度有所上升，两国在经济发展中的互补性，基本维持了中日贸易较为稳定的增长态势
营商环境	• 根据世界银行《2020年营商环境报告》，日本的营商便利度排名第39，较上年下降5位，得分78.0（满分100分）
	风险
政治风险（中等风险）	• 中日双方的政治关系有所波动 • 尽管有时出现所谓"政冷经凉"的现象，但大部分时间中日经济关系还将保持稳定甚至较快发展
经济风险（中等风险）	• 由于中国逐渐向国际高精尖产品市场迈进，加之中国改革开放的规模不断扩大，中日间的贸易竞争渐趋激烈 • 中日经济互补与政治摩擦相适应，形成"新常态" • 对于中国互联网科技企业而言，在日营商经济风险主要体现在并购合规性上
法律风险（中等风险）	• 日本为进一步规范和保障网络发展，近年来大力指导相关部门完成法律法规立改废工作 • 日本对网络安全相关法律进行多次修订 • 日本投资保护主义抬头，或引发更多全球经贸摩擦
社会文化风险（中高风险）	• 运营成本过高是外商在日投资的首要不利因素 • 人口负增长，人口老龄化问题严重，劳动力不充足，人力资源成本极高 • 与投资相关的各类服务项目费用十分昂贵 • 各类专业人士英语能力普遍不佳，以致时间、金钱上的成本耗费较大

续表

风险	
舆论风险 （高风险）	● 近年来，日本媒体的涉华报道中对华负面报道持续增多 ● 日本民众对华的厌恶情绪在不断走高

注：风险等级划分为低、中低、中等、中高、高风险。

1. 政治风险

近年来，中日政治关系虽然有些冷淡，但是经济关系依然密切。有时会出现所谓的"政冷经凉"的现象，但大多数时候中日经济关系仍保持稳定甚至较快发展。在全球经济增长放缓、日本人口锐减、国内市场动力不足的背景下，日本把吸引外资作为促进经济发展的重要途径。

中国是日本的重要经济伙伴，两国在经济发展上相互依赖。中日贸易基本保持了比较稳定的增长态势，对经济发展的依赖程度有所提高。由于中国逐渐向国际高精尖产品市场迈进，加之中国改革开放的规模不断扩大，中日间的贸易竞争渐趋激烈。近年来，日本出于政治目的针对中国产品采取一些封禁行为（见表16）。

表16 2019～2020年日本封禁中国互联网科技企业/产品的部分案例

案例	原因	时间	企业/产品
TikTok 在日本遇滑铁卢，或将被迫出售[①]	该手机应用程序可能会窃取用户数据，对日本国土安全产生威胁	2020 年 8 月	TikTok
日本政府计划封禁华为，拟扩大禁用中国产制通信设备名录[②]	为了防止机密外泄或网络攻击，中央省厅、自卫队等使用的情报通信设备将禁用恐有国安疑虑的厂商产品	2020 年 5 月	华为、中兴等中国产制的通信设备
在日本5G网络基站部署工作中，软银拒绝华为参与，日本四大运营决定不会向华为和中兴采购5G设备[③]	美国禁令	2019 年 10 月	华为

案例	原因	时间	企业/产品
松下断供华为;日本三大电信公司也同时宣布,取消出售华为新手机的计划,同时暂停网上约购④	由于美国政府提出原则禁止美国企业与华为进行交易,为此松下公司决定中止与华为以及相关企业之间的交易	2019年5月	华为
中国山寨高达模型厂家DABAN MODEL遭到日本万代严厉封禁⑤	仿冒产品大量制作销售,以侵犯著作权为由,提起刑事控告	2019年1月	DABAN MODEL

资料来源:

① 《TikTok在日本再遇滑铁卢,或将被迫出售》,澳洲财经见闻,2020年8月20日,https://afndaily.com/92646。

② 《落井下石?日本拟再加强封杀华为!》,ESMC－国际电子商情网,2020年5月28日,https://www.esmchina.com/news/6573.html。

③ 《华为无缘日本运营商5G名单,关系最好的这家竟最早翻脸》,晓说通信(百家号),2019年10月12日,https://baijiahao.baidu.com/s? id=1647175195255694657&wfr=spider&for=pc。

④ 《日本三大电信公司暂停销售华为新手机》,搜狐网,2019年5月22日,https://www.sohu.com/a/315776608_100117963。

⑤ 《中国山寨高达工厂被"日本万代"封杀!网友:只能买正版了?》,搜狐网,2019年1月31日,https://www.sohu.com/a/292568410_100193305。

2. 经济风险

2010年中国GDP超过日本,中日力量对比发生变化,对日本造成了巨大的冲击。2014年APEC会议前,中日达成"四项原则共识"。然而,由于中日关系仍处于矛盾摩擦频发时期,中日经济的相互需要与政治博弈并存已成为"新常态"。对于中国互联网科技企业来说,在日经商的经济风险主要体现在并购合规性上,中国企业在日本融资并购部分案例见表17。

表17 中国企业在日本融资并购的部分案例

案例	时间	企业	领域
中企获准收购日企先锋微技术①	2020年	先锋	芯片技术
腾讯5亿港元入股日本游戏公司Marvelous成最大股东②	2020年	Marvelous	游戏开发商
联想集团宣布收购日本富士通51%的股权③	2017年	富士通	PC

续表

案例	时间	企业	领域
乐视以 20 亿美元买下 Vizio，Inscape 将独立成另一家公司，由乐视取得 49% 的股权与十年使用权④	2016 年	Inscape	广告投放服务
百度宣布收购日本原生广告公司 popIn⑤	2015 年	popIn	智能化内容推荐平台
腾讯投资日本游戏开发商 Aiming⑥	2014 年	Aiming	游戏开发商
联想完成对 NEC 并购⑦	2011 年	NEC	计算机和通信

资料来源：

① 《中企获准收购日企先锋微技术，国产光刻机迎头赶上仍需时日》，《北京日报》2020 年 8 月 24 日。

② 《腾讯 5 亿美元入股日本游戏公司 Marvelous 成最大股东》，新浪财经，2020 年 5 月 26 日，http：//finance. sina. com. cn/stock/relnews/us/2020 − 05 − 26/doc − iircuyvi5084116. shtml。

③ 《日本：联想集团收购富士通个人电脑业务 51% 股权》，新华网，2017 年 11 月 3 日，http：//www. xinhuanet. com/world/2017 − 11/03/c_ 129731871. htm。

④ 《乐视以 20 亿美元买下 Vizio》，engadget 中国版，2016 年 7 月 26 日，https：//cn. engadget. com/cn − 2016 − 07 − 26 − leeco − vizio. html。

⑤ 《百度宣布收购日本原生广告公司 popIn》，网易科技，2015 年 6 月 8 日，https：//www. 163. com/tech/article/ARJNIOH5000915BF. html。

⑥ 《腾讯投资日本游戏开发商 Aiming 取得少数股权》，网易科技，2014 年 12 月 12 日，https：//www. 163. com/tech/article/AD9J1BDV000915BF. html。

⑦ 《联想宣布完成对 NEC 的并购》，网易科技，2011 年 7 月 4 日，https：//www. 163. com/tech/article/7846LR97000915BD. html。

3. 法律风险

（1）日本互联网相关政策法规

日本通过颁布《互联网基本法》，指导立法，修改和废除相关法律法规，规范和保障了互联网的发展。在《互联网基本法》颁布之前，日本通过签署《联盟公约》、修改法律、颁布新法规等措施实施互联网管理。

《网络犯罪公约》是全球第一个旨在打击网络犯罪的公约，该公约是欧盟在 2001 年制定并颁布的，日本是该公约的签署国之一。2005 年，日本实施个人信息保护法律，并具体涉及儿童个人信息的保护。2011 年，日本修订了部分《刑法》，要求网络营运商原则上保存用户 30 天上网和通信记录，如必要还可以再延长 30 天。《日本网络安全战略》是日本在 2013 年 6 月正式发布的重要文件，在该文件中，日本政府提出要建设世界领先的、充满活力的、强大的网络空间，以期实现建设网络安全国家的目标；之后日本众议院在 2014 年 11 月通过了新的网络治理法律——《网络安全基本法》，该法律希望政府和私营部门在网络安全治理过程中扮演更加重要的角色，以更好地应对可能发生的网络攻击；2015 年 1 月，日本总务省还曾专门召开专家会议，探讨如何规范网络接入服务提供商保存用户通信记录的行为，明确服务提供商自定保存内容和保存期限的责任。日本出台的与互联网科技企业相关的政策法规见表 18。

表 18　日本出台的与互联网科技企业相关的政策法规

政策法规	政策法规目的	时间
《个人信息保护法(修订)》	确保个人信息有效利用，及对个人的权利和利益加以保护	2017 年 5 月
《青少年网络环境整备法(修订)》	青少年健康上网	2017 年
《关于业者应采取措施确保正确处理学校学生等相关个人信息的指针》	重点要求在获取儿童个人信息前要充分进行说明以获得理解,同时规定获取儿童个人信息要得到儿童监护人同意	2015 年
《民间部门电商交易相关个人信息保护指针》	强化对个人信息从业者的管理	2015 年
《反不正当竞争法(修订)》	加强非法获取商业秘密行为的处罚力度	2015 年 11 月
《网络安全基本法》	应对可能出现的网络攻击	2014 年 11 月
《欺凌防止对策推进法》	防止网络欺凌问题	2013 年
《日本网络安全战略》	建设网络安全强国	2013 年 6 月
《著作权法(修订)》	将电子书等新型出版模式纳入《著作权法》的保护范围	2011 年 6 月
《专利法》	保护知识产权	2009 年 9 月
《著作权法》	保护知识产权	2009 年 6 月
《电子签名与认证服务法》	制定有利于电子商务发展的电子签名及认证制度	2001 年 4 月
《特定信息通信设备即时折旧制度》	从税收方面支持企业的信息化投资,降低企业信息化的投入成本	1999 年

资料来源：根据公开资料整理，2020 年。

（2）海外公司在日投资法律风险

日本投资保护主义抬头引发更多的全球经贸摩擦。2019 年以来，随着日美贸易摩擦不断升级，美国前总统特朗普多次公开批评美日贸易关系"不公平、不开放"，强调美国应减少对日贸易逆差，增加对日出口贸易壁垒。2019 年下半年，日本经济产业省宣布将"出于国家安全需要"对韩国实施出口管制和经济制裁，取消韩国的出口最惠国待遇，日韩贸易摩擦再度升级。新《外汇法》带来的投资壁垒，可能是日本与全球主要经济体之间新一轮经贸摩擦的开始。表 19 列举了互联网科技企业/产品在日本遭遇法律风险的部分案例。

表 19　互联网科技企业/产品在日本涉及法律风险的部分案例

企业/产品	案例	原因	时间
Samsung and SK Hynix 等企业	限制制造半导体所使用的氟聚酰亚胺、光刻胶和氟化氢的出口①	此举是日本对韩国"强征劳工"案的反制措施之一	2019 年 7 月 1 日
苹果（美国企业）	苹果在日本被罚款②	税收审查，苹果日本部门将部分日本用户支付的费用转给苹果在爱尔兰的另一个部门	2016 年 9 月 16 日
谷歌（美国企业）	日本法院要求谷歌删除旧闻，保护"被遗忘权"③	日本法院依据"被遗忘权"要求互联网删除个人信息，下令谷歌删除关于涉事男子的搜索结果，称个人的名誉权遭到侵害	2016 年 2 月 28 日

资料来源：

①《日本今起限制半导体材料对韩出口》，《北京日报》2019 年 7 月 1 日。

②《苹果日本部门漏税被罚税金 1.18 亿美元》，网易科技，2016 年 9 月 16 日，https://www.163.com/tech/article/C13PO1M400097U7R.html。

③《日本法院要求谷歌删除旧闻》，中国新闻网，2016 年 2 月 28 日，https://www.chinanews.com/gj/2016/02-28/7776258.shtml。

4. 社会文化风险

高运营成本仍然是外商投资日本的主要不利因素。2005 年以来，日本人口持续负增长，老龄化问题严重，劳动力不足，人力资源成本高。此外，日本的法务、会计等专业有各种不符合国际标准的资格制度，如"行政书

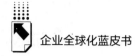

士""司法书士""社会保险劳务士",导致与投资相关的各种服务成本也较高。外国企业办理相关事务时必须委托或者聘用相应的专业人员,既增加了成本,也产生了用人资质难题。

此外,上述专业人士的英语能力普遍较差。如果外企没有懂日语的员工,就要把相关事务一揽子委托给熟悉日本情况、有国外经验的律师事务所,再委托各种专业人员,导致代理成本增加。由于日本基本没有律师和会计师共同经营的事务所,很难为外国企业提供一站式服务,造成时间和金钱的浪费。

5. 舆论风险

(1) 日本媒体典型报道

日本媒体向来关注中国,相关涉华报道也经常成为新闻媒体的热点头条。近年来日本国内经济低迷,日本媒体试图宣扬所谓的"中国威胁论",来营造中国的崛起正在威胁日本经济的假象。此番恶意引导使得许多日本民众对中国基建项目心存芥蒂,担心中国表面提出"一带一路"倡议,实则谋求成为亚洲的政治经济霸主。此举严重误导了日本民众对中国的认知,造成了日本民众对中国的反感,不利于中日两国关系的友好发展。

(2) 日本网民观点

虽然 2017 年以来两国关系日渐缓和、不断改善,但由于两国之间复杂的历史纠葛和领土争端,"中国威胁论"仍然甚嚣尘上。皮尤研究中心 2019 年发布的全球态度调查显示,中日两国民众的相互认同感非常低,日本民众对中国持负面看法的占 85%。

(3) 日本对中国企业的情感分布

本报告分析了 Twitter 等平台的日本网民、媒体关于中国互联网科技企业的言论,分别以 Tencent、WeChat、ByteDance、TikTok、Alibaba、Baidu、Weibo、Kwai 为关键词,通过清博舆情系统(海外版)共检索出 2020 年 1 月 1 日至 2020 年 11 月 3 日发布的 1347 条相关信息。其中,中性信息共 1220 条,占比 90.57%;负面信息共 64 条,占比 4.75%;正面信息共 63 条,占比 4.68%(见图 10)。日本对中国企业的舆论整体积极健康,中性信息占比最高，但由于新闻涉及中国企业负面报道较多，负面信息略高于正面信息。

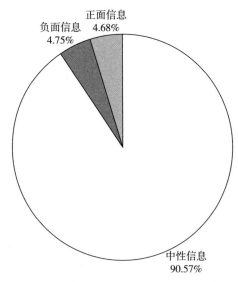

图10　日本关于中国互联网科技企业的舆论正负面信息占比

资料来源：清博智能，2020年。

6. 竞争格局

根据2019年12月Statista进行的一项调查，共采访1946名日本用户，整理出日本智能手机用户使用最多的10个应用程序（见表20）。通信应用程序LINE在日本的移动社交媒体和通信应用程序中处于领先地位，近90%的智能手机用户正在使用该应用程序。其次是社交应用程序Twitter，超过一半的受访者使用了该应用程序。其中，6款是美国应用程序，占比60%；2款是韩国应用程序，占比20%；2款是日本应用程序，占比20%。

表20　日本智能手机用户使用App占比TOP 10

单位：%

序号	App	使用占比	国家
1	LINE	89.5	韩国
2	Twitter	55.7	美国

序号	App	使用占比	国家
3	Instagram	40.9	美国
4	Facebook	29.0	美国
5	Facebook Messenger	8.9	美国
6	Mixi	4.1	日本
7	Pinterest	4.0	美国
8	TwitCasting	3.9	日本
9	KakaoTalk	3.5	韩国
10	FaceTime	3.2	美国

资料来源：Statista，2019 年 12 月。

（三）印度营商风险评估

印度是互联网科技发展的新兴红利市场，目前正采取优化营商环境、放宽外资准入、出台投资优惠等一系列举措，来充分发挥人口红利，激发市场潜能。印度是一个语言种类繁多的国家，也是一个多宗教信仰的国家，有较高的文化壁垒，此外印度企业信用较差、政府投资政策不稳定、不确定因素较多，这些都是很多中国企业在印度投资发展中遇到较为严重的问题（见表21）。这些因素导致印度国内互联网市场相对封闭、发展较慢，对于文化内容类的产品有着一定的进入门槛。自新冠肺炎疫情在全球暴发以来，中印双边关系日趋紧张，从地缘政治到行业竞争，再到民族、民间情绪各个层面的冲突都在不断升级。目前印度政府共封禁包括微信、抖音、微博、QQ 在内的 224 款中国 App，印度在互联网领域的"去中国化"，将会导致中国企业在印投资的风险提高。

表21　印度营商机遇与风险

机遇	
市场潜力	• 印度是全球较大且增长较快的互联网市场,每年新增互联网人口超过 1 亿。此外,印度是拥有年轻人最多的互联网市场,2/3 的互联网用户年龄小于 30 岁,年轻用户对于互联网创新服务的态度更加开放及包容,用户也更加活跃

续表

机遇	
创新氛围	● 印度政府采取了多项全国性的措施促进创新,例如创业印度(Startup India)、数字印度(Digital India)、技术印度(Skill India),依靠这些政策,印度的创新经济有望在未来继续保持快速增长
营商环境	● 2020 年印度的营商便利度位居全球第 63 位,较 2019 年上升 14 位。随着莫迪政府各领域改革举措不断深化,印度投资潜力将进一步提升

风险	
政治风险 (高风险)	● 国内政治腐败,执政效率较低,导致企业隐性成本高 ● 莫迪政府执政面临挑战,可能导致国内政局动荡和政策变化 ● 边境争端使得中印关系长期不稳定 ● 印度加速印太战略部署,或与美国、日本、澳大利亚等国家合作牵制中国崛起
经济风险 (中等风险)	● 经济增速放缓,受疫情影响 GDP 增速大幅下降 ● 现行税率较高、税制复杂,导致营商成本较高 ● 印度企业信用较差,导致中印企业合作困难
法律风险 (中高风险)	● 印度政府对外国资本实行中性政策 ● 印度国内保护主义盛行,政府实施差别性政策 ● 印度司法体系较为复杂,涉及劳工的法律法规较多 ● 印度个人数据保护法和知识产权保护法尚未成熟
社会文化风险 (中等风险)	● 宗教、民族、社会阶层等敏感问题较多 ● 复杂的语言网络构成了进入印度市场的一道门槛 ● 公共安全和公共卫生风险较高
舆论风险 (高风险)	● 印度媒体对中国的负面言论和宣传占多数 ● 印度民族主义情绪高涨,边境冲突后反华情绪严重

注:风险等级划分为低、中低、中等、中高、高风险。

1. 政治风险

（1）国内政治

印度国内政治腐败,执政效率低下,阻碍了企业的业务发展,政府人浮于事,中央政府、邦政府,各党派间的关系复杂,贪污腐败现象普遍,这些问题直接导致中国企业进入印度市场的灰色支出增多,隐性成本上升。新冠肺炎疫情使印度经济经历了严重的衰退。由于应对疫情不利和经济形势严峻,莫迪政府受到在野党的强烈抨击,国内政局动荡不安。为了安抚国内反对派和公众情绪,莫迪政府可能会调整国内外政策,来实现印

度国内稳定，这也将对中国企业投资产生一定影响。

（2）对华关系

两国边境的争端使中印关系的不稳定长期存在。近年来，中印边境冲突不断升级（见表 22），紧张局势不断发酵。2020 年中印边境冲突后，印度政府违反市场规则，连续出台一系列限制中国企业的歧视性政策，封禁微信、抖音、微博、QQ 等 224 款中国 App。同时，印度取消了自加勒万河谷冲突以来的一系列中印合作，严重增加了中印之间的战略互疑和边境摩擦。

表 22　2017～2020 年中印边境冲突事件

时间	事件	概述
2020 年 9 月 7 日	中印边境开枪事件①	印军非法越线进入中印边境西段班公湖南岸神炮山地域。印军在行动中悍然对前去交涉的中国边防部队巡逻人员鸣枪威胁
2020 年 6 月 15 日	中印加勒万河谷冲突②	印度军方严重违反中印两国达成的共识，两次越过边境线非法活动，挑衅并攻击中方人员，导致双方边防部队发生严重的身体冲突
2019 年 9 月 11 日	中印两军在拉达克发生短暂对峙③	对峙事件发生在靠近班公错北岸的实际控制线一带。不过，中印双方在拉达克举行了代表团级别的会谈后，双方结束了对峙
2017 年 6 月 18 日	中印洞朗对峙④	印度边防人员在中印边境洞朗地区越过边境线，进入中国境内，干扰中国边防官兵在该地的正常活动

资料来源：

①《这是在吓唬谁？印度媒体称印军山地战部队已经拉响最高警报》，腾讯网，2020 年 9 月 13 日，https：//xw.qq.com/cmsid/20200913A020LJ/20200913A020LJ00？ADTAG = hwb&pgv＿ref = hwb&appid = hwbrowser&ctype = news。

②《解放军促立即停止侵权挑衅，巴大使：印转移国内矛盾挑边境冲突》，搜狐网，2020 年 6 月 17 日，https：//www.sohu.com/a/402449180＿516458。

③《印媒报道：中印两军在拉达克发生短暂对峙》，《参考消息》2019 年 9 月 13 日。

④《铁证如山！印度边防部队越境进入中国境内》，环球网，2017 年 6 月 29 日，https：//world.huanqiu.com/gallery/9CaKrnQhEGA。

此外，印度可能会加快战略部署，与美国、日本、澳大利亚等国合作牵制中国。目前，印度实施大国平衡外交战略，旨在保持不同战略力量之间的平衡。近年来，"一带一路"倡议使南亚国家与中国合作增多，而印度对此非常警惕。中印边境冲突后，印度没有将谈判作为解决中印边境冲突的主要途径，而是寄希望于加强与美国等外部势力的联系，对中国施加地缘政治压力，以保持其在中印边境地区的实力。目前，印度已开始与美国、日本、澳大利亚等国开展军事合作。未来随着中国影响力的提升，印度有可能向美国靠拢，实施"印太战略"来打压中国。

2. 经济风险

（1）宏观经济形势

受新冠肺炎疫情影响，印度经济增长放缓，国内 GDP 增速大幅下降，2016 年以来，印度经济增长逐渐下滑，央行多次降息提振经济，但效果并不明显。世界银行数据显示，印度 GDP 增长率从 2016 年的 8.256% 下降到 2019 年的 5.024%（见图 11），2020 年疫情加剧了印度经济增长的下行趋势。根据中央统计局 5 月 29 日公布的数据，2019 ~ 2020 年（2019 年 4 月至 2020 年 3 月）印度经济增长率为 4.2%，远低于上一年 6.1% 的增长率。此外，2020 年第二季度印度国内 GDP 增速比 2019 年同期下降 23.9%，创下历史新低，其经济表现仅好于美国，在全球排名倒数第二。

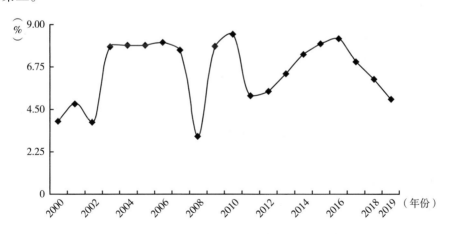

图 11　2000 ~ 2019 年印度 GDP 年度增长情况

资料来源：世界银行，2019。

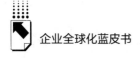

（2）营商成本

印度目前的高税率和复杂的税制导致了高昂的商业成本。根据世界银行发布的《营商环境报告》，印度的税收得分仅为 67.6，排名 115 位。目前印度税率是国内公司缴纳 30%（不包含 2% 的附加税），外国公司则为 40%（不包含 2% 的附加税）。而且印度是联邦制国家，除国税外，各邦都有相对独立的税收决策权，各邦都有不同形式的地方税。在不了解印度税法的情况下，外国企业在经营过程中可能会被多次征税。

（3）企业合作

总体来看，中国企业与印度企业合作难度较大。印度企业不仅信用一般，在本土还具有较强的议价能力，要求中国企业以不合理的低价提供高质量产品。但在印度尚处于起步阶段的中国企业为了提升在印度市场中的市场份额，经常会以"赔本赚吆喝"的方式，通过降价甚至亏本的方式为印度合作企业提供产品。对中国企业而言，这种竞争方式必然是不可持续的，但对于已经习惯了高质低价的中国产品的印度合伙企业而言，涨价会极大地降低其与中国企业的合作意愿，因此目前中国企业与印度企业的合作模式实际上与中国企业的长远发展要求并不匹配。长此以往，中印企业之间的合作只会更加困难。

3. 法律风险

（1）产业政策

印度一直是内需驱动型经济体，印度政府对外国资本采取中立政策。近年来，随着"印度制造"和"自力更生"计划的启动，印度市场的开放度逐渐降低。目前，印度还没有一个系统的鼓励产业吸引外资的政策。吸引外商直接投资的主要行业是金融和非金融服务业、医药业、电信业、冶金业和电力业，不包括互联网和其他技术产业。此外，印度的投资政策变化很大，不确定因素较多，造成不确定性风险较大。

印度保护主义盛行，政府对国内中小企业实行差别化政策支持。由于印度贸易保护的一贯趋势，对外国投资和产品实行差别化管理成为普遍现象。例如，2019 年颁布的《电子商务法》旨在规范亚马逊等外资企业，促进国内企业发展。而在 2020 年 4 月，印度政府宣布，所有邻国实体的投资，无论是新旧都需要得到印度政府的批准。考虑到周边国家的经济实力不足以在印度进行投资并购，这一政策在一定程度上对中国企业具有针对性。今后，中国企业在印度的投资以及商品和服务出口方面将面临严格的审核。

（2）相关法律

与其他国家相比，印度法律规定非常严格、烦琐，而且印度国内立法和决策体系相对分散，中央和地方有时存在两套法律。中国企业在对印度进行投资时需要将法律要素纳入考虑范围。

印度的《个人数据保护法（草案）》限制数据的跨境传输。2019 年印度《个人数据保护法（草案）》的内容和形式与欧洲的《通用数据保护条例》（GDPR）类似。该法案要求印度公民的个人数据应存储在本地，并限制敏感信息和关键个人数据的出境，这对印度大型互联网科技企业的数据处理、存储和传输产生重大影响。此外，新版的印度《个人数据保护法（草案）》仍在讨论当中，未来存在变数。印度近年来出台的与互联网科技企业相关的政策法规见表 23。

表 23　印度出台的与互联网科技企业相关的政策法规

政策法规	政策法规目的	时间
《电子商务法》	为印度电商发展创造一个便利的监管环境，鼓励印度制造，促进国内企业发展	2019 年
《个人数据保护法（草案）》	要求印度公民的个人数据储存在本地，个人关键数据限制出境，对印度的大型互联网科技企业数据处理、储存、转移产生重大影响	2019 年
《电子商务食品经营者运作指南》	指南定义了电子商务进行过程中的各名词概念，仅为解释性备忘录	2017 年
《2016 年非银行金融公司账户聚合总则》	规定非银行金融公司运作框架，创建一类新的非银行金融公司（NBFC）——账户聚合平台（NBFC - AA）接受客户许可，将数据从金融公司传递给需要这些数据的其他企业	2016 年

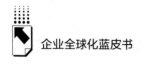

政策法规	政策法规目的	时间
《信息权利法》	赋予公民信息权,允许印度公民向除议会和情报机关以外的其他政务机构申请信息公开透明化	2015 年
《国家电信政策》	侧重开拓建设广大的农村互联网	2011 年
《2008 年信息技术法(修正案)》	确立电子商务活动法律地位,并防范与打击相关网络犯罪行为	2008 年
《信息技术法》	规定软件行业发展过程中的相关刑事诉讼、行政管理等条款	2000 年
《信息技术协议》	力图通过削减信息技术产品关税,使印度实现信息技术产品贸易的最大自由化,促进信息技术产业不断发展	1996 年

资料来源：根据公开资料整理,2020 年。

印度知识产权保护较为薄弱,可能导致在印企业成本增加。根据世界经济论坛的数据,印度的知识产权得分为47.8,在141 个国家中位居第87 位,这表明印度法律无法为印度企业的知识产权提供充分的保护。值得关注的是,印度知识产权法中的"强制许可",指的是印度专利、外观设计及商标管理总局在未取得专利所有人允许的情况下直接授权第三方使用或者销售某一特定的专利产品,或者使用某一特定的方法。尽管相关法律制度正在逐步改善,但受制于印度的司法体系,相关法律执行力度较弱、效率较低。一般来说,处理侵权案件耗费时间较长,或将进一步增加企业的成本。

4. 社会文化风险

(1) 文化环境

印度涉及宗教、民族、社会阶层等敏感问题较多。印度是一个语言种类繁多的国家,也是一个多宗教信仰国家,拥有较高的文化壁垒,间接导致其国内互联网市场相对封闭,对于文化内容类产品存在一定的进入门槛。尽管印度从法律层面废除种姓制度,规定宗教信仰自由、各民族平等,但相关问题依旧较为复杂、敏感,企业在印度开展游戏、影视等业务时,应注意避免涉及相关问题。

复杂的语言网络构成了中国互联网产品进入印度市场的一道门槛。除英语和印地语外，印度官方承认的地方性语言多达20余种。数据显示，在印度英语互联网用户的比重不断下降，而本土语言用户成为印度的主要互联网用户，预测到2021年印度仅有1.99亿英语用户，而本土语言用户将达到5.36亿。[①] 因此，做好本土语言适配是中国互联网产品进入印度市场的必经之路。

（2）公共安全

恐怖主义袭击发生概率较高。世界经济论坛发布的《全球竞争力报告》显示，印度恐怖主义事件发生率得分为26.3（分值越低，可能性越大），这意味着恐怖袭击在印度发生的可能性较高。2019年，印度境内发生了6起恐怖主义事件，造成了不同程度的伤亡。

宗教教徒之间流血冲突频繁。印度有世界上所有的主流宗教，信教人口占总人口的99.8%，宗教教徒之间冲突频繁，尤其是印度教教徒与伊斯兰教教徒之间的矛盾常常上升为暴力流血事件。莫迪上台后实施了以《公民身份法修正案》为代表的一系列印度教民族主义政策，进一步激化了印度教教徒和伊斯兰教教徒之间的矛盾。

由于印度公共卫生基础设施薄弱且资金匮乏，印度卫生部门公开的数据可能无法如实反映该国新冠肺炎疫情的严重程度，实际情况可能更为严重，因此一段时间内新冠肺炎疫情将对印度的卫生安全造成较大威胁，且严重影响印度商业经济活动的正常开展。

（3）社会稳定

失业率较高，危害社会稳定性。世界银行的数据显示，2020年，随着经济增速的下降和新冠肺炎疫情的暴发，印度失业率呈现上升趋势，更易导致社会不稳定。

5. 舆论风险

印度媒体对中国的"负面"言论和宣传占多数。在地缘政治、领土争端、

---

① 《毕马威-谷歌：印度本土语言网民数已超英语网民数》，环球网，2017年4月28日，https://www.sohu.com/a/137007280_663463。

宗教等敏感议题上，印度媒体大多对中国持负面态度。2020年中印边境局势出现紧张趋势后，便有部分主流印媒蓄意发布失实、负面和煽动性内容，以致印度国民自发掀起反华浪潮。而封禁中国App的禁令发布后，多数印度媒体表示支持，认为这样既能维护国家安全，又能刺激本土互联网产业发展。只有少部分媒体认为此举会对国内就业、经济等方面造成负面影响。

印度民族主义情绪高涨，边境冲突后反华情绪严重。自中印边境加勒万河谷地区暴发严重冲突以来，印度社会的反华情绪日益增长，许多印度人甚至有中资背景的印度企业开始抵制中国商品。

6. 竞争格局

美国App在印度市场中占绝对优势，印度互联网本土产品整体实力偏差。如2019年第四季度印度用户使用App TOP20，有14款美国App上榜，占比70%；有3款中国App上榜，占比15%；印度App仅1款上榜，占比5%（见表24）。尽管中国App占比排名第二，但与美国相比差距较大，且随着中印关系的恶化以及禁令的实施，未来中国App在印度市场占有率不容乐观。

表24 2019年第四季度印度用户使用App TOP20

序号	App	每周活跃率（%）	每周人均打开次数（次）	每周人均使用时长（分钟）	国家
1	WhatsApp	94.13	130	155.65	美国
2	YouTube	91.34	44	281.54	美国
3	Google	84.71	18	8.53	美国
4	Google Chrome	66.13	18	31.20	美国
5	Facebook	59.99	43	136.07	美国
6	TikTok	39.06	29	133.54	中国
7	Truecaller	38.40	71	16.71	瑞典
8	Google Play Services	36.57	4	1.16	美国
9	Facebook Messenger	30.37	28	22.04	美国
10	MX Player	24.83	13	73.06	印度
11	Gmail	22.56	8	4.54	美国
12	Google Drive	22.44	7	8.92	美国
13	Google Maps	21.61	8	20.53	美国
14	Google Photos	21.50	7	8.30	美国
15	Instagram	20.74	55	105.35	美国

续表

序号	App	每周活跃率（%）	每周人均打开次数(次)	每周人均使用时长（分钟）	国家
16	SHAREit	18.16	5	11.78	中国
17	UC Browser	18.13	11	34.94	中国
18	Helo	16.00	20	67.58	美国
19	Likee	15.02	28	138.46	新加坡
20	Amazon India	11.32	6	11.47	美国

资料来源：根据公开数据整理，2020 年。

（四）马来西亚营商风险评估

马来西亚相对于其他东南亚国家来说政治风险较低，但政党斗争、贪污腐败、排华势力、恐怖主义等问题依旧是影响外来投资的不稳定因素。同时，马来西亚在外交政策方面一定程度上受制于美国，也不利于中国投资者进行投资。

但在经济方面，随着中国"一带一路"倡议的提出和进一步推广，中国迅速成为东盟国家重要投资国。移动技术和互联网接入在马来西亚发展较晚，因而出现法律滞后问题。法律环境差异大、申请程序烦琐、劳资问题、宗教文化矛盾等是中国企业在马来西亚投资的主要不利因素（见表25）。

表 25 马来西亚营商机遇与风险

机遇	
经济合作	• 随着中国不断扩大对外开放，并进一步推广"一带一路"倡议，中马之间的联系更加密切，中国已连续 10 年成为该国最大的贸易伙伴
市场潜力	• 截至 2016 年，马来西亚的信息传播技术发展指数已经位列世界第 61 位。马来西亚的互联网经济以每年 20% ～30% 的速度增长，正进一步走向数字经济时代
政策开放	• 为了吸引外来投资，马来西亚政府制定了许多优惠政策和激励措施

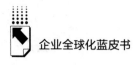

续表

	风险
政治风险 （中高风险）	• 政党斗争带来了一定程度的贪腐问题 • 近年来国内排华势力有抬头之势，存在社会治安问题，马来西亚与周边国家存在领土争端问题 • 美国将注意力转移到亚太地区，马来西亚的外交政策在一定程度上受制于美国
经济风险 （低风险）	• 中国已成为马来西亚的最重要投资国之一 • 随着"一带一路"倡议在马来西亚进一步落地，两国会有更加密切的经济交往
法律风险 （中等风险）	• 数字经济起步较晚，法律滞后，相关法律、道德争议较多 • 公司的注册以及各类营业执照的申办程序烦琐，审批的时间较长 • 严格劳工制度，造成马来西亚的劳工成本过高
社会文化风险 （中高风险）	• 作为以马来族为主体民族的国家，马来西亚对国内一些行业的准入控制严苛 • 国家环保意识较强，部分中国企业在马来西亚投资，未能充分考虑文化差异，致使投资受阻
舆论风险 （低风险）	• 官方媒体对华大量的正面性报道，并表示对于"一带一路"倡议和项目的支持与认可，营造了积极的舆论氛围 • 中国在马来西亚普通民众中有较为积极的形象 • 在马居住的众多华人能在促进中马合作中起到一定的桥梁作用

注：风险等级划分为低、中低、中等、中高、高风险。

1. 政治风险

马来西亚不仅存在一些潜在的政治风险，而且自美国提出"亚太再平衡战略"，并增加了对包括马来西亚在内的东南亚诸国的军事援助之后，中马关系受到美国对华政策的较大影响，这也使得中马关系存在较大风险和较多不确定性因素，马方甚至封禁了部分中国海外投资项目来迎合美方的对华政策。

2. 经济风险

"一带一路"倡议背景下，中国企业大举进入东盟国家，从而使得中国迅速成为东盟的最重要投资国之一。2016 年和 2017 年，中国对东盟国家的直接投资分别占东盟吸引外资总额的 9.2% 和 10.4%。2018 年，中马双边贸易额同比增长了 13%，达到了 1086.3 亿美元，中国连续 10 年成为马来西亚最大的贸易伙伴。①"一带一路"倡议所体现的是一种较为灵活的地区合作模式，强调的是关系治理下的互惠互利，推动"一带一路"建设的力度越大，这些地区的收益就越大。表26为中国企业在马来西亚融资并购的部分案例。

表26 中国企业在马来西亚融资并购的部分案例

案例	时间	企业	领域
JFH Technology（Kunshan）Co. 以150万美元的价格向华为旗下公司哈勃科技投资有限公司发行相当于45%股权的股份①	2020年10月	JFH Technology（Kunshan）Co.	半导体
Merchantrade与蚂蚁集团建立技术合作伙伴关系②	2020年10月	Merchantrade	货币服务
腾讯购马来西亚串流平台iflix部分资产③	2020年6月	iflix	流媒体
爱奇艺与马来西亚第一媒体品牌Astro达成iQIYI App本地化运营战略合作④	2019年11月	Astro	媒体

资料来源：

① 《华为旗下公司与马来西亚JFH Technology合作生产半导体测试设备》，搜狐网，2020年10月27日，https：//www. sohu. com/a/427586375_ 115060。

② 《Merchantrade与蚂蚁集团建立技术合作伙伴关系》，中国财经日报网，2020年10月23日，http：//chinapedaily. com/opinion/mjzl/prnasia/3085. html。

③ 《腾讯（00700 – HK）购马来西亚串流平台iflix部分资产》，新浪财经，2020年6月25日，https：//finance. sina. cn/stock/relnews/hk/2020 – 06 – 25/detail – iircuyvk0384990. d. html？oid = 3791657428287533&vt = 4。

④ 《爱奇艺与马来西亚媒体品牌Astro达成iQIYI App本地化运营战略合作》，观察者网，2019年11月6日，https：//www. guancha. cn/ChanJing/2019_ 11_ 06_ 524223. shtml。

3. 法律风险

（1）马来西亚互联网相关政策法规

经历了数字革命后，2016年，马来西亚信息与传播技术发展指数上升到了全球第61位。② 2018年，马来西亚总人口数达3225万人，互联网用户约占总人口的80%，为2584万人，互联网经济实现了20% ~30%的年均增

---

① 《赵洪：中国对马来西亚的投资策略》，IPP评论，2019年7月24日，https：//www. sohu. com/a/328973182_ 550967。

② Sonny Zulhuda，Ida Madieha Abdul Ghani Azmi：《马来西亚社交媒体监管：选择与挑战》，《全球传媒学刊》2017年第2期。

长率；活跃社交媒体用户达 2500 万人，占总人口的 77.5%；移动社交媒体用户达 2400 万人，占总人口的 74.4%。① 马来西亚正进一步走向数字经济，一些法律问题也随之而生，出现了许多涉嫌违反法律和道德规范的争议。

为进行合理监管，马来西亚政府运用了多种方法，例如鼓励行业自律、屏蔽相关网站、采用刑事或民事制裁等。多年来，马来西亚在互联网治理过程中，陆续颁布了多项政策法规（见表 27）。

表 27　马来西亚出台的与互联网科技企业相关的政策法规

政策法规	政策法规目的	时间
《外汇管理法令》	对外汇政策进行管理，重新实行有法可依的浮动汇率制，进一步确保有序的市场秩序	2016 年
《资讯及多媒体法》	严厉打击利用互联网犯罪的行为，维护互联网秩序	2010 年
《个人数据保护法令》	规范商业集团获取个人信息的行为	2010 年
《马来西亚通讯及多媒体内容准则》	保障、规制不断聚合的传播业以及多媒体行业，保障国家信息安全	1998 年
《内容准则》	为所有的互联网内容提供者列出了整套的指导方针	1998 年
《版权法（修正案）》	规范了版权保护的各项事宜	1997 年
《电脑犯罪法令》	为了规范信息资讯化市场颁布的相关电子管理法令	1997 年
《数字签名法案》	为了规范信息资讯化市场颁布的数字签名相关的管理法令	1997 年
《远程医疗法案》	为了规范信息资讯化市场颁布的电子医疗相关的管理法令	1997 年
《马来西亚多媒体超级走廊保证书》	给予部分企业一定的经营自由度	1996 年
《证据法》	认可对网络言论的发布及其在新型社交媒体语境下的意义	1950 年

资料来源：根据公开数据整理，2020 年。

（2）海外公司在马来西亚投资法律风险

在马来西亚投资最大的问题在于公司的注册以及各类营业执照的申办。虽然马来西亚政府近年来推出了许多优惠政策以吸引外来投资，但这些政策的审核涉及很多部门，导致执照的申请程序烦琐，审批的时间较长。而在这段时间内其某些政策突然的变化也给投资者带来了很多的不确定因素，一定

---

① 《2019 年马来西亚网络数据调查》，互联网数据资讯网，2019 年 3 月 6 日，http://www.199it.com/archives/833959.html。

程度上对中国企业在马来西亚的投资产生了负面影响。

对于在马来西亚投资的海外互联网企业而言，由于国家间法律法规上的差异，作为外来者的海外互联网科技企业往往很难全面适应马来西亚法律要求，也不能及时、全面地了解当地法律变动情况，因此不论是中国的互联网科技企业，还是其他国家的互联网科技企业，都容易在马来西亚面临一定的法律风险（见表28）。

表28 互联网科技企业/产品在马来西亚涉及法律风险的部分案例

企业/产品	案例	原因	时间
阿里巴巴	阿里总裁卷入金融丑闻遭马来西亚指控或被监禁罚款①	因涉嫌卷入马来西亚主权财富基金"1MDB"金融丑闻案，马来西亚当局对17名高盛现任和前任员工提出刑事指控，其中包括阿里巴巴集团总裁迈克尔·埃文斯(Michael Evans)	2019年8月
"尊龙"网络平台	百余人在马来西亚运营跨境组织卖淫网络②	跨国网络卖淫	2017年12月
三星、松下马来西亚供应商	三星、松下马来西亚供应商被控虐待移民劳工:扣护照、限制上厕所③	三星和松下在马来西亚的供应链工厂在雇佣尼泊尔工人的过程中存在虐待行为	2016年11月

资料来源：
① 《阿里总裁卷入金融丑闻遭马来西亚指控或被监禁罚款》，新浪财经，2019年8月9日，http://finance.sina.com.cn/stock/relnews/us/2019-08-09/doc-ihytcerm9724573.shtml。
② 《百余人团伙跨境组织卖淫 多地警方抓获嫌犯349人》，中国青年网，2018年3月30日，http://news.youth.cn/sh/201803/t20180330_11557792.htm。
③ 《三星松下被控虐待外劳：每天站着工作最多14小时》，网易科技，2016年11月22日，https://www.163.com/tech/article/C6F6N36N00097U7R.html。

4. 社会文化风险

马来西亚与中国存在着较大的文化差异，其国内对于一些行业的准入控制严苛。例如，猪肉和烟酒相关产业基本很难进入马来西亚。

另外，马来西亚环保意识较强。多数马来西亚居民对中资企业了解不深，因此会普遍认为中资项目破坏了当地环境，并且没有使普通民众更多获益。由于中资企业大多不会在马来西亚当地采购生产设备和雇佣劳动力，当地人因此对中资企业产生了更多的不满情绪，认为中国在马来西亚的投资项目都不过是中国转移国内过剩产业产能的一种手段。他们认为中国将一些可能带来环境污染的企业转移到了马来西亚，这种来自民众的负面舆情也在一定程度上影响了中国企业在马投资设厂的热情。表 29 为涉及马来西亚社会文化风险的部分案例。

表 29　涉及马来西亚社会文化风险的部分案例

企业/产品	案例	原因	时间
Facebook	Facebook 帖子网络诽谤（安萨里·阿布杜拉 v 沙尔曼·萨南甘案）	被告在 Facebook 上发布的三个帖子被原告提起诽谤诉讼	2016 年
Twitter	赛里·穆罕默德·尼扎尔拿督·本·贾迈勒丁 v 马来西亚电视网络有限公司及阿诺尔案	因为被告根据他的 Twitter 发布了一则关于他的诽谤性报道，一名著名的反对党政治家作为原告对被告提起诽谤诉讼	2013 年

资料来源：Sonny Zulhuda，Ida Madieha Abdul Ghani Azmi，褚萌萌、曹书乐：《马来西亚社交媒体监管：选择与挑战》，《全球传媒学刊》2017 年第 2 期。

5. 舆论风险

（1）马来西亚媒体典型报道

《马来西亚发展报告（2019）》显示，2018 年马来西亚主流媒体对中国的"一带一路"倡议及相关内容做出了较多报道，报道的重点则是两国的经济合作，这反映了"一带一路"倡议在马来西亚已经起到了明显的积极效果，体现了马来西亚官方对于"一带一路"倡议和项目的支持与认可，主流媒体在营造积极客观的舆论氛围中起到了积极作用。

（2）马来西亚网民观点

默迪卡中心（Merdeka Center）是马来西亚的一家著名的民意调查机构，其在 2016 年 11 月进行的全国问卷调查结果显示，中国在马来西亚普通民众心目中普遍有着较为良好的形象，而且由于马来西亚华人较多，中国文化在当地有较多渗透，数量众多的华人群体能在一定程度上架设起中马合作的桥梁。

（3）中国 App 热度趋势

通过 Google 搜索，可以看出在过去一年时间里 Tencent、Bytedance、TikTok、Weibo、Alibaba、WeChat、Baidu 在马来西亚地区热度趋势。在 Tencent、Bytedance、Baidu、Alibaba 四个企业 App 中，Alibaba 在马来西亚热度最高，Bytedance 热度最低。2020 年 3 月，TikTok 在马来西亚的热度不断升高，在 2020 年 8 月 TikTok 受到美国制裁这个时段，热度升至最高。WeChat 在马来西亚的热度比较稳定，未有明显波动。

（五）韩国营商风险

韩国有着十分便利的营商环境，是全球公认的互联网基础设施较为完善的国家，并且建立了世界上最早的互联网审查机构，以及较为健全的全国电子商务信用体系，韩国互联网法律体系相当健全。韩国自身市场发展较快，导致政府对外招商动力不足，并持有保护本土企业的政策态度，因而政府政策无法满足外资企业需求，形成"高密闭"市场，外资企业很难打入。2008 年，中国成为韩国的战略合作伙伴，两国间政治关系的升温直接影响贸易行业的发展。在媒体和网民的舆论方面，虽以客观信息为主，但除此之外负面信息高于正面信息，因而以民意为主的舆论风险也是投资者需要考虑的风险因素之一（见表 30）。

表30　韩国营商机遇与风险

机遇	
设施完备	• 韩国是全球公认的互联网基础设施较为完善的国家之一，世界银行统计显示，2020 年韩国在全世界的营商便利度排名第5，得分84.0（满分100分）
风险	
政治风险 （中高风险）	• 韩国自身经济发展较快，导致政府对招商的重视程度不够，不具备政策优势 • 政策无法跟上企业的需求，导致外资在韩国运营效率降低 • 政策目标是减少对本土企业的冲击，外资门槛较高
经济风险 （低风险）	• 中韩在 2003 年建立合作伙伴关系 • 2008 年，中韩升级全面合作伙伴关系为战略合作伙伴关系，两国政治关系的改善增加了两国的经济合作和贸易往来

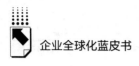

	风险
法律风险 （中等风险）	• 将促进韩国社会的信息化定为基本国策，以满足国内的信息服务需求 • 电子商务信用体系的相关立法较为健全 • 设有独立的互联网管理机构——韩国网络安全委员会 • 互联网科技企业法律准入门槛较高，审查较为严格
舆论风险 （中等风险）	• 韩国媒体对中国企业新闻报道较多 • 舆论整体积极健康 • 中性信息占比最高，负面信息高于正面信息

注：风险等级划分为低、中低、中等、中高、高风险。

1. 政治风险

韩国是全球公认的互联网基础设施较为完善的国家，根据世界银行《2020年营商环境报告》，韩国的营商便利度排名第5，得分84.0（满分100分）。但韩国自身经济发展比较快，而政府的政策常常不能及时满足外资企业需求，导致外国企业在韩国运营效率低，很多欧美企业纷纷选择从韩国市场撤资。韩国政府的政策目标是减少对当地企业的影响，因此外资的准入门槛相对较高，尤其是金融、航空、航运、医药等服务业。同时，韩国市场高度"封闭"，外资企业很难进入韩国市场。韩国封禁互联网科技企业/产品部分案例见表31。

表31　韩国封禁互联网科技企业/产品的部分案例

案例	原因	时间	企业/产品
韩国电信、SK电讯这两大韩国主流电信运营商加入不使用华为设备的所谓"清洁电信公司"名单	影响国家技术安全	2020年10月	华为

资料来源：《美国威逼无效 韩国第三大运营商重申：不会封杀华为5G设备》，快科技，2020年10月21日，http://www.techweb.com.cn/ucweb/news/id/2807761。

2. 经济风险

中韩两国于1992年正式建交，此后，两国经贸合作全面展开。2003

年，中韩决定将两国关系升级为全面合作伙伴关系，2008 年，进一步升级为战略合作伙伴关系，两国间政治关系的升温极大地促进了贸易领域的发展。中国企业在韩国融资并购部分案例见表32。

表32　中国企业在韩国融资并购的部分案例

案例	时间	企业	领域
阅文集团战略投资韩国网文企业 Munpia，持股 26%[①]	2018 年 10 月	Munpia	原创网络文学平台
2018 年腾讯投资 Kakao Games，投资金额达到 2.93 亿元，占总融资额的 1/3[②]	2018 年	Kakao Games	网络游戏
蚂蚁金服向韩国移动社交巨头 Kakao Corp 旗下移动支付平台 Kakao Pay 注资 2 亿美元[③]	2017 年 2 月	Kakao Pay	移动支付
腾讯在 2017 年成为 Kakao Bank 的第二大股东[④]	2017 年	Kakao Bank	互联网银行
阿里音乐投资韩国娱乐公司 SM，未来将合作发展[⑤]	2016 年 2 月	SM	音乐
腾讯完成对 Kakao Talk 4.03 亿元的投资，获得 Kakao 公司 13.8% 的股权[⑥]	2012 年 4 月	Kakao Talk	移动社交

资料来源：

①《阅文集团战略投资韩国网文平台 Munpia 持股 26%》，TechWeb，2018 年 10 月 26 日，http：//www.techweb.com.cn/it/2018–10–26/2709287.shtml。

②《"韩版腾讯"旗下银行传出上市消息，国内互联网巨头战火燃至韩国金融圈》，腾讯网，2021 年 4 月 12 日，https：//new.qq.com/omn/20210412/20210412A0CRBW00.html。

③《蚂蚁金服将向韩国移动支付平台注资 2 亿美元》，新华网，2017 年 2 月 21 日，http：//www.xinhuanet.com/fortune/2017–02/21/c_1120506027.htm。

④《韩国网上银行 Kakao Bank 计划上市　腾讯为第二大股东》，新浪科技，2020 年 1 月 21 日，https：//tech.sina.com.cn/i/2020–01–21/doc–iihnzhha3843468.shtml。

⑤《阿里音乐投资韩国娱乐公司 SM 未来将合作发展》，环球网，2016 年 2 月 11 日，https：//tech.huanqiu.com/article/9CaKrnJTMdU。

⑥《腾讯 4 亿收购"韩版微信"KakaoTalk 13.8% 股权》，网易科技，2012 年 5 月 17 日，https：//www.163.com/tech/article/81N22GPN000915BF.html。

3. 法律风险

韩国建立了世界上最早的互联网审查机构，早在 1995 年，国会通过的

《电子通信商务法》就要求严格监管危险通信信息，并将该项监管权力交给信息通信部。此后还陆续制定了《促进信息化基本法》《促进信息化基本方案》，以立法的形式促进韩国社会信息化发展。

为了建立国家电子商务信用体系，韩国于 1998 年通过了《数字签名法》，保障网上交易安全。1999 年 7 月正式生效的《电子商务基本法》对电子商务、电子通信信息、发送人、接收人、数字签名、电子商店、认证机构等基本概念做出定义。2006 年，韩国成立了韩国网络安全委员会，该机构是独立的互联网管理机构。作为韩国最主要的网站内容分级组织，该委员会下设信息通信道德委员会和专家委员会。韩国出台的其他互联网科技企业相关政策法规见表 33。

表 33　韩国出台的与互联网科技企业相关的政策法规

政策法规	政策法规目的	时间
《个人信息保护法》	详细规定个人信息保护条款,针对窃取个人信息以及个人信息损害赔偿等行为,明确相关处罚规定	2020 年 1 月
《信用信息法》	为制定商业性统计、研究,保存公益性记录等,在未经信用信息主体同意的情况下,可以利用和提供假名信息	2020 年 1 月
《信息通信网法》	将个人信息相关内容全部移交给《个人信息保护法》	2020 年 1 月
《国家网络安全法案》	制定一部法律位阶更高的网络安全法律,建立国家整体层面的有效预防和应对网络攻击的体系,全面保障公共和民间领域网络安全	2017 年 1 月
《云计算发展与用户保护法》	要求云计算服务商及时通知用户信息安全问题	2015 年 3 月
《网络安全管理规定》	构建网络安全管理和应对体系	2013 年 9 月
《信息通信网络法修正案》	韩国宪法裁判所裁定网络实名制违宪,韩国放送通信委员会将根据判决修改相关法律	2012 年 8 月
《促进使用信息通信网络及信息保护关联法》	规定了制定信息通信网络安全保护措施指南、保护集成信息通信设施、禁止信息通信网络侵害行为,特别是建立信息保护管理体系认证制度等信息通信网络安全保障机制	2007 年
《位置信息保护法》(修改)	要求在使用个人位置信息时必须得到当事人允许	2005 年 10 月

续表

政策法规	政策法规目的	时间
《互联网内容过滤法令》	在法律层面上确立了网络内容过滤的合法性，审查范围包括BBS、聊天室，以及可能危害公共道德、国家主权、青少年发展的信息	2001年7月
《信息通信基础设施保护法》	明确了主要信息通信基础设施保护体系、信息通信基础设施保护委员会的职责、主要信息通信基础设施的指定与弱点分析、侵害事件的应对、技术支持和民间合作等内容	2001年1月
《电子政府法》	明确政府部门采取保障信息通信网络、行政信息等安全性与稳定性的措施	2001年
《国家信息化基本法》	规定了保障信息使用安全和可靠性的相关要求	1995年

资料来源：根据公开数据整理。

4. 舆论风险

分析 Twitter 等平台的韩国网民、媒体关于中国互联网科技企业的敌意言论，分别以 Tencent、WeChat、ByteDance、Alibaba、TikTok、Baidu、Weibo、Kwai 为关键词，通过清博舆情系统（海外版）共检索了自2020年1月1日至2020年12月15日发布的647条相关信息。其中，中性信息共562条，占比86.86%；负面信息共63条，占比9.74%；正面信息共22条，占比3.4%（见图12）。

（六）泰国营商风险

泰国是世界上政权变更周期较短的国家，且历届政府政策延续性不强，许多投资者因正常经营往往难以为继，造成了重大经济损失。中国与泰国长期保持着较为密切的贸易往来，为促进本国经济发展，泰国先后出台的"泰国4.0""数字泰国"等政策，这些政策与"一带一路"倡议高度契合。由于近年来营商环境日益改善，推出了更多投资优惠政策，泰国逐渐受到各国企业的青睐。

纵观历史，泰国政变后多次变动外资审查政策和相关法律，而且对外

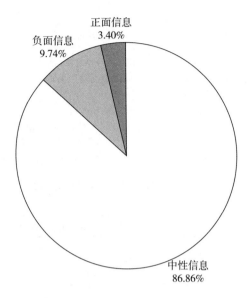

图 12　韩国关于中国互联网科技企业舆论正负面信息占比

资料来源：清博智能，2020 年。

资限制越来越严格。投资审查程序中，官员自由裁量权占比过大，导致索贿受贿的行为普遍。另外，泰语作为泰国官方语言，法律条文以泰语为准。劳动文化差异会导致投资过程中执行不力的问题。泰国如今面临未富先老困局，使得泰国劳动力常常会出现供不应求的现象。泰国营商机遇与风险见表 34。

表 34　泰国营商机遇与风险

	机遇
贸易关系	●中泰两国地缘关系密切，长期保持着高频率的贸易往来。中国与泰国的贸易额在东盟地区中排名第 4，中国也长期保持着泰国最大贸易伙伴国的地位。在 2016 年召开的中泰经贸联委会第五次会议中，中泰两国均同意在"一带一路"倡议和"泰国 4.0"战略基础上进一步深化两国合作
政策利好	●为促进本国经济发展，泰国先后出台的"泰国 4.0""数字泰国"等政策，这些政策与"一带一路"倡议高度契合。由于近年来营商环境日益改善，推出了更多投资优惠政策，泰国逐渐受到各国企业的青睐

续表

风险	
政治风险 （中高风险）	• 泰国政府执政周期过短，致使历届政府政策各不相同 • 新一届政府上台后，往往根据自身利益需求对外资项目进行重新评估或拒绝继续合作，使企业的正常经营被迫中断，对企业造成重大损失
法律风险 （中高风险）	• 泰国是世界上政权变动较频繁的国家，政局的变动必然引起法律与相关政策的变动，法律风险是所有投资风险当中最大且不可控的 • 对外资的限制越来越严格 • 泰国的外资准入审批机构及其官员对于行业审批有极大的自主权，部分行业甚至没有统一和明确的审批标准，完全依赖官员的主观评判
社会文化风险 （中等风险）	• 泰语为官方语言，法律法规以泰语为准，外企两国职员间的沟通有很大障碍 • 价值文化、制度文化、劳动人事政策等方面存在差异 • 老龄化严重，劳动力供不应求且成本高、效率低
舆论风险 （中低风险）	• 泰国媒体对华报道积极友好，但也偶尔有失客观

注：风险等级划分为低、中低、中等、中高、高风险。

1. 政治风险

泰国是世界上政权更迭较频繁的国家，每个新政府上台后，都会根据自身政治利益重新评估外资项目或拒绝与外国资方继续合作。因此，不同的营商政策使得许多外企难以在当地继续进行经济活动。

2. 法律风险

（1）泰国互联网相关政策法规

泰国在 20 世纪 90 年代初经历了政治阵痛，随后进入了相对稳定的民主化时期。直到 1992 年底，真正的互联网才在泰国正式落户，当时朱拉隆功大学（Chulalongkorn University）获得的一条新线路使泰国用户能够加入基于 TCP/IP 协议的互联网。1996 年，班汉（马德祥）政府批准了首个"国家信息技术政策"（即 IT2000），计划投资 42 亿泰铢发展国家网络基础设施，培养人力资源，利用计算机网络提高政府服务水平。2007 年，泰国通过了《电脑犯罪法案》（见表35），政府有权封锁其认为不适当的互联网内容，并对此类内容的提供者和传播者进行处罚。此外，政府还设立了其他机构，加强机构监管。

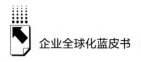

表35　泰国出台的与互联网科技企业相关的政策法规

政策法规	政策法规目的	时间
《外国数字服务提供商缴纳增值税(VAT)法案》	利用国家的互联网经济扩大政府收入	2020年6月
《加密货币皇家法令》	将加密货币定义为数字资产,规范交易行为的同时也表达出了加密货币进入经济体的必然性	2018年5月
《加密数字货币监管法案》	授权SEC监管加密货币领域的方方面面,对数字货币实施合理的监管规则	2018年4月
《外商经营法》修订案	在限定了外资企业在泰国从事某些活动的经营范围的基础上,严格限制了外资持股比例	2017年9月
《国家电子支付总体计划》	旨在减少洗钱、腐败、非法活动的支付和非正规经济的规模以及减少银行业务成本,加强金融包容性和扩大税基	2015年12月
《信息技术(电子服务交付)规则》	为通过电子数据交换和其他电子通信方式进行的交易提供法律支撑	2011年4月
《电脑犯罪法案》	赋予政府屏蔽其认为不正当的网络内容,及对这些内容的提供者和传播者施以刑罚的权力	2007年
《信息权法》	明确了公民享有知情权的实际制度,以确保在公共当局的控制下获得信息,提高政府的工作透明度	2005年6月
《信用信息公司(管理)法》	对信用信息公司进行监管并促进信用的有效分配以及与此有关或附带的事项	2005年6月
《私人安全机构(管理)法》	对私人安全机构及其相关或附带事项进行管理	2005年6月

资料来源：根据公开数据整理。

（2）海外公司在泰国投资法律风险

泰国在2010～2020年共有七位总理上台，曾发生过五次军事政变，法律政策与政治环境直接相关，因此政局动荡导致泰国的法律政策频繁发生变化。法律政策变化风险成为投资者在泰国面临的首要风险，不可控性非常高。从以往经验来看，泰国政变大多会使政府对外资的限制更加严格。

此外，泰国政府赋予了外资准入审批机构及其官员非常大的审批自主权，审批结果容易受到官员主观因素的影响。为顺利通过审批，许多投资者被迫在申请过程中贿赂泰国官员，这种现象助长了泰国政界商界的腐败风气，甚至衍生了直接索贿的行为，增大了外商投资的隐性成本。虽然泰国腐败现象严重，但是泰国新修订的《反腐败法》在2015年出台，该法案将外国人也列为贪污腐败定罪主体。同时由于泰国法律相对严苛，一旦因受贿被查处，会面临非常严重的法律制裁，这使得外国投资者对于在泰国投资更加心生畏惧。互联网科技企业在泰国涉及法律风险的部分案例见表36。

表36　互联网科技企业/产品在泰国涉及法律风险的部分案例

企业/产品	案例	原因	时间
Google、Twitter	因拒绝按要求删帖，推特和谷歌等面临泰国政府起诉[①]	泰国政府对Google和Twitter提起法律诉讼，称其未能遵守当地法院的裁决，在规定的15天内屏蔽涉及在线博弈、色情、非法药物以及对泰国君主制不利的内容	2020年9月
Advanced Info Service	泰国最大的移动运营商泄露83亿条用户数据记录[②]	2020年5月25日，安全研究人员发现泰国移动网络运营商AIS的子公司数据库泄露了大约83亿条用户的互联网记录。这个数据库在5月首次被攻击，此后三周内，数据库数据以每天两亿条的速度外泄	2020年5月
TrueMove H	泰国最大的4G移动运营商TrueMove H遭遇数据泄露[③]	运营商向在线客户公开在亚马逊AWS上存储的4.5万余人的个人隐私数据，泄露的数据包括驾驶证扫描件、护照扫描件等信息	2018年4月

资料来源：

[①]《因拒绝按要求删帖 推特和谷歌等面临泰国政府起诉》，钛媒体，2020年9月24日，https：//www.tmtpost.com/nictation/4767780.html。

[②]《泰国最大的移动运营商泄露83亿条用户数据记录》，FreeBuf，2020年5月29日，https：//www.freebuf.com/news/237786.html。

[③]《泰国最大的4G移动运营商TrueMove H遭遇数据泄露》，FreeBuf，2018年4月16日，https：//www.freebuf.com/news/168708.html。

3. 社会文化风险

泰国的官方语言是泰语，所有法律法规均以泰语为基础，招标文件也都是泰语表述，而且泰国《劳动法》还规定了企业必须雇用当地居民，由于只有少数中国人懂得泰语，公司开展运营活动过程中的语言障碍较大。中泰两国间的文化差异还使得员工在管理制度和决策方案方面难以达成一致，造成效率下降。此外，人口老龄化问题使得泰国劳动力供不应求，因此在泰国投资时，中国企业付出的劳动成本较高。涉及泰国社会文化风险的部分案例见表37。

表37　涉及泰国社会文化风险的部分案例

企业/产品	案例	原因	时间
Facebook	泰国外交部向网络犯罪警察投诉 Facebook	在泰国国王的生日仪式上，Facebook 自动翻译工具错误地翻译了一条信息，该消息对泰国造成了巨大影响，泰国外交部向网络犯罪警察投诉 Facebook	2020 年 8 月

资料来源：《Facebook 被泰国外交部投诉了》，搜狐网，2020 年 9 月 26 日，https：//www. sohu. com/a/420966568_ 634586。

4. 舆论风险

（1）泰国媒体典型报道

整体上看泰国媒体对于中国较为认可，媒体塑造的中国形象大多是积极、正面、健康的。但是中泰双方在国情、发展路线、政治体制、经济状况方面都存在较大差异，这些差异导致了两国在意识形态上的差异，因此泰国媒体在某些事件中也难免对中国行为存在误读，进而做出不利于中国的非客观报道。

（2）中国 App 热度趋势

通过 Google 搜索可以看出在过去一年时间里 Tencent、Bytedance、Weibo、TikTok、Alibaba、WeChat、Baidu 在泰国地区热度趋势（见图13、图14）。2020 年 7 月 31 日，美国总统特朗普在采访中表示，将动用行政命令或行使紧急经济权封禁 TikTok。8 月，TikTok 热度在泰国上升至最高点，而 WeChat 与 Weibo 在泰国地区热度较低，无明显热度高点。企业 App 中 Alibaba 在泰国热度最高，其次是 Tencent、Baidu，Bytedance 热度最低。

5. 竞争格局

We Are Social 发布了 2019 年包含东南亚地区在内的全球数字互联网使用调研报告，根据使用每个社交平台的互联网用户占比，整理出泰国网民最常用的社交平台（见表38）。其中，Facebook、Youtube、LINE 位列前三，93%

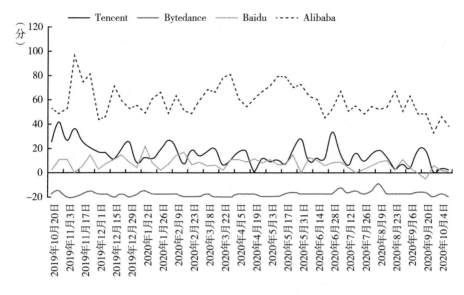

图 13　中国 App 在泰国地区的热度分值变化（1）

资料来源：Google，2020 年。

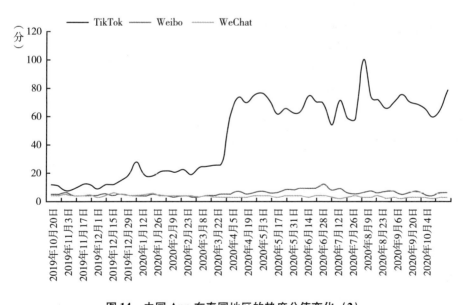

图 14　中国 App 在泰国地区的热度分值变化（2）

资料来源：Google，2020 年。

的网民会使用 Facebook，91% 的网民会使用 Youtube，84% 的网民会使用 LINE，只有 25% 的网民会使用 WeChat，19% 的网民会使用 Weibo。

表 38　2019 年泰国最活跃的社交媒体平台

单位：%

序号	APP	用户占比	国家
1	Facebook	93	美国
2	Youtube	91	美国
3	LINE	84	韩国
4	Facebook Messenger	72	美国
5	Instagram	65	美国
6	Twitter	52	美国
7	Skype	27	美国
8	Linkedin	25	美国
9	Pinterest	25	美国
10	WeChat	25	中国
11	WhatsApp	25	美国
12	Twitch	24	美国
13	Snapchat	20	美国
14	Weibo	19	中国
15	Tumblr	19	美国
16	Viadeo	19	法国

资料来源：We Are Social。

（七）新加坡营商风险

新加坡一向以良好的营商环境闻名于世，在世界银行《2020 年营商环境报告》中，新加坡位居全球第 2，这也是新加坡连续 4 年在世界银行发布的营商环境报告中居第 2 名，且逐步缩小和第 1 名的差距。新加坡有着平稳的政治自然环境、优异的地理位置、健全的基础设施和全英文的语言环境等优势，综合性营商环境极为优异。近年来，新加坡政府建立了一套完善的与金融和现代服务体系相匹配的法律制度，为企业商务活动提供了高效服务。新加坡互联网产业起步较早，是全球较早发展互联网技术的国家，因此相关法律完善、监管全面、治理高效。

新加坡在土地等方面的法律与中国有巨大差异，且反腐制度严格，因此需要中国企业格外注意。新加坡营商机遇与风险见表39。

表39　新加坡营商机遇与风险

机遇	
制度完善	• 新加坡法制体系完善,也建立了相应的金融与现代服务体系,使企业的生产经营活动更有保障。同时,新加坡也是全球税率较低的国家,不仅税法简单,而且税种较少,有良好的营商环境
金融发达	• 金融业是新加坡的重要产业,其国内金融业相关的管理部门服务较为便捷和完善
营商环境	• 新加坡连续4年在世界银行发布的营商环境报告中居第2名,且逐步缩小和第1名的差距。具有平稳的政治环境、优异的地理位置、健全的基础设施和全英文的语言环境等优势,综合性营商环境极为优异
法律成熟	• 新加坡互联网产业起步较早,是全球较早发展互联网技术的国家,因此相关法律完善、监管全面、治理高效
风险	
政治风险 （中等风险）	• 新加坡与马来西亚在领土争端上的摩擦长期存在
经济风险 （中等风险）	• 新加坡地狭人稠,自然资源短缺,因此,经济依存度高 • 国际汇率的波动极易影响新加坡本土物价 • 新加坡元非国际结算货币,给中国直接投资带来外汇兑换和资金转移风险 • 物价水平过高导致运营成本和生产成本加大
法律风险 （中低风险）	• 新加坡国内法律环境呈现多样化、多层次特点,与中国大不相同 • 新加坡与中国在土地相关的法律上存在明显差异 • 新加坡在反腐方面制度严格
社会文化风险 （中等风险）	• 劳动力成本提高,本土劳动力供应不足

注：风险等级划分为低、中低、中等、中高、高风险。

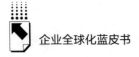

1. 政治风险

新加坡与马来西亚在领土争端上的摩擦长期存在。因新加坡与马来西亚存在着一些固有的矛盾或者争议性问题，新加坡在与马来西亚交往的进程中，时常出现对立和冲突。

2. 经济风险

新加坡作为东南亚的一个岛国，其经济发展主要依赖外向经济，金融业等第三产业为发展主体，较为成熟的金融体系使得其屹立于世界经济强国之列。国内支撑金融业发展的管理部门服务相对便捷和完善，这样的金融环境对于中国对外投资来说十分有利，即便如此，金融方面的风险仍不可忽视。

新加坡地狭人稠，自然资源短缺，因此经济依存度高。国际汇率的波动极易影响新加坡本土物价，新加坡政府极为重视货币政策，主要是通过限制居民持有的新加坡元总量和出入境的携带量稳定货币价值。另外，新加坡连续五年蝉联全球物价最高城市，因而中国企业在新加坡投资时，可能面临运营成本高和生产成本增加的投资风险，2020年互联网科技企业在新加坡融资并购部分案例见表40。

表40　2020年互联网科技企业在新加坡融资并购的部分案例

案例	时间	企业	领域
Thunes 在由 Helios Investment Partners 领投的 B 轮融资中获得 6000 万美元[1]	2020 年 9 月	Thunes	跨境支付网络
新加坡 Carousell 获得 8000 万美元融资[2]	2020 年 9 月	Carousell	二手交易平台
新加坡科技初创公司 Insider 近日宣布在 C 轮融资中筹集了 3200 万美元[3]	2020 年 7 月	Insider	软件服务
新加坡网络设施初创公司 Transcelestial 完成 960 万美元 A 轮融资[4]	2020 年 7 月	Transcelestial	空间激光网络
新加坡期权交易平台 Sparrow 获得 350 万美元 A 轮融资[5]	2020 年 6 月	Sparrow	P2P 交易平台

续表

案例	时间	企业	领域
新加坡金融科技公司 Tonik Financial 完成了 2100 万美元的 A 轮融资⑥	2020 年 6 月	Tonik Financial	数字银行
新加坡球鞋交易平台 Novelship 已完成种子轮融资,4 月份公司再获国内投资机构 Ventures Lab 种子轮跟投⑦	2020 年 4 月	Novelship	球鞋交易平台

资料来源:

①《新加坡金融科技创企 Thunes 获 6000 万美元 B 轮融资,为新兴市场研发跨境支付》,搜狐网,2020 年 9 月 9 日,https：//baijiahao. baidu. com/s？id = 1677365116890063518&wfr = spider&for = pc。

②《新加坡"闲鱼" Carousell 获 8000 万美元融资成准独角兽》,网易,2020 年 9 月 16 日,https：//www. 163. com/dy/article/FMLVQ1U505316Z1T. html。

③《新加坡在线营销平台 Insider 完成 3200 万美元 C 轮融资》,动点科技,2020 年 7 月 21 日,http：//www. myzaker. com/article/5f172d808e9f093f4e42c55a。

④《新加坡网络设施初创公司 Transcelestial 完成 960 万美元 A 轮融资》,动点科技,2020 年 7 月 3 日,http：//www. myzaker. com/article/5eff5177b15ec0151a55c827。

⑤《期权交易平台 Sparrow 获得 350 万美元的 A 轮融资,BitMEX 母公司 HDR Group 领投》,链闻,2020 年 6 月 23 日,https：//www. chainnews. com/news/352810903284. htm。

⑥《数字银行 Tonik Financial 获 2100 万美元融资 将在菲律宾推相关服务》,移动支付网,2020 年 6 月 16 日,https：//www. mpaypass. com. cn/news/202006/16091954. html。

⑦《新加坡球鞋交易平台"Novelship"获机构种子轮跟投》,新浪科技,2020 年 8 月 18 日,https：//tech. sina. com. cn/roll/2020 - 08 - 18/doc - iivhuipn9378714. shtml。

3. 法律风险

（1）新加坡互联网相关政策法规

新加坡对于互联网立法管制相对较早。新加坡是全球最早的使用法律规范互联网行为的国家,早在 1996 年新加坡就已经出台了互联网相关法律;新加坡也是全球最早普及宽带网络的国家,1998 年新加坡就已经率先实现全民网络互连。WEF 数据显示,新加坡的新数字经济网络就绪指数在 2016 年位居全球首位。由于新加坡致力于将自己建设为全球首个"智慧国家",因此新加坡境内数据网络和无线网络均已实现了全境覆盖,可以实现无缝连接和自由切换。

由于新加坡是全球最早采用法律手段约束互联网行为的国家,因此新加坡在互联网立法和监管方面积累了大量的政策法规（见表 41）。新加坡的互联网相关法律涉及互联网活动的方方面面，在垃圾信息管理、隐私保护、安全保护、平台主体责任、互联网交易行为等方面，新加坡均有较为完善的政策法规作为依据。

表41　新加坡出台的与互联网科技企业相关的政策法规

政策法规	政策法规目的	时间
《支付服务法案》	监管提供数字支付令牌、商户收购和国内转账服务的实体	2020年1月
《对在线虚假新闻和操纵行为的防护法案》	肃清网络上的不实消息，以免让虚假新闻干扰社会的正常运行，也阻止一些幕后策划者利用假消息来达到操纵公众行为的目的	2019年10月
《网络安全法》	建立关键信息基础设施所有者的监管框架、网络安全信息共享机制、网络安全事件的响应和预防机制、网络安全服务许可机制，为新加坡提供一个综合、统一的网络安全法	2018年2月
《个人信息保护法》	保护个人信息不被盗用，或滥用于市场营销等途径	2012年10月
《垃圾邮件控制法》	防止有限的电信基础设施被垃圾信息过度消耗	2007年
《电子交易法》	规定电子交易过程中的各项步骤的效力和认证规则等，同时还规定了网络服务提供者的责任	1998年
《广播法》	对网络内容进行分类管制，并制定了分类许可证制度	1996年
《互联网操作规则》	具体地规定网站禁止发布的内容。对网络传播内容的控制，同时明确网络服务提供商与网络内容提供商在网络内容传播方面负有不可推卸的责任	1996年
《网络行为法》	明确规定互联网服务提供者和内容提供商应承担自审义务，配合政府的要求对网络内容进行自行审查，发现违法信息时应及时举报，且有义务协助政府屏蔽或删除非法内容	1996年
《滥用计算机法》	应对各种类型的对计算机系统的未授权访问或网络攻击，防范计算机系统被滥用，确保系统信息不被篡改或泄露，维护基础网络运行安全	1993年

资料来源：根据公开数据整理。

（2）中国企业在新加坡投资法律风险

对外投资中，国外及国际法律对于投资的稳定性与安全性影响较大，这就为对外投资埋下了法律风险。由于中国与新加坡之间政治体制、经济结构不尽相同，因此新加坡的法律体系也与中国的法律体系存在较大差异。中国企业在初涉新加坡时，很容易出现"水土不服"的问题，需要对新加坡多样化、多层次的法律体制多加适应。以中国和新加坡之间差距最明显的土地相关法律为例，按照新加坡相关法律规定，即使是私人所有的土地，也可能会因公共目的受到政府的强制性征用。而土地恰恰是中国企业重要的投资对象之一，因此如果对新加坡的相关法律政策不够了解，就会带来较高的投资风险。此外，新加坡的反腐制度非常严格，特别是反商业贿赂立法，甚至有犯罪意图都可能会受到惩罚。互联网科技企业在新加坡涉及法律风险的部分案例见表42。

表 42　互联网科技企业在新加坡涉及法律风险的部分案例

案例	原因	企业	时间
新加坡 47 名雇主招聘时涉嫌存在歧视[1]	有 47 名雇主涉嫌歧视新加坡本地应聘者，被新加坡人力资源部列入公平考量框架监督名单	PMET 等 47 家公司	2020 年 7 月
Grab 用户隐私泄露[2]	GrabHitch 拼车服务的数万用户资料暴露在外。该漏洞与一个漏洞更新有关，漏洞更新使一些用户的私人资料信息可以在大约一个小时内被其他人查看。被曝光的信息包括个人照片、姓名、钱包余额、乘车支付记录和车牌号	Grab	2019 年 8 月
新康集团案（新加坡史上最严重 APT 攻击）[3]	因遭到黑客攻击，新康集团出现了包括新加坡总理李显龙在内的 150 万人的个人健康信息泄露	新康集团（Sing Health）	2018 年 7 月
新加坡 11 家违例者将资料外泄被罚款或警告[4]	新加坡个人资料保护委员会首次对触犯个人资料保护条例的机构采取行动，11 家公司和机构没妥善保护顾客或会员的个人资料，导致资料外泄，被委员会罚款或警告	K Box、Finantech Holdings 等 11 家企业	2016 年 4 月

资料来源：

①《47 个雇主因为歧视新加坡人被列入监督名单》，狮城新闻，2020 年 8 月 6 日，https://www.shicheng.news/show/920882。

②《Grab 两年来第四次侵犯隐私　低罚款，会让公司有悔意吗？》，CSDN，2020 年 9 月 18 日，https://blog.csdn.net/weixin_40344166/article/details/108668305。

③《新加坡史上最严重网络攻击：李显龙总理成黑客攻击对象，150 万人资料被盗》，腾讯云，2018 年 7 月 20 日，https://cloud.tencent.com/developer/news/280656。

④《新加坡 11 家违例者将资料外泄被罚款或警告》，瑞投咨网，2016 年 4 月 22 日，http://www.65singapore.com/news/sinnews/45132.html。

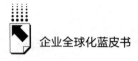

4. 社会文化风险

新加坡虽然是一个典型的多元社会，拥有多种族、多类语言和复杂的宗教信仰，但由于人民行动党政府有针对性地制定并落实对促进种族宗教融合具有直接作用的政策措施，在社会和谐方面创造了一种具有较高参考价值与借鉴意义的新加坡模式，获得国际社会的广泛认可与赞誉。但对于投资者来说，新加坡劳动力成本较高。新加坡人力资源部于 2017 年发布的数据显示新加坡年轻人有延迟就业的倾向，致使当地劳动力供应紧张（见表 43）。

表 43　涉及新加坡社会文化风险的部分案例

事件	时间	原因
阿里巴巴在新加坡推广支付宝进展缓慢	2018 年	阿里在新加坡地推成本远高于国内，且收效甚微。因为新加坡物价高，员工地推收入甚至无法支付路费，且新加坡没有养老金，因而"低端"工种的低收入与不稳定造成劳动力缺乏

资料来源：《从阿里在新加坡的大手笔看中国企业的出海》，知乎，2018 年 6 月 25 日，https：// zhuanlan. zhihu. com/p/38476200。

5. 舆论风险

通过 Google 搜索可以得出，2019 年 9 月至 2020 年 9 月，Tencent、Bytedance、Weibo、TikTok、Alibaba、WeChat、Baidu 在新加坡地区的热度，企业 App 中，Alibaba 热度最高，其次是 Baidu、Tencent，Bytedance 热度最低（见图 15、图 16）。2020 年 7 月 31 日，美国总统特朗普宣布禁止 TikTok 在美运营，TikTok 却在新加坡地区热度急速上升。

（八）印度尼西亚营商风险

印度尼西亚（以下简称"印尼"）是东南亚地区社交网络普及率最高的国家，为互联网科技企业的投资新宠。但在印尼国内，腐败现象尤其突出，庞大的利益集团和个人权力被应用到经济生活中，使经济活动难以保证公平，也增加了投资者的投资成本，成为阻碍外商在印尼投资设厂的因素之一。同时长期以来，印尼与中国的经济关系也会受到国际政治局势的影响，美

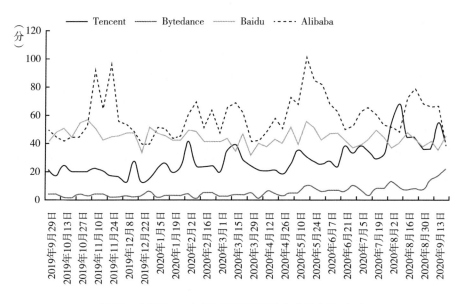

图 15　中国 App 在新加坡地区的热度分值变化（1）

资料来源：Google，2020 年。

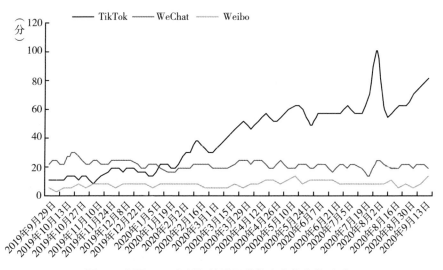

图 16　中国 App 在新加坡地区的热度分值变化（2）

资料来源：Google，2020 年。

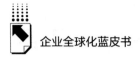

日等国对印尼经济影响程度较高，印尼一旦与其他国家的关系恶化，就会给中国企业的投资带来不利影响。

印尼因为互联网接入的相对较晚，所以对网络新兴法律问题还处在探索中，法律框架更新滞后且不够健全。不仅如此，印尼复杂的投资审批程序、低下的工作效率、趾高气扬的服务态度、理所应当的索贿行为以及不确定的法律环境，已令很多外资商人对印尼市场望而却步。另外，印尼巨大的市场大部分在偏远地区，基础设施不完善，从而导致市场购买力不足，抑制了消费欲望。印尼营商机遇与风险见表44。

表44　印度尼西亚营商机遇与风险

机遇	
市场潜力	• 印度尼西亚的互联网经济迅速发展，在电子商务、在线旅行、在线游戏、送餐服务、音乐订阅、食品等多个领域受到印度尼西亚人的欢迎。在1.5亿互联网用户中，95%的印度尼西亚人拥有智能手机
创新氛围	• 在电子商务、在线旅游预订和移动出行等几个主要领域出现了数十亿美元的"独角兽"企业
营商环境	• 印度尼西亚蓬勃发展的移动经济受到风险投资大幅增长的推动，在2017～2020年四年中筹集了60亿美元
风险	
政治风险 （高风险）	• 国内政治腐败问题突出 • 印度尼西亚和美国、日本等国经济关系紧密，美国、日本的介入对中国企业在印度尼西亚的投资产生一定的影响
经济风险 （中高风险）	• 基础设施配套滞后
法律风险 （中高风险）	• 互联网法律框架不完善、法律环境不确定 • 印度尼西亚官僚机构复杂、审批程序烦琐 • 官员索贿、故意刁难
社会文化风险 （中等风险）	• 宗教和民族冲突时有发生 • 偏远地区基础设施滞后，致使消费者缺乏消费欲望
舆论风险 （高风险）	• 主流媒体看待中国的立场以客观中立为主，有少量的负面报道 • 印度尼西亚民族主义情绪高涨，边境冲突后反华情绪严重

注：风险等级划分为低、中低、中等、中高、高风险。

1. 政治风险

根据世界银行《2020 年营商环境报告》，印尼的营商便利度排名第73，得分 69.6 分（满分 100 分）。然而印尼对于投资者来说，最突出的问题就是腐败，这成为阻碍外商在印尼投资设厂的因素之一。长期以来印尼法律体系不够健全，尚未做到依法治国，因此印尼的国家治理会有更多的"人治"色彩。但是这种治理模式明显违背了现代工业社会公平、公正的发展要求，财阀、寡头的垄断会极大地影响经济活动的公平性，也会极大地降低投资者的投资积极性，增加投资风险，并由此逐渐形成恶性循环，影响印尼经济的发展预期。尽管佐科政府上台后积极推进社会改革，并出台了一系列政策，以提升印尼对外国资本的吸引力，但实际的改革效果并不显著。同时，相较中国，印尼与美国、日本等国家保持着更加密切的政治经济关系，中国与美国、日本等国家的政治关系一旦恶化，就会给中国在印尼的正常投资生产经营活动带来不利影响。尽管印尼政府积极在中美等国之间斡旋，但印尼经济依存度较高，受以美国为代表的西方国家的单边主义政策影响，中国与印尼之间的经济往来还是会受到不利影响。印尼封禁中国互联网科技企业/产品的部分案例见表 45。

表 45　印尼封禁中国互联网科技企业/产品的部分案例

案例	原因	时间	企业/产品
印尼金融服务监管局披露了 231 家非法现金贷产品名单，其中有近 20 家来自中国的互金机构[1]	此次印尼强行封杀数百家非法金融科技公司，最直接的导火索是一名出租车司机因无法还清网上贷款的债务，最终自杀身亡	2019 年 2 月	近 20 家来自中国的互金机构
抖音被印尼通信与信息技术部封锁[2]	存在大量不良内容，对少年儿童的健康成长非常不利	2018 年 7 月	TikTok

资料来源：

① 《网贷出租车司机自杀，印尼怒封 231 家现金贷，多家来自中国！》，搜狐网，2019 年 2 月 19 日，https：//www.sohu.com/a/295579131_ 140464。

② 《抖音因存在大量不良内容在印尼被禁，封锁请愿超 12.5 万人支持》，搜狐网，2018 年 7 月 5 日，https：//www.sohu.com/a/239466081_ 99937407。

2. 经济风险

受中国经济快速发展影响，近十年来印尼政府一直致力于推进与中国的双边贸易往来，即使印尼政局出现变动，这种趋势也始终未变。中国与印尼关系的改善及印尼为中国企业投资提供的便利条件，使越来越多的中国企业将印尼视为投资发展的热土。中国和印尼之间存在较强的贸易互补性，合作空间广阔，且2016年启动的"中国—东盟自贸区"建设项目为中国和印尼间的经济合作提供了良好的政策支撑。因此，近年来中国在印尼的投资额不断增加，投资领域也逐渐丰富，对于电信、信息、金融等现代服务行业的投资明显增加。

佐科政府在2014年10月上台后迅速推出了印尼新的五年经济建设思路，主要包括结合印尼地理位置特征，完善印尼海洋基础设施建设和简化投资审批程序，改善外资营商环境，打造亲商型政府，为有潜力的外商投资企业提供一站式的服务体系。印尼政府的这些举措有效提升了中国企业在印尼投资建厂的意愿，加深了两国的经贸合作。为更好地吸引来自中国的商业资本，印尼政府从2016年开始在中国建设了投资统筹机构办事处，以协助中国企业在最短时间内获得在印尼投资的许可证，印尼仅在全球8个国家和地区建设了投资统筹机构办事处，中国就是其中之一，这极大地提升了中国企业在印尼投资的可能性和热情。中国企业在印尼融资并购的部分案例见表46。

表46　中国企业在印尼融资并购的部分案例

案例	时间	企业	领域
电子钱包 TNG 宣布收购印尼电子钱包 WalletKu Indompet Indonesia	2018 年 10 月	WalletKu Indompet Indonesia	电子钱包

资料来源：《TNG 宣布收购印尼电子钱包 创办人：巩固亚洲领先地位》，新浪科技，2018 年 10 月 19 日，https：//tech. sina. com. cn/i/2018 – 10 –19/doc – ifxeuwws5903523. shtml。

3. 法律风险

（1）印尼互联网相关政策法规

印尼互联网法律管制起步相对较晚，印尼的互联网长期处于"自由发展"的状态，相较于互联网立法起步较早的新加坡等国，印尼直到2005年还在探索互联网立法框架。随着互联网在印尼社会生活中的普及，旧有的法律规则在互联网时代显得相对滞后，在应对新问题上捉襟见肘。《信息与电子交易法》（见表47）于2008年颁布，为规范互联网行为提供了法律依据，但网络不断发展导致新情况层出不穷，对原有法案做出相应调整势在必行。2016年11月28日，《信息与电子交易法》经过重大修订后再次颁行。印尼《著作权法》《色情法》《贸易法》等都有涉及网络法律的内容。这些法条与印尼网络立法的基本支柱——《信息与电子交易法》一起规范网络行为，共同维护印尼网络秩序和促进网络发展。

表 47　印尼出台的与互联网科技企业相关的政策法规

政策法规	政策法规目的	时间
《综合法案》	对在印尼的外商投资制度进行了修订,由此前的负面投资清单体制转变为鼓励投资清单	2020 年
《关于电子系统和交易运行的第 71 号政府条例》	修正了 2012 年关于电子系统和交易运行的第 82 号政府条例, GR 71 明确在满足 GR 71 和部颁条例第 20 号规定义务的前提下,印度尼西亚境内的电子系统运营方可以将数据传输到境外	2019 年
《电子系统与交易操作政府条例 82/2012》	规定个人数据是指应被储存和维护的某些个人信息,且其准确性和机密性应该受到法律保护	2012 年
《信息与电子交易法》	规定了相关的电子信息内容及交易方式	2008 年

资料来源：根据公开数据整理。

（2）海外公司在印尼投资法律风险

印尼凭借丰富的自然资源等有利条件进入中等收入国家的行列，本应该对投资者具有强大的吸引力，但是政府部门对投资者的轻视与人治大于法治的问题，使得部分投资者望而却步，因而印尼整体国民的收入和经济发展状

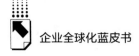

况，多年仍未得到显著提升。

印尼办事流程烦琐，官僚机构复杂，这使得许多投资者对印尼的投资环境望而却步，这一问题是造成印尼经济停滞不前的主要原因之一。目前有很多从事进出口贸易的商人不愿意在印尼开展投资活动，就是对印尼办事流程的不确定性心存畏惧。这种不确定性既包括法律环境上的不确定性，也包括不确定的审批流程、工作效率和服务态度，这些都可能给投资者在印尼的投资活动造成未知的风险。此外，对于外商投资者而言，印尼政府长期的旧式官僚主义作风、相互交叉甚至冲突的规章制度，都使他们普遍认为印尼政府工作人员会故意刁难外国投资者以达到索贿的目的，这种刻板印象使得外商的投资热情极大受挫。

4. 社会文化风险

印尼是典型的伊斯兰国家，该国有全世界最多的穆斯林人口，超过80%的国民信仰伊斯兰教。但印尼同时认同宗教信仰自由的理念，因此包括佛教、基督教在内的其他宗教在印尼也均有存在。此外，印尼是重要的海外华人聚集区，有超过一千万的华裔人口常居于此，并且在印尼的华裔大多信仰伊斯兰教。可以看出，印尼的宗教信仰构成十分复杂，由此带来了很多的民族和宗教冲突，这种不确定性及其所蕴含的风险，也是在印尼投资的外国资本需要审慎对待的问题。民族宗教问题往往蕴含巨大的风险，一旦处理不当很容易演化为激烈的群体性事件，影响投资安全。对中国企业而言，印尼历史上曾发生过多次血腥暴力的排华事件，对于华人企业的生命、财产安全造成了极大伤害，印尼社会和民众可能也会因此对中国企业的行为更加敏感。

此外，印尼是典型的发展中国家，基础设施有待完善，互联网普及程度不高。除首都雅加达外，更多的互联网用户及消费者分布在发展落后的农村和偏远地区，这些地区不仅经济发展滞后，缺少商场，购物不便，而且基础设施建设也不足以支撑互联网新经济的发展，铁路、高速公路、码头等运输设施匮乏，运输效率很低。印尼目前的互联网建设还处于初级阶段，网速慢、信号不稳定是印尼互联网使用过程中存在的最主要问题。可以说，目前印尼互联网基础设施的发展水平难以满足电子商务快捷、高效的发展需求。此外，以快递业为代表的互联网新经济配套产业的发展滞后，也影响了印尼互联网产业的发展，即使是在发达程度最高的爪哇岛，普通的快递包裹也需要邮寄 2~3 天，寄往其他地区则耗时更久，完全没有发挥出互联网新经济方便、快捷的优势。涉及印尼宗教等社会文化风险的部分案例见表48。

表48　涉及印尼社会文化风险的部分案例

企业/产品	案例	原因	时间
TikTok	中国短视频 App 抖音国际版 TikTok 被印尼政府封禁①	该平台上大量存在不良影响的内容。除了监控 TikTok 外，印尼通信部还在这段时间里收到了 2853 份举报，要求印尼国内禁止 TikTok 应用	2018 年 7 月
Facebook	Facebook 因泄露用户信息被印尼警方调查	100 多万印尼 Facebook 用户信息遭泄露，当地警方已开始调查 Facebook 是否违反了隐私法，不适当地共享了印尼用户的个人数据	2018 年 4 月
Telegram	Telegram 因其加密通讯功能可能被犯罪组织用作非法通讯，被印尼政府下令禁用③	印尼的通信部考虑到这款 App 被用作"极端主义和恐怖主义宣传"决定禁用该 App。而政府的第一步就是命令服务提供商掐断其网页版的链接。印尼的警察表示，犯罪嫌疑人承认他们使用 Telegram 商量袭击计划，并且还利用这个平台分享制作炸弹的方法	2017 年 7 月
Netflix	印尼最大的电信公司 PT Telkom Indonesia 宣布封杀 Netflix 服务④	Netflix 服务未能遵守该国的广播电视法律，而且其服务充满暴力和色情内容	2016 年 1 月

资料来源：
①《中国短视频 App 抖音的海外版 TikTok 在印尼被封禁》，搜狐网，2018 年 7 月 4 日，https：//www. sohu. com/a/239308970_100036780。
②《印尼曝 Facebook 用户信息被盗警方调查相关应用程序》，中国新闻网，2018 年 4 月 20 日，http：//tech. sina. com. cn/i/2018－04－20/doc－ifzihneq2106668. shtml。
③《为应对审查，印尼 Telegram 将去除恐怖主义相关内容》，煎蛋网，2017 年 7 月 20 日，http：//jandan. net/p/89697。
④《印尼最大电信公司封杀 Netflix：太黄太暴力》，环球网，2016 年 1 月 28 日，https：//tech. huanqiu. com/article/9CaKrnJTv6U。

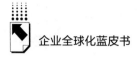

5. 舆论风险

（1）印尼媒体典型报道

从整体上看，印尼媒体对中国的报道是客观的、中立的，塑造了较为正面的中国形象。虽然印尼媒体对中国也会做出少量的负面报道，但正面报道所占比例较高。印尼媒体认为，在政治上，中国是主动的、活跃的全球性政治大国，同时也在积极地参与国际政治合作。但是印尼媒体也认为中国的军事实力不断增强，可能会给亚太地区的和平稳定发展造成威胁，"中国威胁论"的声音仍然不绝于耳。经济上，由于近年来中国经济高速发展，印尼媒体普遍将中国视为重要的经济合作伙伴，同时印尼也认为中国特色的经济发展路径值得学习和借鉴。

（2）中国互联网科技产品热度趋势

通过 Google 搜索可以看出 2019 年 12 月至 2020 年 11 月，Tencent、Bytedance、Weibo、TikTok、Alibaba、WeChat、Baidu 在印度尼西亚地区的热度，在企业 App 中，Alibaba 热度最高，其次是 Tencent、Baidu，Bytedance 热

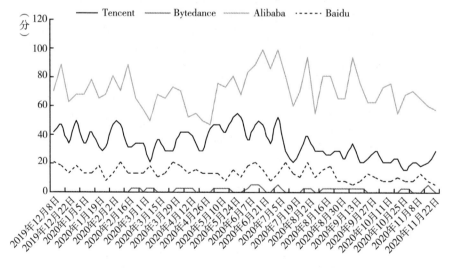

图 17　中国 App 在印度尼西亚地区的热度分值变化（1）

资料来源：Google，2020 年。

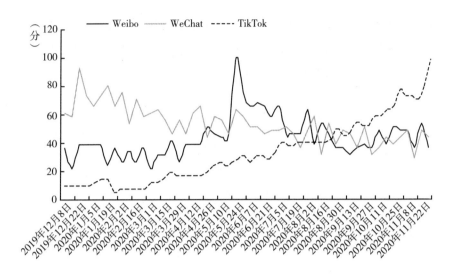

图 18　中国 App 在印度尼西亚地区的热度分值变化（2）

资料来源：Google，2020 年。

度最低（见图 17、图 18）。TikTok、Weibo、WeChat 在印度尼西亚地区热度趋势：TikTok 热度最高，且 TikTok 热度在印度尼西亚不断升高；上半年 WeChat 热度高于 Weibo，下半年 WeChat 与 Weibo 热度相当。

6. 竞争格局

印尼非游戏免费 App 以工具、金融和摄影类产品数量居多。其中在工具和摄影类产品中，中国产品数量占据主导地位，而在金融类型中，印尼本土产品数量占据 90% 以上市场份额。印尼非游戏 App 免费榜、畅销榜冠军分别为社交媒体 Facebook 和游戏社交应用 Hago。得益于年轻化的人口结构及迅速增长的互联网用户数量，印尼具备良好的媒体环境。目前，Facebook 全球四大市场之一的印尼拥有将近 1.5 亿用户，在社交媒体市场处于领先地位。[①] Hago 是来自中国欢聚时代旗下的集多款实时游戏、聊天室、K 歌等功能于一体的休闲游戏聚合社交应用。作为"出海"首站的东南亚地区，

---

① 《2019 印尼 APP 市场洞察》，36 氪，2019 年 12 月 3 日，https：//36kr. com/coop/zaker/5271842. html。

Hago 在印尼和越南表现最好。Hago 在东南亚市场的成功主要在于其平台丰富的社交场景和内容，以及基于欢聚时代 AI 算法的好友匹配等功能。2019年印尼非游戏 App TOP10（见表49）。

表49　2019 年印尼非游戏 App TOP10

序号	APP	类型	国家
免费榜			
1	Facebook	图文社交	美国
2	Facebook Messenger	通信	美国
3	WhatsApp	通信	美国
4	茄子快传	工具	中国
5	Shopee	电商	新加坡
6	Instagram	图文社交	美国
7	YouTube Go	视频	美国
8	Hago	游戏社交	中国
9	Likee	游戏社交	中国
10	Tokopedia	电商	印尼
畅销榜			
1	Hago	游戏社交	中国
2	Sing! by Smule	音乐流媒体	美国
3	LINE Webtoon	漫画	韩国
4	BIGO LIVE	视频社交	中国
5	LINE	通讯	日本
6	Tinder	交友	美国
7	Netflix	视频流媒体	中国
畅销榜			
8	Google One	工具	美国
9	Viu	视频流媒体	中国
10	探探	交友	中国

资料来源：《2019 印尼 App 市场洞察》，36 氪，2019 年 12 月 3 日，https：//36kr.com/coop/zaker/5271842.html。

印尼游戏 App 免费榜和畅销榜基本呈现"中国 + 美国"的主要格局，对于畅销榜，中国游戏占据着压倒性的优势。印尼本土游戏发展水平一般，不论是免费游戏还是收费游戏，上榜的大多是海外出品的游戏，游戏市场高度依赖海外产品，本土的游戏市场份额仅占全国游戏市场的 0.4%，① 占比很低。由于本土缺乏游戏开发人才，也没有相关的资金支持，印尼游戏市场是包括中国在内的中国互联网企业发展的重要领域。

不论在免费榜还是在畅销榜，印尼市场上的中国游戏，MOBA 类游戏独领风骚，沐瞳科技的《无尽对决》和腾讯的《PUBG MOBILE》无悬念霸榜。在东南亚，《无尽对决》和《PUBG MOBILE》之间的竞争几度成为业内热门话题，不过《无尽对决》最终还是凭借自身强竞技、重社交的特点，以及丰富的线下活动和赛事的举行等运营特色，在整个东南亚地区成为一款现象级的 MOBA 游戏。2019 年印尼游戏 App TOP10（见表50）。

表50　2019 年印尼游戏 App TOP10

序号	App	类型	国家
免费榜			
1	无尽对决	MOBA	中国
2	PUBG MOBILE	MOBA	中国
3	Higgs Domino Island	博彩	中国
4	王国纪元	策略	新加坡
5	宝宝超市	教育	中国
6	梦想家居	休闲	中国
7	疯狂餐厅	模拟经营	中国
8	钢琴块 2	休闲	中国
9	块宝石拼图	休闲	美国
10	Pooking	体育	美国

① 《2019 印尼 App 市场洞察》，36 氪，2019 年 12 月 3 日，https：//36kr. com/coop/zaker/5271842. htm。

续表

序号	App	类型	国家
畅销榜			
1	PUBG MOBILE	MOBA	中国
2	无尽对决	MOBA	中国
3	仙境传说 RO:守护永恒的爱	角色扮演	中国
4	苏丹的游戏	策略	中国
6	万国觉醒	策略	中国
7	明日之后	角色扮演	中国
8	列王的纷争	策略	中国
9	风之大陆	角色扮演	中国
10	叫我官老爷	角色扮演	中国

资料来源：《2019 印尼 App 市场洞察》，36 氪，2019 年 12 月 3 日，https：//36kr.com/coop/zaker/5271842.htm。

（九）越南营商风险

尽管世界经济增速下滑，但越南经济增长依然强劲。面对越南这一发展势头强劲、发展前景良好的广阔海外市场，可以预期，中国企业将会更加积极地拓展越南市场，挖掘投资机会。但越南也存在着诸多风险。政治方面，由于中越两国间南海争端等问题，过去 5～6 年越南曾发生过排华事件；越南外交政策受到美国和日本的干预；越南存在根深蒂固的腐败问题，这些问题在一定程度上增加了中国企业投资的政治风险。

经济方面，出于政治原因，市场已被日本等其他国家大量占领，留给中国企业的市场份额有限；法律方面，鉴于越南外资引进起步晚，在各方面都存在法律缺位、人治大于法治的现象；社会文化方面，劳资、土地、排华情绪成为投资的负面因素；舆论方面，主流媒体报道带有倾向性。中国企业应克服与当地市场、社会不相适应的问题，提升环保水平，努力承担社会责任，了解当地法律法规，以共赢思路为主旨，进一步深化和提升中越经贸关系。越南营商机遇与风险见表 51。

表51　越南营商机遇与风险

	机遇
市场潜力	• 2016～2020年,越南的GDP增速稳定在6%以上,经济增速较快。在世界各国普遍面临经济低迷风险时,越南整体经济发展势头依然较为良好
投资成本	• 由于越南用工成本较低,当地已经成为东南亚地区最具吸引力的投资热土
	风险
政治风险 （高风险）	• 腐败问题严重 • 投资审批缓慢,政府与地方常常意见不统一 • 中越南海问题隐患 • 外交上有来自美国和日本干预的压力
经济风险 （中高风险）	• 日本在越南获得巨大投资收益和占有大量的市场份额,而中国企业投资规模较小
法律风险 （高风险）	• 越南引进外资起步较晚,缺乏立法经验和充实的法律基础 • 某些领域仍然存在着无法可依的现象 • 越南投资法中很多规定意思不明确,政策透明度低 • 投资法变更频繁,易造成越南投资法律环境不稳定 • 各地经济发展水平、发展目标和战略规划、对外资的优惠政策等不尽相同 • 越南知识产权保护力度不够,侵权现象普遍
社会文化风险 （中高风险）	• 罢工频率较高,劳资矛盾尖锐 • 土地使用权的审批更加严格 • 官僚主义根深蒂固 • 宗教、种族文化差异较大,冲突加剧,环境相对复杂
舆论风险 （中高风险）	• 越南主流媒体报道倾向性明显,多站在本国立场,难以避免偏向和误解 • 大量负面的报道以夸张的形式而出现

注：风险等级划分为低、中低、中等、中高、高风险。

1. 政治风险

对外商投资者而言，在越南投资面临的最大困难是越南的贪污腐败问题。虽然越南政府近年来为遏制贪腐行为采取的一系列措施已经取得了一定的可喜成果，但是整体来看越南的贪腐问题仍然较为严重，是海外投资者面临的重要风险之一。广泛存在的贪腐问题使得政府办事效率低下，尤其是对外投资审批程序复杂而缓慢，企业需要极长的时间才能获得投资许可。加之中央政府与地方政府间的博弈导致对外资审批的意见经常出现不统一，企业普遍面临反复的投资审查，这很可能导致企业错失投资机会，影响企业利益。

同时，中越之间长期存在政治上极为敏感的南海问题，加之越南特殊的地理位置，中越间的正常商贸往来经常会受到以美国、日本为代表的第三国的影响、干预和利用，越南经常成为地缘政治博弈中的重要一环，进而增加中国企业在越南投资的政治风险（见表52）。第三国也会经常利用越南国内的民族主义情绪，丑化中国形象，鼓励越南普通民众参与恶性罢工事件，怂恿越南国内普通民众做出反华的不理智行为，给中国企业造成巨大损失。

表52　中越冲突事件（部分）

时间	案例	原因
2020年4月	中越撞船事件	一艘越南渔船非法进入中国西沙群岛海域，与一艘中国海警船相撞后沉没，越南称，已向中国驻越大使馆代表提出交涉
2014年4月	4·18中越边境暴力冲突事件	中国与越南在边境附近发生了激烈的暴力冲突,造成至少5名中国人和2名越南边防警卫身亡

资料来源：百度百科。

2. 经济风险

（1）宏观经济形势

2012~2018年，越南的GDP的平均增长率为6.02%；2018年，越南的经济取得了较多重大成果，越南国内生产总值达5.5万亿越盾；[①] 2019年，越南的GDP增长速度为7.02%，经济增长的速度较快（见图19）。

（2）中国企业在越南融资并购案例

中国对越南进行直接投资，是从中国与越南在1991年正式恢复外交关系开始的。虽然，1997年和1998年中国在越南的投资额受亚洲金融危机的影响较1996年有所下降，但长期来看影响不大。2007年越南正式加入

---

① 《越南营商环境与中越经贸关系发展分析》，环球印象，2019年9月7日，http://www.zcqtz.com/news/195105.html。

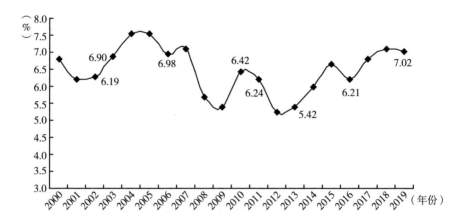

图19 2000～2019年越南GDP年度增长率

资料来源：Google，2020年。

WTO，扩大对外开放力度。2013年中国发起"一带一路"倡议之后，中国企业对越投资激增，当年即达到21.67亿美元。2016年中国企业对越投资额为18.8亿美元，占越南外商投资总额的7.7%；在2017年该数额为21.7亿美元，并在2018年时达到24.64亿美元，其占比提升到12.8%。[①] 中国企业在越南融资并购的部分案例见表53。

表53 中国企业在越南融资并购的部分案例

案例	时间	企业	领域
京东集团和VNG公司共同参与了越南电商平台Tiki的C轮融资，成为Tiki大股东之一[①]	2018年1月	Tiki	电商
阿里巴巴向Lazada再投资10亿美元,持股比例升至83%[②]	2017年6月	Lazada	电商
阿里巴巴以10亿美元从Rocket Internet收购了Lazada 51%的股份	2016年4月	Lazada	电商

资料来源：

①《京东宣布和VNG公司共同参与了越南电商平台Tiki的C轮融资》，搜狐网，2018年1月17日，https://www.sohu.com/a/217201322_515896。

②《阿里向Lazada再投资10亿美元 持股比例升至83%》，腾讯科技，2017年6月28日，https://tech.qq.com/a/20170628/043235.htm。

———————————

① 张洁主编《中国周边安全形势评估（2015）》，社会科学文献出版社，2015。

133

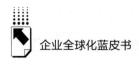

3. 法律风险

（1）越南互联网相关政策法规

从 1997 年至 2008 年，越南先后颁布了多个互联网相关政策法规，例如 1997 年颁布的《关于与互联网连接的规定》（见表 54）一律禁止各级政府机关或其他涉密单位和数据库连接互联网。2003 年颁布的《关于互联网管理、使用、提供的决定》相较于之前的规定加强了对互联网信息安全的检查和监督。越南法律规定，要严格依法使用信息技术。2006 年出台的《信息技术法》规定了诸多技术应用的原则，在此基础上，越南政府实现了对信息技术的统一管理。之后，越南为了明确政府各部门的管理职责，在 2008 年出台了《关于管理、提供、使用互联网业务和网上电子信息的决议》。

表 54　越南出台的与互联网科技企业相关的政策法规

政策法规	政策法规目的	时间
《关于互联网管理、建设和使用问题的暂行规定》	加强互联网管理	1997 年
《关于与互联网连接的规定》	规定国家各种数据库一律不得与互联网连接，保护数据安全[①]	1997 年

资料来源：①黄健红、祁广谋：《越南互联网发展状况分析》，《东南亚纵横》2011 年第 6 期。

（2）海外公司在越投资法律风险

越南的外商投资法律还不成熟。虽然越南政府正在完善相关法律，但在一些领域发生无法可依的状况时，往往会引发纠纷，影响企业的投资收益。此外，越南《投资法》许多条款含义不清，政策透明度低，对于同一法律规定，中央政府和地方政府解释不一致，导致中央政府和地方政府在政策上的不统一，进一步导致投资风险增加。

此外，越南《投资法》经常变动，使得投资环境不稳定。由于在越南商标注册相对简单，造成商标侵权的可能性较高，相关案件也时有发生。一些投资商在越南投资经营时忽略了知识产权的保护，所以在保护自己的知识产权时屡次碰壁。

4. 社会文化风险

越南罢工事件发生的频率在世界上是比较高的。越南工会统计资料显示，2006～2014 年，越南境内共发生过 5000 余次罢工事件。虽然越南年轻且低价的劳动力资源一直为各国投资者所青睐，但越南的基础教育水平较差，劳动者素质参差不齐，同时还伴有高频率的罢工问题。频繁的罢工事件已经给外资企业的日常经营活动造成了严重困扰，因此外来投资者在越南要解决的问题同样非常复杂。

近几年，越南的经济发展前景较好，发展势头强劲，因此越南政府逐渐削减了给予外资的优惠政策，也会对投资项目的土地使用进行更加严格的审批。虽然越南政府仍然会在重点投资地区给予外资企业一定的政策优惠，但是在越南国内的其他更广阔地区，地方政府则不会对外资企业投资项目的土地使用需求提供有针对性的帮扶政策，需要外资企业自行协调土地的使用，因此会导致投资项目推进缓慢。这使得中资企业在越南投资涉及土地使用需求的项目时表现得更加谨慎。

此外，官僚主义是越南重要的历史遗留问题。虽然革新开放后，越南共产党和越南政府都在着力加强对官僚主义和腐败行为的惩戒，但目前来看收效甚微。越南的官僚主义主要表现为权责不明、监管不力和行政素养缺乏等方面。

5. 舆论风险

（1）越南媒体典型报道

越南涉华报道涉及的议题是多元化的，包括政治、经济、军事、社会文化等方面。越南媒体通常会遵守新闻报道最基础的真实、客观、中立原则。越南《人民报》的新闻报道具有官方媒体性质，其过半报道保持着客观立场，多数内容呈现中越两国间的交流合作的姿态。负面新闻主要围绕中越两国之间近期存在的矛盾，例如南海争端、跨境走私等，此类报道中记者倾向于站在越南本国立场给出评论，难免具有偏向性。《越南快讯》的报道倾向则相对更为明显，除了硬新闻必须维持中立外，为了满足"流量至上"的标准，吸引眼球，该报选择以较为夸张的形式以负面姿态呈现

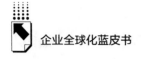

中国形象。

（2）中国 App 热度趋势

通过 Google 搜索热度可以看出 2019 年 12 月至 2020 年 12 月 Tencent、Bytedance、Weibo、TikTok、Alibaba、WeChat、Baidu 在越南地区热度趋势（见图 20、图 21）。

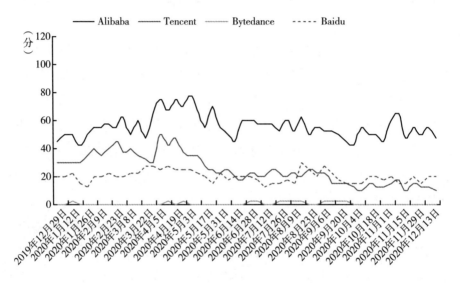

图 20　中国 App 在越南地区的热度分值变化（1）

资料来源：Google，2020 年。

在 Tencent、Bytedance、Baidu、Alibaba 四个企业 App 中，Alibaba 与 Tencent 在越南热度较高一些，Bytedance 热度最低。2020 年 3 月后，TikTok 在越南的热度不断升高；WeChat 在越南的热度则比较稳定，未有明显波动。

6. 竞争格局

越南市场研究机构 Q&Me 发布的《2018 年越南社交媒体使用调查报告》显示，Facebook 和 Zalo 为大多数受访者最常使用的通讯应用程序（见表55），Facebook 受访者使用比例高达 96%，Zalo 受访者使用比例高达 90%，其他应用如 Viber、Skype 和 LINE 等使用比例相对非常低。越南受访者使用

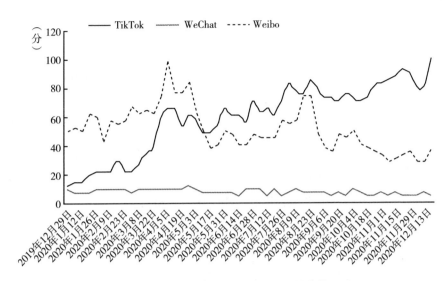

图 21　中国 App 在越南地区的热度分值变化（2）

资料来源：Google，2020 年。

App 占比 TOP 9 中，越南本土 App 仅 1 款上榜，美国 App 共上榜 4 款，韩国
App 有 2 款上榜，日本与中国 App 各上榜 1 款。

表 55　越南受访者使用 App 占比 TOP 9

单位：%

序号	App	使用 App 占比	国家
1	Facebook	96	美国
2	Zalo	90	越南
3	Viber	28	日本
4	Skype	27	美国
5	LINE	15	韩国
6	Yahoo！Messenger	13	美国
7	WeChat	10	中国
8	WhatsApp	10	美国
9	KakaoTalk	7	韩国

资料来源：越南市场研究机构 Q&Me 发布的《2018 年越南社交媒体使用调查报告》。

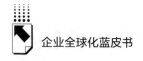

（十）英国营商风险

受正式脱欧以及新冠肺炎疫情在全球蔓延的影响，英国经济同世界大部分国家一样出现整体下滑态势。相应的，在2020年第一季度中资企业在英国市场投资并购交易额同比下降了近50%，而在未来两年，由于英国"硬脱欧"后，还没有相关的配套政策，赴英投资仍存在风险。虽然在英国市场投资并购面临挑战，但从整体来看，英国有成熟的商业环境，以及完善的金融、法律体系和基础设施，依旧有不少的投资机会。

自英国脱欧公投以来，英镑兑欧元汇率跌幅近20%，这使得英国投资标的更具"性价比"优势。此外，英国基于高端人才与技术优势，在各种高附加值产业领域均领先全球，为中资企业提供了众多高质量的投资标的。英国营商机遇与风险见表56。

1. 政治风险

（1）政治稳定性

执政党内部分歧大，导致执政效率降低。脱欧公投时，执政的保守

表56 英国营商机遇与风险

	机遇
基础设施	• 英国的ICT基础设施处于世界领先地位,较高的网络覆盖率意味着互联网科技企业的产品和服务可接触到更广大的用户群体
法律政策	• 英国政府频繁通过政策制定,鼓励文创和高新技术等产业的发展,并制定有利于科技创新的税收体制
社会氛围	• 发达的高等教育产业、文创产业以及政府在创意和高新科技方面的支持形成了英国开放、包容、创新的社会环境
金融信贷	• 英国的金融信贷体系完善,融资借贷便利,拥有数量最多的外国银行分支机构或办事处,这为企业在英投资营商提供了较好的金融条件
	风险
政治风险（中等风险）	• 党内斗争、"脱欧"给英国内政带来不稳定因素 • 政界亲中声音减小,中美关系恶化导致英国对华态度扭转

续表

风险	
经济风险 （中等风险）	● 受新冠肺炎疫情影响国内经济衰退 ● 新的养老金制度使得缴税门槛提高 ● 数字税征收或将提高营商成本
法律风险 （中低风险）	● 外资并购安全审查相关法律不断缩紧，政府干预程度加大 ● 数据安全保护法严格
社会文化风险 （中低风险）	● 失业率上升影响社会稳定 ● 恐怖主义风险和社会治安风险走高

注：风险等级划分为低、中低、中等、中高、高风险。

党内便形成了"留欧派"和"脱欧派"公开对立的局面，后又出现了"硬脱欧"与"软脱欧"之间的势力对抗，甚至发生保守党议员倒戈的情况。这使得保守党（尽管占据议会多数）在议会投票中易出现拿不到多数票的局面，从而阻碍了政府当局有关政策的推进，提高了政策法规颁布和执行的风险。

"脱欧"给英国国内政治局势带来不确定性。"脱欧"以来，英国经历了首相更迭、提前大选、内阁成员集体辞职等事件，政治局势在一定时间内陷入混乱。尽管近年来"脱欧"问题得到缓和，但随着过渡期在 2020 年底的结束，英国与欧盟以及其他地区国家的贸易谈判等不确定因素很有可能会引起新一轮的国内政治动荡，这点需要外资企业多加注意。

（2）对华关系

英国政界对华不友好的一面上升。中英关系在经过了五年的黄金时期后，于 2020 年发生扭转。英国议会要求对华采取强硬态度的声音逐渐扩大，部分保守党议员也成立了专门的中国政策研究小组，呼吁内阁重新考虑中英关系。制裁华为等行动标志着英国政界的对华鹰派已经取得了初步胜利，并且他们将进一步向政府施压，要求政府在基础设施、高科技和教育领域加强对中国企业的审查和监管。中英关系在很大程度上受到中美关系的影响。在中美关系紧张的局势下，英国政府若决定追随美国的脚步，将同样采取敌对的对华态度，在政治、经济和技术等领域制裁中国。

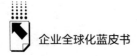

中英关系未来走向具有不确定性。尽管中英关系在过去一段时间因制裁华为等问题日趋紧张，但近日英国释放出缓和信号，强调英国与中国在经贸、国际治理等方面依旧是关系密切的合作伙伴，并始终欢迎中国企业赴英投资。除此之外，大国间的政治博弈，中英在民主、人权等意识形态领域的冲突将持续影响中英关系的走向，因此，中英关系走向还需进一步的观察。

2. 经济风险

（1）宏观经济形势

英国经济增长受新冠肺炎疫情和"脱欧"影响有所放缓，甚至衰退。英国国家统计局数据显示，英国2020年第二季度的GDP较第一季度下降了20.4%，英国2020年GDP比2019年减少9.9%。2020年底，随着"脱欧"过渡期的结束，英国未来的贸易安排存在较大变数，这进一步加大了英国经济形势的不确定性。中国企业在英国融资并购的部分案例见表57。

表57　中国企业在英国融资并购的部分案例

案例	时间	企业	领域
医疗科技公司、顶尖遗传病临床基因组学软件公司——Congenica（康剑尼科）宣布已完成3900万英镑的C轮融资，投资方包括中国腾讯和英国保险巨头 Legal & General[①]	2020年11月	Congenica	医疗科技
腾讯收购英国基因测序公司 Oxford Nanopore 的股份[②]	2020年	Oxford Nanopore	生物医疗
华为宣布一项价值2000万英镑的投资计划，以鼓励英国和爱尔兰的开发者将应用程序整合进 HMS（华为移动服务生态系统）[③]	2020年1月	英国和爱尔兰的开发者	应用程序开发整合
腾讯收购英国上市游戏公司 Sumo Group 10%的股份，总投资额约为2310万英镑[④]	2019年11月	Sumo Group	第三方游戏工作室

续表

案例	时间	企业	领域
网易斥资 2328 万英镑,收购了英国游戏公司 Bossa Studios 的股权⑤	2019 年 11 月	Bossa Studios	游戏
由中国腾讯牵头的财团完成了对英国区块链公司 Everledger 的 A 轮投资,总投资额为 2000 万美元⑥	2019 年 9 月	Everledger	区块链平台
字节跳动（ByteDance）宣布收购英国音乐 AI 公司 Jukedeck⑦	2019 年 7 月	Jukedeck	人工智能
中国蚂蚁金服正式完成收购英国跨境支付公司 World First,交易价很可能在 7 亿美元左右⑧	2019 年 2 月	World First	跨境支付

资料来源:

①《疫情下吸金 1000 亿! 英国科技秒杀德法，交出亮眼成绩单》，贤集网，2021 年 1 月 22 日，https：//www.xianjichina.com/news/details_248230.html。

②《DNA 测序企业 Oxford Nanopore 即将上市 腾讯是重要股东》，华尔街见闻，2021 年 3 月 31 日，https：//wallstreetcn.com/articles/3625733。

③《华为将投资 2000 万英镑，鼓励英国和爱尔兰的开发者进入 HMS 系统》，钛媒体，2020 年 1 月 18 日，https：//www.tmtpost.com/nictation/4233625.html。

④《腾讯 2 亿收购英国游戏公司 Sumo Group 10% 股份》，晨哨资讯，2019 年 11 月 16 日，http：//www.morningwhistle.com/info/54029.html。

⑤《跟腾讯杠上了：网易 2 亿收购英国游戏公司股权》，第一财经，2019 年 11 月 29 日，https：//www.yicai.com/news/100420153.html。

⑥《腾讯投资英国区块链公司 Everledger》，凤凰网，2019 年 9 月 25 日，https：//tech.ifeng.com/c/7qFn175YiXo。

⑦《英国音乐 AI 初创公司 Jukedeck 被字节跳动收购》，搜狐网，2019 年 7 月 24 日，https：//www.sohu.com/a/328916147_485557。

⑧《官宣了! 蚂蚁金服收购英国跨境支付公司 World First 后者已完成所有权变更》，《华夏时报》2019 年 2 月 14 日。

（2）营商成本

新的养老金制度使得缴税门槛提高。英国企业所得税较低，2020 年 4 月该项税率下调至 17%。尽管如此，世界银行 2020 年的数据显示，英国在缴纳税款这一分项指标中排名第 27，较 2019 年下降 4 位。世界银行预测，2020 年由于新的养老金制度引入，企业雇主在英国缴纳税款的难度将继续上升。

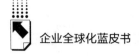

数字税是否继续征收有待观察。自 2020 年 4 月 1 日，英国政府开始对为英国用户提供互联网服务的社交媒体、搜索引擎或电商公司征收 2% 的数字税。但考虑到美国的强烈反对以及对未来贸易谈判的担忧，英国政府拟考虑取消征收数字税。这一动向未来发展还有待观察。

3. 法律风险

（1）产业政策

高科技等领域的外资并购安全审查不断缩紧。英国曾出台《2002 年企业法》（The Enterprise Act 2002），为英国政府官员赋权。该法案明确表示，包括国家安全问题、影响英国金融系统稳定的问题或阻碍英国媒体多元化的问题在内的涉及公共权益的交易案件，相关政府官员有权进行干预。如对于涉及国防或金融业并购的相关交易案件，商业、能源和工业战略国务大臣有权进行干预；对于涉及媒体合并的特殊公共权益案件，数字、文化、媒体及体育国务大臣有权进行干预。近年来，英国不断收紧外资安全审查政策。2018 年 6 月，英国议会批准修订《2002 年企业法》，扩大了政府审查的主动权，一是降低政府介入审查门槛，并购公司营业额从 7000 万英镑下降到 100 万英镑；二是新标准适用于军用、军民两用领域企业和部分高科技领域企业。

（2）相关法律

目前，英国主要使用《2018 数据保护法》以及《通用数据保护条例》作为其个人数据出境管理的法律依据（见表 58）。其中，《通用数据保护条例》要求，即便某组织在英国国内并无实体，也不在英国处理个人信息，只要该组织在英国境内提供商品或服务，就会受到《通用数据保护条例》的约束。若某组织违反规定将面临可能高达 1700 万英镑或其全球营业额的 4% 的处罚。

表 58　英国出台的与互联网科技企业相关的政策法规

政策法规	政策法规目的	时间
《在线安全立法》	要求社交平台必须"及时删除并限制非法内容的传播"，包括散布儿童性虐待和恐怖主义、极端思想的内容，否则会处以上千万至数十亿英镑的罚款	2020 年 12 月

政策法规	政策法规目的	时间
《在线危害》白皮书	防止用户受到暴力、恐怖等不良内容的影响，要求平台强化主体责任	2019 年 4 月
《2018 数据保护法》	个人加强并实现统一数据保护	2018 年 5 月
《通讯法》	给予公共服务广播机构更多的自由，并保护消费者和公民的权益	2003 年 7 月

资料来源：根据公开资料整理。

4. 社会文化风险

（1）社会稳定

失业率有所上升，将导致社会不稳定。英国国家统计局数据显示，自 2011 年以来英国青年人失业率持续下降。但是，受新冠肺炎疫情影响，专家预测，英国失业率将在 2020 年上升至 4.8%。失业率的上升，将会给英国社会带来一定的动荡因素，例如，游行示威和罢工将给外资企业的生产经营带来风险。

（2）公共安全

恐怖主义风险和社会治安风险较高。2019 年以来，英国共发生 3 起恐怖袭击事件，造成人员伤亡。根据世界经济论坛发布的《2019 年全球竞争力报告》，英国的安全指数总体有所下降，在 141 个国家中排名第 54 位。其中，集团犯罪的得分较上一年有所下降，恐怖主义事件的发生率在 141 个国家中仅排名第 125。军情五处将当前英国恐怖主义威胁等级定为"较高"，认为发生恐怖袭击的可能性较大，其中北爱尔兰地区的可能性高于其他地区。涉及英国社会文化风险的部分案例见表 59。

表 59　涉及英国社会文化风险的部分案例

企业/产品	案例	原因	时间
华为	华为曾遭到一名前雇员"种族歧视"的指控	华为英国分公司曾经被一名前雇员指控，理由是"歧视英国员工"。但经过仲裁庭评议，华为分公司的做法符合法律要求，被指控的所谓"歧视"罪名并不成立	2011 年

资料来源：《外媒：华为在英打赢官司"歧视本土公民"指控不成立》，中国留学网，2011 年 11 月 25 日，https：//www.liuxue86.com/a/279158.html？force = 1。

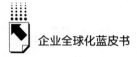

5. 竞争格局

选取英国 2020 年每月 15 日当天 App 的排名数据（排名第 1 的 App 得分 10 分，排名第 2 的 App 得分 9 分，依次类推），得出 App 一年的总分及排名（见表 60）。

表 60　英国人使用的 App 得分榜单（TOP 10）

排名	App	得分	国家
1	WhatsApp	54	美国
2	Microsoft Teams	50	美国
3	ZOOM Cloud Meetings	49	美国
4	TikTok	31	中国
5	Among Us!	31	美国
6	Instagram	22	美国
7	YouTube	17	美国
8	Woodturning 3D	17	法国
9	Brain Test：Tricky Puzzles	13	美国
10	My McDonald's	12	美国

资料来源：七麦数据。

从表 60 可知，WhatsApp 得分 54 分，排名最高；其次是 Microsoft Teams 得分 50 分，排名第 2；ZOOM Cloud Meetings 得分 49 分，排名第 3。其他应用，如 Woodturning 3D、Brain Test：Tricky Puzzles 和 My McDonald's 等 App 得分相对较低。其中，美国 App 占据了大部分英国市场，共上榜 8 款，占比 80%；中国和法国的 App 各上榜 1 款，占比同为 10%。

B.3
中国互联网科技企业品牌全球
传播力评估报告（2021）

清博智能舆情分析课题组*

摘　要： 本报告对中国互联网科技企业品牌全球传播力的评估采用了企业品牌全球传播力评估指标体系，从品牌声量、品牌口碑、社会责任承担、海外营商风险四个维度，对中国互联网科技企业进行多维评估，挖掘不同企业在全球传播中的优势与劣势。基于指标评估结果，本报告选取各维度典型企业样本进行案例分析。在品牌声量方面，本报告对腾讯、华为、百度的全球品牌声量传播做了重点分析；在品牌口碑方面，对爱奇艺、联想电脑、搜狐公司的正面形象传播进行分析；在社会责任承担方面，重点展现中国互联网科技企业在海外新基建、抗疫等方面做出的贡献；在海外营商风险方面，分析了企业在法律、数据、行业竞争等层面的"出海"风险。企业品牌全球传播力评估的结果显示，中国互联网科技企业在海外营商的过程中正在努力融入当地环境、提高品牌声量，中国互联网科技企业在国际舆论场"失声"的问题得到了一定程度的改善。但受当前国际局势的影响，中国互联网科技企业的努力并未直接促进品牌口碑的提升，以至于中国互联网科技企业

* 课题组组长：向安玲，清博研究院副院长，研究方向为媒介大数据、新媒体研究、国际传播、网络舆论。组员、执笔人：李亭竹，中国人民大学新闻学院硕士研究生，研究方向为政治传播、舆论研究；李凌霄，首都师范大学文学院博士研究生，研究方向为舆情、大数据、媒介伦理；张亚男，河北大学新闻与传播学院硕士研究生，研究方向为政治传播、传播理论研究。

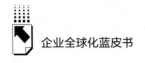

仍面临较大的海外营商风险。

关键词： 品牌全球传播力评估指标体系 "出海"风险 互联网科技
企业

一 企业品牌全球传播力评估指标体系

全球话语空间中的品牌传播力是企业国际竞争能力和战略形象的集中体现，提升品牌全球传播力是中国企业走向国际市场的必然要求，良好的品牌口碑也能为企业的市场竞争提供诸多助益。但当前国际政治局势加速变革，中美舆论长期对抗，面对中国互联网科技企业的强势崛起，海外舆论场对于中国互联网科技企业的行为做出了诸多对抗性解读，降低了中国互联网科技企业在海外的品牌全球传播力。而品牌全球传播力的降低会对企业的海外消费者忠诚度、市场竞争力以及海外市场份额等多个方面造成负面影响，中国互联网科技企业有必要在系统分析国际话语和自身行为的基础上做出有效应对。

为科学评估中国互联网科技企业的品牌全球传播力，本报告构建了一套企业品牌全球传播力评估指标体系，采用企业品牌全球传播力指数（Enterprise Brand Global Communication Index，简称 EBGCI）对中国互联网科技企业的品牌全球传播的力度和效果进行综合评估。就评估主体而言，涵盖中国主要的互联网科技企业；就评估维度而言，涵盖品牌声量、品牌口碑、社会责任承担以及海外营商风险四个维度（见表1）。

表1 中国互联网科技企业品牌全球传播力评估指标体系

一级指标	二级指标	三级指标
品牌声量	品牌提及频次	提及企业的社交媒体讨论数量
		提及企业的新闻文章数量

续表

一级指标	二级指标	三级指标
品牌口碑	媒体报道	（正面－负面）报道数量
		正面报道占比
	用户评价	（正面－负面）评价数量
		正面评价占比
社会责任承担	企业公益投入支出	企业公益投入支出金额
	海外公益活动参与及传播声量	海外公益活动参与的媒介报道数量
海外营商风险	数据安全风险	因数据安全风险被制裁的案例数量
	内容管理风险	因内容管理风险被制裁的案例数量
	版权管理风险	因版权管理风险被制裁的案例数量
	技术应用管理风险	因技术应用管理风险被制裁的案例数量
	企业经营管理风险	因企业经营管理风险被制裁的案例数量

就数据采集方法而言，本报告主要依托于世界上规模最大的新闻事件数据 GDELT（Global Database of Events，Language and Tone，简称 GDELT）平台，该平台内容全面、分类粒度细、更新频率高，为本指数品牌声量及品牌口碑两大维度提供了数据支撑。在具体操作上，将 2020 年 1 月 1 日至 2020 年 12 月 31 日的新闻事件作为本次报告的数据样本区间。

（一）指标维度说明

品牌声量：依托 GDELT 平台，选取中国互联网科技企业在 2020 年的全球在线新闻报道信息传播趋势中的分值，数值越大声量越大。

品牌口碑：依托 GDELT 平台，筛选 2020 年所有全球在线新闻报道中提及中国互联网科技企业的媒体报道及用户评价，按照正面－负面的标准分别统计其数量，计算得出正面报道占比及正面评价占比。正面－负面情绪的判定标准为平均语调值，平均语调值介于 －10 分到 ＋10 分，正负分别表示积极的语调和负面的语调。

社会责任承担：对中国互联网科技企业 2020 年在社会责任方面的举措进行评估，分为企业公益投入支出、海外公益活动参与及传播声量（基于媒介报道数据）两个二级指标。该指标得分范围为 1～5 分，数值越高代表企业的社会责任感越高。

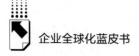

海外营商风险：对中国互联网科技企业 2020 年被制裁的案例进行评估，分为数据安全风险、内容管理风险、版权管理风险、技术应用管理风险以及企业经营管理风险五个二级指标。该指标得分范围为 1 ~ 5 分，数值越高代表企业的海外营商风险越高。

（二）评估方法

根据品牌声量、品牌口碑、社会责任承担、海外营商风险四个指标评估维度，本研究以科学性、合理性为原则，根据研究特点设计了指数模型。首先，在数据采集阶段，基于开源信息平台——GDELT 平台获取了研究需要的信息及数据，并拟定了品牌声量、品牌口碑、社会责任承担、海外营商风险四大维度，在此基础上设置了包括提及企业的社交媒体讨论数量、提及企业的新闻文章数量、（正面 – 负面）报道数量等三级指标，之后又对已经拟定的三级指标通过专家评估和李克特量表进行筛选，最终得到科学合理的指数模型；其次，研究团队又基于获得的信息和数据，对各项指标通过主客观赋权法进行了得分的计算；再者，基于量级统一、组间统一等原则确定一级指标权重并为二、三级指标平均赋权；最后，根据数据测试和调试结果不断修正迭代，得到 EBGCI 模型，共包含 4 个一级指标、10 个二级指标和 13 个三级指标，一级指标的权重如表 2 所示。

表2　中国互联网科技企业品牌全球传播力评估指标体系中一级指标权重

一级指标	一级指标权重	一级指标代码
品牌声量	0.4	A11
品牌口碑	0.1	A12
社会责任承担	0.4	A13
海外营商风险	0.1	A14

在确定各项指标维度和权重之后，最终将企业品牌全球传播力指数的算法公式确定为：

$$EBGCI = 120 \times \{0.4 \times (A11/1) + 0.4 \times [(A13 + 3)/4] + 0.1 \times (A12/5) - 0.1 \times (A14/5)\}$$

二 企业品牌全球传播力指数评估结果

基于上述评估指标体系，结合数据标准化处理和加权汇总，2020 年中国互联网科技企业 TOP50 的品牌全球传播力指数评估结果如表 3 所示。

表 3　2020 年中国互联网科技企业 TOP50 的品牌全球传播力指数评估结果

单位：分

企业	品牌声量	品牌口碑	社会责任承担	海外营商风险	总分
华为	0.3192	−0.4	5	5	98.36
腾讯	0.3282	0	4	3	92.55
中国移动	0.0001	0.1	5	4	86.64
中国电信	0.0001	0	5	4	86.40
中国联通	0.0001	0	5	4	86.40
新华网	0.0124	−1.6	5	3	85.56
阿里巴巴	0.0582	−1.3	4	2	78.87
好未来	0.0016	−1.3	4	2	76.16
蚂蚁金服	0.0706	−1.1	4	4	75.15
新浪网	0.0001	0.1	4	4	74.64
百度	0.1136	0.3	3	3	70.97
京东商城	0.0235	0.7	3	2	70.01
联想电脑	0.0617	0.7	3	3	69.44
小米集团	0.0510	−0.1	3	2	69.41
爱奇艺	0.0074	1	3	3	67.56
同程旅游	0.0040	−2	3	2	62.59
快手科技	0.0011	−0.1	3	4	62.21
滴滴出行	0.0136	−1	3	4	60.65
中兴	0.0488	0	2	1	59.94
搜狐公司	0.0226	0.8	2	2	58.20
三六零	0.0006	−1.8	3	4	58.11
字节跳动	0.0462	−2.3	3	5	56.70
商汤科技	0.0006	−0.7	2	1	55.95
咪咕文化	0.0001	0.2	2	2	55.68
高德地图	0.0016	−0.9	2	1	55.52
网易公司	0.0245	0.4	2	3	54.94

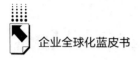

续表

企业	品牌声量	品牌口碑	社会责任承担	海外营商风险	总分
科大讯飞	0.0005	0.8	2	3	54.74
大疆创新	0.0103	−1.5	2	1	54.49
迅雷网络	0.0001	0.2	2	3	53.28
菜鸟物流	0.0009	0.1	2	3	53.08
陌陌	0.0131	−0.5	2	3	52.23
唯品会	0.0003	−1.4	2	2	51.85
斗鱼网络	0.0005	−1.2	2	3	49.94
浪潮集团	0.0006	0.8	1	1	47.55
车之家	0.0003	0.6	1	1	47.05
昆仑万维	0.0018	0.5	1	1	46.89
寻梦信息	0.0035	−1.7	2	4	46.49
美图公司	0.0003	0.1	1	1	45.85
完美世界	0.0001	0.1	1	1	45.84
巨人网络	0.0001	0.1	1	1	45.84
四三九九	0.0005	0.5	1	2	44.42
二三四五	0.0029	−1.3	1	1	42.62
用友网络	0.0003	0.6	1	3	42.25
网宿科技	0.0001	0.2	1	3	41.28
珍岛信息	0.0001	0.1	1	3	41.04
智明星通	0.0008	−1.1	1	2	40.60
猎豹移动	0.0034	0.4	1	4	39.52
欢聚时代	0.0005	−3.3	1	1	37.70
游族网络	0.0004	−4.9	1	1	33.86
茄子快传（SHAREit）	0.0016	−9.8	1	1	22.16

从表3可以看出，中国互联网科技企业的品牌全球传播力差距巨大，从排名第一的华为到排名最后的茄子快传（SHAREit），二者间的分差为76.2分，即使是排名在最后两位的游族网络和茄子快传（SHAREit）之间也存在10分以上的分差。这说明了中国的头部互联网科技企业已经充分认识到了品牌全球传播对企业的巨大影响，并积极通过提升品牌全球传播力进一步改善企业的经营状况。

但与此同时，更多的中小型互联网科技企业似乎还游离在状态之外，尽管其业务已经"出海"，但声音远未"出海"，其品牌声量较小、品牌口碑较差，也较少通过社会责任承担提高品牌声量来改善品牌口碑，表现出了一种被动"出海"的状态。头部企业和尾部企业品牌全球传播力指数得分的巨大差异展现了不同企业对品牌全球传播的不同态度和不同策略。

（一）品牌声量分析

1. 总体分析

整体而言，中国互联网科技企业品牌声量出现明显断层。腾讯、华为两家互联网科技企业位于第一梯队，品牌声量（全球在线新闻报道信息传播）得分明显高于其他互联网科技企业（见图1）。从行业分布上来看，高品牌声量企业主要集中在通信科技、社交媒体、电商等领域。

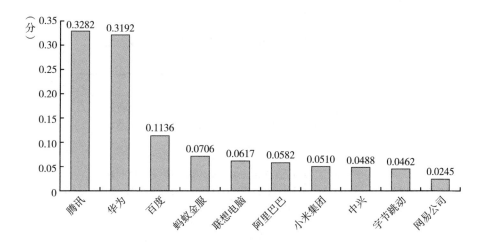

图1 2020 年中国互联网科技企业品牌声量排名 TOP10

资料来源：GDELT，2021 年。

2. 重点企业分析

2020 年，腾讯全球在线新闻报道信息传播呈多峰波动形（见图2），受美方制裁事件的影响，在 8 月 6 日、8 月 21 日、9 月 18 日讨论热度较高，全球在线新闻报道信息传播出现峰值（见表4）。

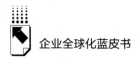

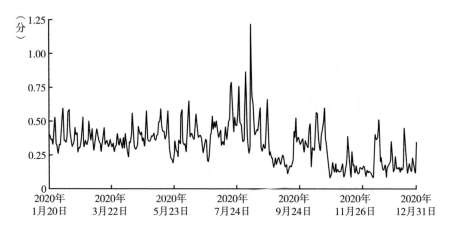

图2　2020年腾讯全球在线新闻报道信息传播趋势

资料来源：GDELT，2021年。

表4　2020年腾讯全球在线新闻报道信息传播峰值分析

单位：分

时间	事件	品牌声量
2020年8月6日	特朗普签署总统行政令，禁止腾讯公司与受美国司法管辖的任何个人及实体之间，进行任何与微信相关的交易，该禁令在45天之后生效①	1.209
2020年8月21日	彭博新闻社援引美国多位知情人士的话，声称在中国有业务的美国公司，如星巴克等，仍可以通过微信进行宣传及处理与中国消费者的交易②	0.6574
2020年9月18日	美国商务部发表声明，从9月20日开始，禁止美国公司与微信和TikTok进行商业交易，禁止美国公司通过微信"以在美国境内转移资金或处理付款为目的"提供服务③	0.5222

资料来源：

①《特朗普签署行政令：45天后，禁止美国人与腾讯进行微信相关交易》，观察者网，2020年8月7日，https：//view. inews. qq. com/w2/20200807A0BF7400？tbkt＝J&uid＝。

②《特朗普"封杀"微信松口！拟允许美企在华继续使用，腾讯股价直线拉升，苹果也创新高》，澎湃网，2020年8月22日，https：//www. thepaper. cn/newsDetail_ forward_ 8841004。

③《美国9月20日正式执行微信、TikTok禁令》，搜狐网，2020年9月19日，https：//www. sohu. com/na/419412577_ 413980。

2020 年，华为全球在线新闻报道信息传播呈多峰波动形（见图3），品牌声量整体处于高位平稳状态，2020 年 1 月 28 日、2 月 13 日、5 月 15 日、7 月 14 日、8 月 17 日、11 月 14 日的新闻报道出现了明显的峰值（见表5）。总体来看，华为的全球在线新闻报道信息传播峰值均受美国制裁政策的影响。

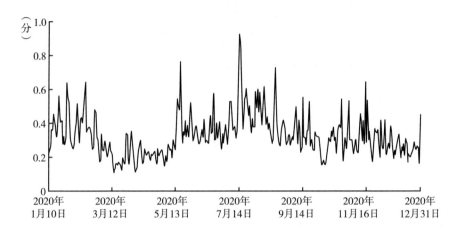

图 3　2020 年华为全球在线新闻报道信息传播趋势

资料来源：GDELT，2021 年。

表 5　2020 年华为全球在线新闻报道信息传播峰值分析

单位：分

时间	事件	品牌声量
2020 年 1 月 28 日	英国首相鲍里斯·约翰逊决定允许华为有限参与英国 5G 网络建设①	0.6374
2020 年 2 月 13 日	多家美媒报道美国政府对华为公司提起新的诉讼，指控华为与子公司合谋窃取美国的商业机密与尖端科技②	0.6397
2020 年 5 月 15 日	美国限制华为升级，全面封锁华为购买采用美国技术的芯片③	0.7607
2020 年 7 月 14 日	英国政府决定自 2021 年起禁止英国移动运营商购买华为 5G 设备，并要在 2027 年以前将华为排除出英国的 5G 设备供应商名录④	0.9257
2020 年 8 月 17 日	美国商务部进一步收紧对华为获取美国技术的限制，同时将华为在全球 21 个国家的 38 家子公司列入"实体清单"⑤	0.7247

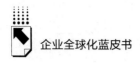

续表

时间	事件	品牌声量
2020 年 11 月 14 日	高通正式对外宣布已从美国政府获得向华为出售 4G 手机芯片的许可⑥	0.6423

资料来源：

①《华为"入围"！将有限参与英国 5G 建设，楔入欧洲市场再进一步》，凤凰财经，2020 年 1 月 29 日，https：//finance. ifeng. com/c/7tcZBScpYOW。

②《中方驳斥美对华为新起诉：无理打压特定中国企业，既不道德，也不光彩》，环球网，2020 年 2 月 15 日，https：//world. huanqiu. com/article/9CaKrnKpo1O。

③《美国商务部全面封锁华为购买采用美国技术的芯片》，凤凰新闻，2020 年 5 月 16 日，https：//ishare. ifeng. com/c/s/7wW3AqQeS3n。

④《英国禁用华为 5G 给了两个时间节点 专家：背后大有玄机》，中国经济网，2020 年 7 月 16 日，http：//m. ce. cn/gj/gd/202007/16/t20200716_ 35335634. shtml。

⑤《持续施压！美国将 38 家华为子公司列入"实体清单"》，第一财经，2020 年 8 月 17 日，https：//www. yicai. com/brief/100737725. htm。

⑥《高通确认：已获得向华为出售 4G 手机芯片的许可！》，搜狐网，2020 年 11 月 14 日，https：//m. sohu. com/a/431791765_ 128469/。

2020 年，百度全球在线新闻报道信息传播也呈多峰波动形（见图 4），品牌声量整体处于高位平稳状态，2020 年 10 月 11 日、11 月 17 日、12 月 18 日的全球在线新闻报道信息传播出现了明显的峰值（见表 6）。

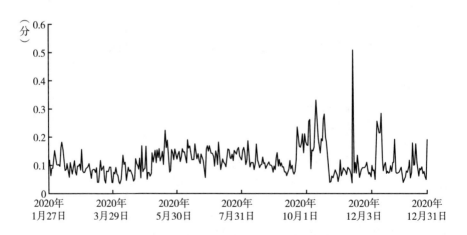

图 4　2020 年百度全球在线新闻报道信息传播趋势

数据来源：GDELT，2021 年。

表6　2020年百度全球在线新闻报道信息传播峰值分析

单位：分

时间	事件	品牌声量
2020年10月11日	百度宣布在北京全面开放自动驾驶出租车服务,北京用户无须预约便可在海淀、亦庄的自动驾驶出租车站点,享受直接下单与免费试乘自动驾驶出租车的服务①	0.3312
2020年11月17日	欢聚集团披露,百度同欢聚集团签署了最终约束性协议,并全资收购欢聚集团的国内直播(YY直播)业务,其总交易金额约为36亿美元,预期于2021年上半年完成交割②	0.509
2020年12月18日	自蚂蚁集团率先下架互联网存款产品以来,百度度小满、京东金融等互联网金融平台相继下架互联网存款产品③	0.2841

资料来源：

①《即日起，百度自动驾驶出租车服务在北京全面开放》，雪球，2020年10月11日，https：//xueqiu.com/2173809197/160682239。

②《官宣了 百度36亿美元收购欢聚国内直播业务》，搜狐网，2020年11月17日，https：//www.sohu.com/a/432468564_ 120868895。

③《蚂蚁、腾讯下架互联网存款产品 度小满、滴滴金融等仍在销售》，腾讯网，2020年12月18日，https：//new.qq.com/omn/20201218/20201218A0HXFB00.html。

（二）品牌口碑分析

1. 总体分析

从2020年部分中国互联网科技企业品牌口碑得分来看，中国互联网科技企业品牌口碑得分差异较大（见图5）。在当前中美多重博弈的大背景下，在政治内嵌与资本操纵驱动下，除了一般性客观新闻报道及转载，西方主流媒体对中国企业的报道呈现负面态势。

从2020年部分中国互联网科技企业全球品牌口碑－品牌声量交叉分析结果（见图6）中可以看出，品牌声量的提升未必能带动品牌口碑的提升。总体来说，在西方主流媒体偏向负面的新闻报道框架之下，无论品牌声量大小，多数中国互联网科技企业的品牌口碑呈现负面态势。尽管如此，沉默仍然不是应对负面评价的有效手段。从具体企业来看，爱奇艺、联想电脑等企业的品牌口碑为正值，说明在品牌口碑方面这些企业得到了海外消费者的认可。但是，华为作为受到欧美国家全方位打击的中国互联网科

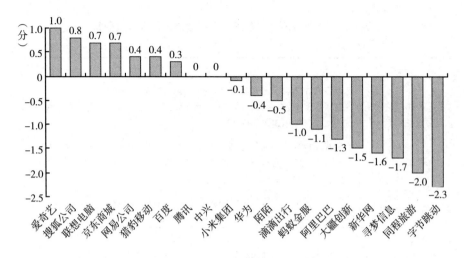

图5　2020年部分中国互联网科技企业品牌口碑得分情况

资料来源：GDELT，2021年。

技企业，其负面口碑并不显著，可能也得益于其积极宣传带来的较高品牌声量，因此，积极提升品牌声量对于"出海"的中国互联网科技企业而言仍然是必要的。

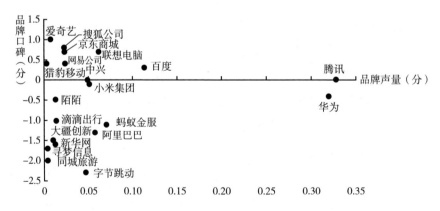

图6　2020年部分中国互联网科技企业品牌口碑－品牌声量交叉分析

资料来源：GDELT，2021年。

2. 重点企业分析

爱奇艺能成功在全球范围内树立良好的品牌口碑，主要得益于其优质内容的生产能力。爱奇艺的成功也得益于明确的全球业务目标，即打造一个为观众提供广受好评的亚洲影视作品的平台。细分市场的划定有效减少了市场竞争，也有助于发挥企业合力，生产高质量的内容产品。在明确平台定位后，爱奇艺通过《棋魂》《青春有你2》等优质影视、综艺节目的输出，使其品牌定位得到了用户的广泛认可，并在此基础上深耕内容生产领域，在全球形成了较好的品牌口碑（见表7）。

表7　2020年爱奇艺正面形象传播分析

品牌口碑	议题内容	时间
爱奇艺国际站正式开幕	爱奇艺国际站已经有30多名员工，并且将在新加坡招聘多达200名本地员工，力图打造一个可以为观众提供广受好评的亚洲影视作品的平台①	2020年12月
高质量内容引发大量关注	爱奇艺自制青春漫改剧《棋魂》，近期在国内及国际市场获得了大量用户关注②	2020年11月
	迷雾剧场多部高品质作品持续输出海外，不仅代表着国际市场对剧场内容的认可，也表明国产悬疑剧在海外市场初步建立了新的赛道③	2020年10月
	爱奇艺自制综艺《青春有你2》作为2020年第一季度全舆情热度最高的节目，在海外市场上同样引发热议④	2020年4月
	为了激励海外优质短视频内容创作，持续引入海外超高人气创作者。爱奇艺于2020年2月全面开启了海外内容引入计划，为拥有优质海外内容资源的MCN机构提供高流量、双重分成、百万补贴、榜单激励等在内的扶持政策⑤	2020年4月

资料来源：

①《爱奇艺在新加坡设立海外总部，布局进军东南亚！将招聘200多人》，网易，2020年12月16日，https://www.163.com/dy/article/FTVUTRCJ0514CL19.html。

②《爱奇艺〈棋魂〉高还原改编引发海外用户Twitter热议 豆瓣评分升至8.4》，搜狐网，2020年11月26日，https：//www.sohu.com/a/434525883_ 100156885。

③《爱奇艺迷雾剧场实现全球发行，成为古装剧"出海"后的剧集类型新标杆》，搜狐网，2020年10月10日，https：//www.sohu.com/a/423739732_ 120873672。

④《从全民走向全球，〈青春有你2〉多元个性的中国女孩构建起海外用户全新对话场》，搜狐网，2020年4月11日，https：//www.sohu.com/a/387258143_ 351788。

⑤《爱奇艺号海外内容引入计划吸引多家头部MCN加入 未来将展开多元合作》，北青网，2020年4月27日，http：//finance.ynet.com/2020/04/27/2554162t632.html。

不同于爱奇艺打造"特长生"的品牌口碑塑造策略，联想电脑的品牌口碑塑造策略更像是打造全面发展的"三好学生"。联想电脑一方面从推动自身发展的角度出发，在2020/2021财年第二财季做出了历史最强劲业绩，发展势头良好；另一方面从承担企业社会责任的角度出发，大力支持环保事业。此外，联想电脑还在产品科技水平、创新程度、企业信用等方面在全球范围内表现出色。多角度综合发力，使联想电脑能够成功在2020年在全球范围内塑造了良好的品牌口碑（见表8）。

表8　2020年联想电脑正面形象传播分析

品牌口碑	议题内容	时间
业绩增长	联想集团发布了2020/2021财年第二财季业绩,联想集团收获了历史最强劲业绩[1]	2020年11月
	知名数据研究机构IDC与Gartner发布了2020年第三季度全球个人电脑市场研究报告。数据显示,第二季度全球PC销量实现明显同比增长,联想集团业绩强劲,出货量与市场份额均列世界第一[2]	2020年10月
企业、产品获奖或获得认可	联想Flex5G(Yoga5G)笔记本电脑被美国著名杂志《时代》周刊评为"2020年最佳发明"之一[3]	2020年11月
	联想集团获三大国际信用评级机构授予投资级评级,评级结果分别为"稳定""正面""稳定"[4]	2020年10月
	根据2020全球超级计算机TOP500的性能榜单,联想制造的超级计算机入围180台,占据TOP500超级计算机中36%的份额,蝉联全球高性能计算提供商份额的第一名[5]	2020年6月

资料来源：

①《个人电脑需求增长 联想集团2020/2021财年第二财季业绩创新高》，证券日报网，2020年11月4日，http：//www.zqrb.cn/gscy/qiyexinxi/2020-11-04/A1604482973497.html。

②《联想：在个人电脑领域的长期深耕细才是连续保持全球领先的秘诀》，搜狐网，2020年10月15日，https：//www.sohu.com/a/424825470_120798724。

③《〈时代〉周刊为什么将最佳发明奖颁给联想Flex 5G、动森、新冠疫苗等创新成果》，搜狐网，2020年11月25日，https：//www.sohu.com/a/434212167_120797883。

④《联想集团获三大国际信用评级机构授予投资级评级》，搜狐网，2020年10月15日，https：//www.sohu.com/a/424868015_114872。

⑤《全球超级计算机500强榜单公布：联想入围180台 数量位列第一》，腾讯新闻，2020年6月23日，https：//xw.qq.com/cmsid/TEC2020062301009100。

搜狐公司的品牌口碑塑造策略与爱奇艺有一定的相似之处，二者都以优质内容吸引观众，进而形成良好的品牌口碑。搜狐公司和爱奇艺的成功案例或许证明了在中国企业"出海"的过程中，弱化企业品牌身份，以优质产品和内容打动全球用户，是塑造企业全球品牌口碑的可行性路径（见表9）。

表9 搜狐公司正面形象传播分析

品牌口碑	议题内容	时间
精品自制剧海外圈粉	2020年,搜狐视频自制剧《奈何BOSS要娶我》再度成功推出第二季,刚上线就强势出圈,该剧也在海外圈粉,输出至全球近30个国家和地区,成为中国剧集"出海"现象级代表之一。该剧第二季在搜狐视频网站内播放量已破5.8亿,为回应全球粉丝的热情,搜狐视频开放了日本、马来西亚、泰国等近30个国家和地区的注册及观看权限,并开启直播陪看观剧互动新模式	2020年4月

资料来源：《搜狐视频〈奈何BOSS要娶我〉成功"出海"圈粉 中国精品自制剧全球获赞》，新浪财经，2020年4月21日，https：//t. cj. sina. com. cn/articles/view/6730751761/1912f1f1100100muzz? from = tech。

（三）社会责任承担分析

1. 总体分析

基于企业2020年社会责任承担方面的媒介报道数据，整体来看中国互联网科技企业在社会责任承担方面表现相对积极（见图7）。可以看出，中国互联网科技企业在全球化发展的过程中尽可能做到企业发展与当地可持续发展相结合。中国互联网科技企业借助自身的技术优势，在科技助力当地新基建、协同助力当地企业发展、科技赋能支援全球抗疫等方面，彰显中国互联网科技企业的在地社会责任感（见表10）。

2. 重点企业分析

从社会责任承担得分可以看出，企业承担社会责任的积极程度与企业

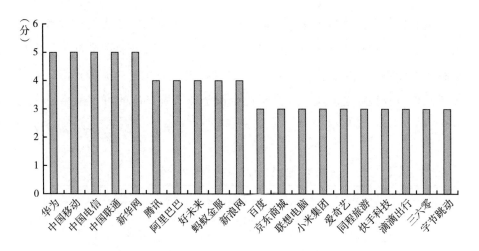

图7　2020年部分中国互联网科技企业社会责任承担得分情况

规模的大小有一定的关系，以华为、中国移动、中国电信、中国联通、新华网等为代表的大型互联网科技企业，在社会责任承担方面表现更加积极。

具体来看，中国企业大多从自身优势出发，积极协助所在地区实现高质量发展。中国电信、华为等公司发挥自身在基础设施建设方面的优势，大力支持当地基础设施建设；在全球抗疫的背景下，以腾讯、大疆创新、联想电脑等为代表的中国互联网科技企业更是发挥自身科技抗疫的优势，为当地抗疫工作提供了诸多帮助（见表10）。

表10　2020年中国互联网科技企业社会责任承担部分案例

社会责任类型	企业案例
科技助力当地新基建	2020年6月，华为投资10亿英镑的华为光电研发中心一期工程获英国剑桥当地议会批准。光电研发项目能真正落地，产品应用范围将变得更广泛，华为行业地位也会得到提升①

续表

社会责任类型	企业案例
协同助力 当地企业发展	阿里巴巴通过跨界合作的方式，以技术赋能全球中小企业发展，尤其是面向欠发达国家和地区的中小企业推出了系列战略合作计划，在人才培养、商务孵化技术应用等方面助力全球企业发展
	鹤羽药妆于 2020 年 10 月利用微信小程序在中国成功开展了电商业务。鹤羽药妆小程序上线后的首月交易额已达到 2019 年同期线下店铺微信支付销售额的 50% 左右②
科技赋能支援 全球抗疫	自 2020 年 3 月腾讯设立全球战疫基金以来，1500 万件由腾讯捐赠的海外战疫物资累计飞行 33 万公里，帮助意大利、英国、美国、德国、法国、厄瓜多尔、塞尔维亚、柬埔寨等 20 多个遭受疫情袭击的国家填补物资缺口③
	2020 年 3 月，腾讯健康新冠肺炎疫情模块国际版正式开源，为全球抗击新冠肺炎疫情输出科技力量。截至 2020 年 3 月，腾讯共对外开源了 98 个项目，涵盖了云计算、大数据、AI、安全等领域④
	2020 年 2 月以来，推想科技马力全开，产品已被德国、法国、瑞士、西班牙等欧洲国家的十多家医疗机构应用。截至 3 月 7 日，其自主研发的"肺炎智能辅助筛查和疫情监测系统"在国内近 50 家医院上线使用，累计处理病例超过 7 万例。截至 2020 年 5 月，推想科技的执行点已覆盖全国 33 个省级行政区，医疗 AI 服务覆盖了全球 10 个国家⑤
	阿布扎比科技公司 G42 集团与全球领先的基因组学研发机构华大集团于 2020 年 3 月 29 日宣布，在阿联酋共建的"火眼"实验室⑥正式启动。截至 2020 年 11 月，华大集团在海外共建设"火眼"实验室 58 个，分布在 17 个国家和地区，每天检测的通量超过 20 万人份，与此同时华大集团的核酸检测试剂盒已经销往 180 个国家（地区）
在地社会责任 与人文关怀	2020 年 8 月，字节跳动宣布将在爱尔兰建立第一个欧洲数据中心，并将欧洲用户的信息数据存储于此。此外，字节跳动也关注未成年人网络使用议题，旗下短视频平台 TikTok 宣布加入 WePROTECT 全球联盟（WePROTECT Global Alliance），以打击线上儿童性剥削及性虐待，保护未成年人网络安全。通过参与 WePROTECT 全球联盟，字节跳动将与行业合作伙伴、非营利组织、学者以及政府展开协作，共享创新解决方案，更好地保护儿童的线上权益⑦
跨界连接激活 普惠性应用	2020 年 11 月，德勤澳大利亚与中国人工智能行业知名企业科大讯飞签署谅解备忘录（MoU），展开全面合作，为澳大利亚医疗行业提供人工智能解决方案
	大疆无人机凭借便携、高效、安全的优势，成为美国、意大利、西班牙、法国等多国协助公共防疫的重要伙伴，用于运输、测温等场景⑧

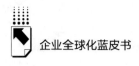
资料来源：

①《华为 10 亿英镑项目落地剑桥，任正非称意在打通出口障碍》，一点资讯，2020 年 6 月 26 日，http：//www. yidianzixun. com/article/0PhW0fLZ？ appid = s3rd_ op398&s = op398。

②《微信助力日本药妆店于疫情期间开拓国际电商业务》，新浪财经，2020 年 12 月 17 日，http：//finance. sina. com. cn/stock/relnews/hk/2020 – 12 – 17/doc – iiznezxs7439568. shtml。

③《1500 万件"战疫"物资驰援海外》，《经济日报》2020 年 5 月 8 日。

④《腾讯健康新冠疫情模块国际版，正式开源》，腾讯网，2020 年 3 月 27 日，https：//new. qq. com/rain/a/20200327A0P28Z00。

⑤《海淀创业园推想科技获中国肺部 AI 第一证！成为全球唯一获批四大市场准入的 AI 医疗公司》，搜狐网，2020 年 11 月 16 日，https：//www. sohu. com/a/432281368_ 809551。

⑥《华大"火眼"实验室分别落地阿联酋和文莱》，新浪财经，2020 年 4 月 2 日，https：//finance. sina. com. cn/stock/relnews/cn/2020 – 04 – 02/doc – iimxyqwa4796650. shtml。

⑦《消息称 TikTok 将在爱尔兰建立首个欧洲数据中心》，新浪科技，2020 年 8 月 6 日，https：//tech. sina. com. cn/i/2020 – 08 – 06/doc – iivhuipn7073727. shtml。

⑧《国际抗疫中的深圳力量》，搜狐网，2020 年 4 月 15 日，https：//www. sohu. com/a/388094925_ 100191052。

（四）海外营商风险分析

1. 总体分析

基于海外营商风险事件及其报道情况对中国互联网科技企业风险度进行评估，发现包括华为、字节跳动、蚂蚁金服在内的行业巨头海外营商风险居高（见图 8）。尤其是华为和字节跳动等企业被美国制裁引发其他国家"跟风"，加之新冠肺炎疫情等"黑天鹅事件"使得国际营商环境和涉华舆论环境进一步恶化，部分国家和地区出于国家安全和贸易保护等需求对互联网科技企业的合规要求不断提高，中国互联网科技企业海外营商风险呈现明显上升趋势。

从图 9 可以看出，无论品牌声量大小，中国企业都会面临较大的海外营商风险，这种风险可能来源于企业自身经营管理，但更多地源于部分国家和地区对中国互联网科技企业的不合理管制。海外营商风险需要中国互联网科技企业予以积极应对。

2. 重点企业分析

具体来看，中国互联网科技企业的海外营商风险主要包括数据安全风险、

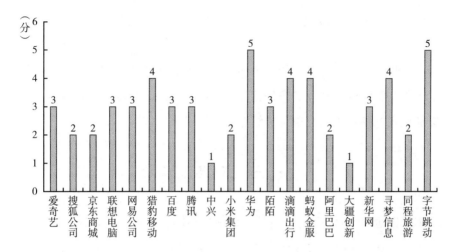

图 8　2020 年部分中国互联网科技企业海外营商风险得分情况

资料来源：GDELT，2021 年。

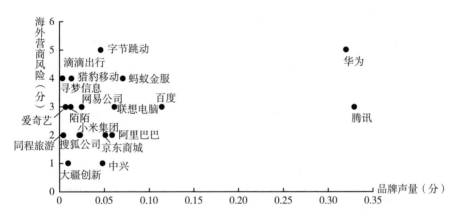

图 9　2020 年部分中国互联网科技企业海外营商风险－品牌声量交叉分析

资料来源：GDELT，2021 年。

内容管理风险、版权管理风险、技术应用管理风险以及企业经营管理风险。

以华为为例，美国指控其副董事长、首席财务官孟晚舟涉嫌违反美国对伊朗的制裁协议，在加拿大温哥华对其实施非法羁押，并将华为列入了禁止贸易的黑名单。美国对华为的指控也反映了中国互联网科技企业在海外确实面临许多以法律制裁为名、行不正当竞争之实的营商风险。

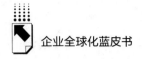

再以字节跳动的短视频平台 TikTok 为例，印度、巴基斯坦、印度尼西亚等国家都曾以危害"国家安全"、存在不雅内容、对青少年产生不良影响等理由封禁该应用。虽然封禁行为多是政治博弈在商业领域的体现，但是确实给中国互联网科技企业的海外营商带来巨大风险。中国互联网科技企业需要更加重视各种不正当竞争可能给企业发展带来的风险。

三　总结

本报告通过企业品牌全球传播力评估指标体系，完成了对 2020 年中国互联网科技企业全球传播力的整体评估。综合各项研究结果可以发现，中国互联网科技企业在"出海"过程中正在努力融入当地环境，在推动企业自身发展的同时努力承担社会责任，以争取良好的品牌口碑。为增强品牌口碑的自我塑造能力，中国互联网科技企业也在"出海"的过程中努力提高自身品牌声量，中国企业在国际舆论场"失声"的问题得到了一定程度的改善。

但是，受中美关系的影响，西方主流媒体以新闻自由为幌子，对中国互联网科技企业的行为做出了诸多恶意解读，甚至无中生有，抹黑中国互联网科技企业的形象，致使中国互联网科技企业的品牌口碑受到严重影响。本报告研究发现，即使中国互联网科技企业努力提升品牌声量、努力承担在地社会责任，也不一定能给企业带来积极正面的品牌口碑，中国互联网科技企业往往面临较大的海外营商风险，未来拓展海外市场的中国互联网科技企业应对这种风险有充分的预期。

但也应当看到，即使在当前相对恶劣的海外营商环境中，仍有少部分中国互联网科技企业在海外市场中表现亮眼，赢得了良好的品牌口碑。分析这些企业的发展路径可以发现，这些企业大多深耕特定领域，不盲目扩大用户市场，不为提升品牌声量盲目宣传，而是首先以优质的产品赢得用户口碑，其次在实现自身发展的基础上形成良好的品牌口碑，最后再追求品牌声量的提升。这些企业转变传统的舆论先行的营销思路，以产品拓宽市场，以产品赢得口碑，立足眼前，久久为功，这种低风险、长效化的传播思路值得其他

"出海"的互联网科技企业学习借鉴。

　　在中国互联网科技产业迅速发展、全球化程度进一步提升的背景下，未来必然会有越来越多的中国互联网科技企业走向海外市场。本报告希望通过对于中国互联网科技企业品牌全球传播力情况的具体分析，使中国互联网科技企业对海外市场有更加清晰和科学的认识，进而为更多的中国企业提供全球化发展的理论指导和经验借鉴。

风险管理篇
Risk Management

B.4
重点国家和地区风险管控要点
及对策研究

清博智能舆情分析课题组*

摘　要：　考虑到各个国家和地区的发展特色、文化差异、经济形势等多
　　　　　方面原因，不同国家和地区对互联网科技企业的管控重点有所
　　　　　偏重，本报告主要对美国、欧盟、印度等国家和地区在地风险
　　　　　管控要点进行对比，重点针对数据安全管理、内容管理、版权
　　　　　管理、技术应用管理和企业经营管理环节进行分析。在此基础
　　　　　上针对中国互联网科技企业"出海"过程中的风险管理提出对
　　　　　策建议，即构建在地利益共同体、尊重当地文化、建立风险监
　　　　　控预警大数据系统、投保海外私人投资保险、强化在地风险管
　　　　　控和涉外内容审核、基于业务线做好战略竞争的切实准备。

* 课题组组长：向安玲，清博研究院副院长，研究方向为媒介大数据、新媒体研究、国际传
　播、网络舆论。组员、执笔人：李爽，河北大学新闻与传播学院硕士研究生，研究方向为政
　治传播、传播理论。

关键词： 互联网科技企业 风险管理 数据安全

一 在地风险管控要点

（一）数据安全管理环节

近年来，各个国家和地区在数据安全管理上都投入了巨大的人力和物力，不断加强各领域和层面的数据安全管理，2018 年欧盟推出《通用数据保护条例》（GDPR），随后印度也提出了《2018 年个人数据保护法（草案）》。同年，美国加利福尼亚州出台了号称"美国国内最严格的隐私立法"的《2018 年加州消费者隐私法案》。2019 年美国共和党参议员 Joshua Hawley 又提议制定《2019 美国国家安全和个人数据保护法》，对公民数据隐私保护和国家数据安全审查做了全面严格的规定。

对相关政策文件进行整理后，发现各个国家和地区对数据安全管理的关注重点包括以下几方面。

（1）数据的收集与存储（网络或企业运营者通过网站、应用程序等收集和储存用户个人信息，包括目的、种类、数量、频率、方式等）；

（2）数据传输（用户数据信息传输行为，包括传输内容、设备、范围、安全性等）；

（3）数据处理与使用（对用户数据的使用、销售和处理要合法，使用目的和规则要明确具体、公开透明）；

（4）数据隐私的保护和监督管理（对收集、使用、存储的用户数据进行安全保护、监督和管理工作）；

（5）青少年的个人信息（对青少年等特殊群体的数据要给予额外的关注和保护）；

（6）用户的个人权利（数据提供者应具有一定的权利，如要求数据控制者确认、更改、移植、删除数据的权利）。

重点国家和地区对数据安全管理也存在差异化趋势。本报告对美国、欧

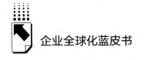

盟及印度的相关管理措施进行梳理，具体内容如下。

1. 美国

在 2015 年美国国税局的数据泄露事件中，共有 71 万人的纳税记录遭到泄露。自此美国加强对数据的安全管理，率先将大数据安全从商业概念上升至国家战略。2018 年加州州长签署了《2018 年加州消费者隐私法案》（以下简称《法案》）。这一《法案》于 2020 年 1 月 1 日起施行，正式将个人数据保护提上法律程序。《法案》对企业关于消费者个人信息的收集、存储、处理和使用做了明确规定，要求企业披露个人信息的收集情况及使用目的，对未经授权的信息泄露、盗窃或披露，赋予消费者个人可以要求企业删除其个人信息和提出民事诉讼的权利；同时禁止企业出售 16 岁以下消费者的个人信息，除非按规定有明确的"选择进入权"。

2019 年提出的《2019 美国国家安全和个人数据保护法》虽然还处于立法阶段的早期，但是该法案的支持人是参议员 Joshua Hawley，他同时是美国国会召开的关于 TikTok 数据安全问题的听证会的召集人，长期关注有关中国传输数据的安全问题。这一法案的管辖对象为技术公司和用户数据，并明确指出"关注国"是中华人民共和国、俄罗斯联邦以及由美国国务院指定的保护数据隐私和安全方面需要受到关注的其他国家。该法案在数据传输和数据存储方面也提出了严格的限制要求：在数据传输方面，禁止向"关注国"传输任何用户数据和解密信息；在数据存储方面，不得将数据以及解密信息存储在美国或与美国签有数据协议的国家之外的服务器上。

总体而言，美国对数据安全管理的关注重点有六个方面：（1）消费者的数据收集和存储安全；（2）消费者的数据使用和销售问题；（3）青少年的数据隐私安全；（4）企业对消费者数据的透明化；（5）消费者对自身数据的保护权利；（6）国家间的数据传输安全。

2. 欧盟

欧盟于 2018 年 5 月出台了《通用数据保护条例》，该条例对所有欧盟成员国家的公民个人信息数据进行保护，同时在数据流通的过程中，对服务商的行为进行约束。只要是为了向欧盟境内公民提供商品和服务而收集、处理的信息，或者是为了监控欧盟境内公民活动而收集、处理的信息，都受到条例的约束。

欧盟隐私法律的地域适用范围正不断扩大，很多位于欧盟境外、不受现行欧盟隐私法律管理或制约的许多组织也将随着《通用数据保护条例》的实行而不得不适用欧盟隐私法律。

欧盟对数据安全管理的关注重点有：（1）数据主体的意愿，包括对其数据采集、处理和使用的意愿，并且数据控制者必须能够证明数据主体同意处理其个人数据；（2）数据主体的"被遗忘权"，用户有权要求责任方删除关于自己的数据记录；（3）青少年、儿童的个人数据收集和应用，应给予额外的保护；（4）同意的时效性，数据控制者需每隔两年重新取得数据主体的同意；（5）涉及敏感数据，如涉及国家政治、种族身份、宗教信仰、健康、基因数据等内容。

3. 印度

虽然近年来印度的数字经济发展势头强劲，得到了越来越多用户的认可，但是印度整体的互联网生态对个人隐私的保护缺乏重视。2017年8月，印度政府组织成立了高级别委员会，目标是为印度引入全面的个人数据保护法律。2018年7月，该委员会正式发布了《2018年个人数据保护法（草案）》，意在对收集和分享个人隐私数据的行为进行规范和限制，该法案主要涉及根据印度法律注册的公司收集的数据，同时该法案还建议印度成立专门的管理机构——印度数据保护局（DPA），以提高法律的现实效力。该法案明确公民的个人权利，要求先向个人发送通知，然后才能从中收集、访问、确认数据，公民拥有要求数据更正、移植和"被遗忘"的权利。但同时该法案的不足之处在于，认为公民个人数据是为国家和政府服务的，该法案允许政府在未事先征得公民同意的情况下处理个人数据。另外，法案提出要对印度政府建立的 Aadhaar① 数据库加强保护，以防止公民个人信息和政

---

① Aadhaar 是印度自 2009 年起开始推行的一项生物身份识别项目，通过照片、十指指纹和虹膜扫描收集印度居民和公民的生物识别数据。

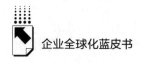

府计划相关数据泄露。

此前谷歌和苹果的印度应用商店都以 TikTok 可能使青少年隐私信息落入图谋不轨的人手里为理由，将其下架，印度法院命令原文提到，"这款软件已经被证实具有致瘾性"，还特别提到，"现在印度尼西亚以及孟加拉国都已明令禁止使用 TikTok 软件"。

印度对个人数据安全管理的关注重点包括：（1）公民数据保护义务；（2）公民的个人意愿；（3）公民数据本地化规定；（4）儿童的个人数据；（5）个人的敏感数据；（6）数据主体的权利；（7）个人数据的传输；（8）数据控制者对数据的透明化；（9）数据保护机构。

（二）内容管理环节

受不同国家和地区国情和法律制度的影响，目前互联网不良信息在各个国家和地区的内涵和外延都有着较大的差异，还没有公认的标准可以对互联网不良信息进行清晰的分类，部分国家和地区会混用"互联网有害信息"（Illegal or Restricted Content，采用国家较多，如欧盟成员国、澳大利亚）、"互联网垃圾信息"（Spam Information，是指一种电子消息被滥发的行为，常用做广告）等概念来描述相关信息的特征。尽管目前对于互联网不良信息没有统一的定义，但是各个国家和地区对于互联网不良信息的界定也有共识，即互联网不良信息是指可能危害国家安全、社会稳定、个人利益的互联网信息，亟须进行整治。在对这些不良信息进行监管成为国际性议题的背景下，如何清晰、准确、合理地界定互联网不良信息的内涵和外延，成为互联网不良信息治理的前提和基础。

由于分类标准不同，目前难以对互联网不良信息进行明确的分类。世界各个国家和地区对互联网不良信息进行分类，比较典型的如下。

美国将互联网不良信息分为以下几类：（1）可能造成政治动乱，带来恐怖主义，挑动民族对立、民族仇恨和种族歧视情绪等危害国家安全和社会稳定的内容；（2）包含淫秽、色情和猥亵内容的信息；（3）对未成年人的无节制市场营销的信息；（4）侵犯公民包括隐私权、肖像权在内的人格权的信息，例如泄露他人隐私、丑化他人形象；（5）网暴内容，包括对他人进行诽谤和人身攻击等；（6）网络欺诈信息，包括网络赌博等。

欧盟委员会、欧洲经济与社会委员会、欧洲地区委员会曾联合签署过一项治理互联网不良信息的文件，并将互联网不良信息划分为：（1）可能威胁人民人身安全的信息，例如恐怖主义内容、教唆普通群众如何制造炸弹、非法使用毒品等信息；（2）可能影响青少年健康成长的信息，包括过度营销引导未成年人消费、传播暴力色情的信息；（3）种族歧视、民族对立等可能对人的尊严造成伤害的信息；（4）威胁经济安全的信息；（5）侵犯人格尊严、造成网络暴力的信息，如在网络上恶意地中伤他人；（6）侵犯他人隐私的信息；（7）可能破坏他人声誉的信息，如诽谤、侮辱他人，或是在商业广告中非法贬低其他同类产品；（8）侵犯知识产权的信息，如未经授权传播受版权保护的软件、音乐作品等。

英国将互联网不良信息分为三类：（1）违反本国法律法规的信息，既包括危害国家安全的信息，也包括儿童色情、网络诈骗等国家法律明令禁止的信息；（2）包含宗教或民族仇恨内容的信息、鼓励或教唆自杀的信息等；（3）令人厌恶的信息，如网络暴力信息。

德国主要是将互联网不良信息分为纳粹不良信息（如极端思想）、种族主义信息、暴力信息、网络欺诈信息和儿童色情信息等。

新加坡将互联网不良信息分为色情的信息、政治的信息、宗教的信息、种族的信息四类。

我们注意到，在关于互联网不良信息分类的论述中，各个国家和地区对于互联网不良信息也各有侧重，如美国侧重于暴力恐怖等危害国家安全的信息，欧盟侧重侵犯隐私和个人权益等不良信息，英国侧重于网络色情等不良信息。通过梳理，各个国家和地区对于互联网不良信息的分类基本上分为以下几类：（1）影响国家安全、社会稳定、民族尊严的信息；（2）含有色情、暴力、未成年人犯罪内容的信息；（3）网络邪教和迷信的信息；（4）侵犯他人人格权的信息和网络谣言；（5）诈骗内容与诱导未成年人过度消费、非法交易的信息；（6）泄露他人隐私、损害他人权益的信息。

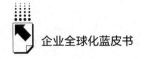

重点国家和地区在互联网不良信息管制上侧重于以下环节。

1. 出台相关法律监管互联网不良信息

一是在法律条文中明确相关规定。重点国家和地区对互联网不良信息的监管主要关注四个方面的问题：互联网不良信息内容、互联网不良信息生产和传播的行为、互联网不良信息扩散的后果、特殊主体保护。在立法层面上，目前国际通行的做法包括明确互联网不良信息的定义，管控互联网不良信息传播带来的各种违法违规行为，明确各责任主体在网络环境中应承担的主体责任，共同构建和谐的网络环境和正义的法律体系。

二是为保护特殊主体专门立法。由于互联网不良信息对青少年的发展影响甚大，重点国家和地区专门出台相关法律保护青少年，对互联网不良信息加强监管。如美国在内容分级制度的基础上出台了《儿童互联网保护法》，更好地保护未成年人权益；英国颁布《谅解协议：2003 年性侵犯法》和《R3 网络安全协议》，规范了互联网上的个体行为；欧盟提出了"电子欧洲"行动计划以规范欧洲互联网新经济的发展；为避免影响青少年健康成长，韩国在《青少年保护法》中对青少年的互联网使用行为做出了规定。

2. 针对互联网不良信息进行行政监管

一是设立专职的互联网不良信息监管机构，这些机构通常包括网络信息管理专门委员会或者是专门工作组等。如俄罗斯政府在联邦内务部成立了专职监管色情暴力违规信息的专门网络监督机构等；韩国主要监管机构是韩国因特网安全委员会，委员会下设两个具体执行部门，包括信息通信道德委员会和专家委员会，以防止互联网不良信息在公开网络中自由传播，进而建设健康的网络信息环境，保护用户合法权益。

二是加大经济处罚力度，降低危害程度。如美国采用的做法是经济处罚，2003 年福克斯附属台的真人秀节目《与美国人结婚》出现低俗内容，被罚 118.3 万美元；德国相关法律规定，谷歌、雅虎等商家若向青少年提供"不宜信息"，将受到有关部门最高 1.5 万欧元的罚款。

三是以技术手段强化政府对互联网不良信息的监管能力。政府经常使用的技术手段包括网站评级、内容审查、开源情报分析、实名制、AI 算法过滤、内容分级等。美国采取的行政做法是过滤，联邦政府规定学校和图书馆的每台电脑必须安装相应的过滤软件。韩国在 2001 年开始提供网站评级服务，政府要求运营商必须依照网络内容分级标准，将含有不适宜未成年人浏览的内容列入"黑名单"，2007 年推行的网络实名制也是治理色情内容的有力行政手段。

四是发挥非政府组织对行业的监管能力。行业协会在国外是非常有力的监管机构，可以监督企业合法运营，要求企业履行监管主体责任等。美国联邦政府强调非政府组织与政府保持密切合作，如美国著名的分类广告网站——克雷格列表（Craigslist）中"成人广告"曾占 1/3，后在美国各州政府、未成年人保护组织的进一步敦促下，克雷格列表关闭了相关业务。德国的主要对策是与互联网服务提供商达成协议，明确其在治理色情信息方面的责任。

五是开拓民意表达空间，提升政府监管能力。网民可以通过热线电话和互联网投诉、举报互联网不良信息。英国儿童开发与在线保护中心鼓励民众积极举报互联网不良信息，使民众自觉成为互联网不良信息的监督者。韩国的违法与不良信息举报中心 24 小时运营，随时监控网络有害信息的传播，及时处理用户举报。

六是开展互联网不良信息治理专项行动。由于专项行动所治理的互联网不良信息具有较强的针对性，且行动实施方力量集中，具有较为明确的时间安排和行动计划，因此专项行动通常会在计划时间内取得较为突出的治理效果。多个国家和国际组织间开展合作是互联网不良信息治理专项行动的一个显著特点。以"雪崩行动""矿石行动"① 等系列网络儿童色情治理专项行

---

① 美国司法部在 1999 年开展代号为"雪崩行动"的打击网上侵害儿童的全国性行动。这场行动的主要目标是得克萨斯州一家名为 Landslide Productions（直译"山崩产品"）的网络公司，该网络公司处于网上儿童色情业的核心地位，主要将儿童色情图片资料通过互联网传送给订阅用户。美国司法部长阿什克罗夫特于 2001 年 8 月宣布，经过两年的艰苦调查，逮捕了 100 名涉案人员。在美国的"雪崩行动"中发现有很多犯罪嫌疑人在英国，进而促成英国采取相关行动。根据美国联邦调查局提供的情报，英国执法部门从 2003 年 1 月开展打击互联网儿童色情网站的专项行动。在这场代号为"矿石行动"的行动中，英国执法部门逮捕了 6000 多名犯罪嫌疑人中的 1300 名涉案人员。

动为例，美国、加拿大、英国、瑞士、爱尔兰等国家通过跨国跨地区的协同作战和联合治理，对互联网儿童色情犯罪进行有力地打击。

（三）版权管理环节

近年来，重点国家和地区对技术侵权问题加大了管控力度。欧盟推出《数字化单一市场版权指令》，在原来欧盟版权法的基础上进行全面修改，除原来版权保护管控外，还增加了对版权服务商的责任规定，要求互联网平台对用户上传的侵权内容承担责任，要求 Facebook、YouTube 等平台必须安装"上传过滤器"，这一新指令意味着欧盟对互联网科技企业的版权管控将更加严格。印度对用户生产内容的版权管理十分严苛，拥有完善的版权保护体系。2019 年印度对涉及版权问题的 Injoy App 直接采取下架处理。印度现行的版权法已经修订过 5 次。另外，印度还有专门的版权集体管理协会，处理版权相关事务。

总体来看，国际上关于互联网版权管理的关注重点在以下六个方面。

（1）版权保护范围（包括版权人、版权内容或技术、版权保护适用区域等）；

（2）版权人的权利（版权所有者使用、传播内容并获得其产生的经济效益的权利）；

（3）一般侵权行为（未经许可将受版权保护的内容自发进行发行、广播、向公众传播等行为）；

（4）技术侵权行为（未经权利人许可或法律准许，规避用于版权保护的技术措施）；

（5）版权保护期限（受版权保护的作品一般都有其规定的保护期限）；

（6）版权管理的责任（版权管理者对版权所有者提供的内容具有一定责任，保护其不被侵权）。

重点国家和地区对互联网版权的管理也各有侧重。

1. 美国

美国对版权问题一向十分重视，在中美文化贸易交流日益频繁的背景下，美国十分关注中国生产、输出的网络内容。近年来，美国各地法院在涉外互联网版权侵权案件的判定中经常会依据"长臂管辖"原则，也就是说，即使企业并未专门针对美国市场提供各项服务，且不在美国境内运营，也可能会因为其内容被美国境内的用户观看，而被判定与美国建立了"最低限度的联系"，并被美国法院纳入管辖范围。

虽然美国版权法的规定对发生在境外的行为没有效力，但是美国联邦最高法院近年来为加大版权保护力度，将涉外网络版权案件的侵权行为的管辖范围不断放宽。只要该内容可以被美国用户通过互联网在美国境内访问，就会被认定受到美国版权法的管辖。

总体而言，美国对版权管理领域的关注重点主要在以下五个方面。(1) 管辖范围，包括针对美国市场投放和不在美国市场投放的，只要美国境内用户可观看到的内容。快手针对北美市场推出的 App Zynn 上线半个月就被谷歌商店下架，谷歌商店给出的理由是"有一条内容涉嫌侵权"。(2) 著作权人的权益保护，网络内容的第一生产者可以使用、更改、销售、传播版权内容，并享有这些内容带来的经济效益。(3) 网络内容的传输权，他人的复制、转发、传播行为是否损害版权。(4) 技术侵权问题，美国版权局认可了 IOS 越狱的合法性，但并未认可其他设备。(5) 网络服务供应商免责制度，美国实行"中介豁免"原则，鼓励在线平台资源调整用户内容，鼓励创新和发展新型商业互联网。供应商对用户的侵犯版权行为不负有责任，但在知道用户侵权后，应采取删除措施。

2. 欧盟

继《通用数据保护条例》后，欧盟重磅推出数字立法——《数字化单一市场版权指令》，在原有欧盟版权法的基础上进行全面修改，该指令是国际上在《数字千年版权法》颁布后有关网络版权保护的首个重大成果。

2016～2019 年，欧盟对谷歌处以超过 93 亿美元的反垄断罚款，并提出要对 Facebook 进行严厉的数据隐私处罚。《数字化单一市场版权指令》其中两项要求遭到了美国许多大型互联网公司的反对，第 11 条"链接税"要求新闻聚合平台为用于展示、共享或链接的内容付费；第

13条"上传过滤器"规定互联网平台对用户上传的侵权内容承担责任，这是与美国版权法规定不同的一点。该规定扩大了平台的监管义务范围，对短视频平台的侵权乱象进行有效治理。YouTube和Facebook旗下的Instagram等平台都受到此法律条款的影响，且被要求必须安装"上传过滤器"。在对互联网巨头进行限制的同时，欧盟对中小互联网企业和新创业企业提供了豁免政策，明确这些企业无须安装"上传过滤器"，以扶持其发展。此外，云存储平台和类似维基百科的非营利的在线百科全书平台也可以得到政策豁免。

欧盟颁布的《数字化单一市场版权指令》，对互联网内容的版权管理关注重点集中在五个方面。（1）版权人的权利，包括人身权、财产权和对其出版作品进行数字化使用的邻接权等，网络短视频等新形式的内容出现后，欧盟对其审查的方式也做了全新规定，即不论内容长度，只要互联网上的内容与电视上的相似，就要受到与电视一样的严格管理；（2）版权的许可范围和适用范围，新指令扩大了这一范围，一方面是欧盟成员国间版权使用范围的扩大，另一方面赋予公众不受版权人独占权限制约能够自由使用数字作品的权利；（3）特殊机构的版权许可，对以科学研究、教学、保护文化遗产等为目的进行大数据分析、复制和提取的行为给予许可，属于版权侵权的例外；（4）版权变更的透明化，欧盟要求数字作品的创作者和表演者在进行版权转让和版权许可活动时，要履行透明化义务；（5）对网络服务商规定责任，欧盟对视听内容（音乐、视频等）分享平台做出规定，包括缴纳"链接税"、安装"上传过滤器"。

3. 印度

印度发展较好的短视频软件主要分两类：一类是内容媒体，另一类是内容社区。前者注重内容本身，后者注重生产内容的互动，但两者都关注生产的内容，对内容的审查也都是重点。

印度的版权保护体系十分严格。2019年5月Injoy App因版权问题被印度Saregama音乐公司起诉，被谷歌商店下架，许久未能重新上线。印度现行的版权法共有过 5 次修订，2012 年 5 月，印度为了解决互联网技术不断发展所带来的新的版权问题，对版权法进行了新一轮的修订，并由议会两院通过了《2012 年版权（修正）法》。

目前印度版权治理的主要目标是使用国际标准，维持作品合理使用与版权保护间的平衡。印度新一版的版权法指出，出于教育目的使用出版物，应当被纳入版权许可。此外，该法案还将翻译强制许可引入《伯尔尼公约》，为发展中国家的非营利性版权使用提供了新的思路。同时，该法案还增加了将作品翻译为残障人士便于使用的版本的合理使用与强制许可，以及录音制品翻唱与广播两种法定许可，扩大了版权合理使用的范围。

印度新的版权法主要包含三个制度，一是不分作品类型的国际版权穷竭制度；二是版权与设计权非共存制度；三是版权集体管理协会的管理制度。这三项制度反映了印度对于版权保护的几种思路：（1）版权人的权利会受到绝对的保护；（2）作者死亡、权利人无法找到未出版作品等特殊情况会被执行版权强制许可；（3）非营利性的合理使用不构成侵权；（4）适用国际版权穷竭原则的进口作品不构成侵权；（5）版权与设计权两种权利的非共存制度。

（四）技术应用管理环节

对技术应用管理特别是软件和信息技术（包含软件技术和信息技术）应用管理的重视是各个国家和地区的共识，美国、欧盟、印度等十分关注企业技术的发展，也十分关注技术市场的竞争趋势。在技术进出口发展方面，鉴于互联网巨头企业的大范围扩张可能威胁到本国数据安全、本土企业优势等，美国、欧盟、印度等纷纷提出异议，展开调查，以维护本国技术市场的均衡发展。

美国参议院提出法案《2019 美国国家安全和个人数据保护法》；欧盟发布《5G 网络安全风险评估报告》，对 5G 网络安全风险进行评估，并提出风险缓解措施，提高技术数据安全性；印度虽还未直接提出针对性的政策规定，但与中国互联网产品的竞争并未减少，Mitron、Remove China Apps 的先后出现，

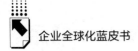

都意味着印度打算与 TikTok 展开正面直接的技术比拼，竞争用户市场。总体而言，对于全球软件技术应用管理的重点主要在以下五个方面。

（1）软件技术的开发（先进的技术意味着可以在相应软件市场取得一定的领先优势，重点国家和地区都十分关注新技术的开发）；

（2）软件技术的市场应用（软件技术的开发最终要应用到市场，对软件技术应用的市场选择也是关注重点，如海外市场的选择）；

（3）软件技术的竞争（先进技术带来软件间的竞争，可能涉及技术垄断型的竞争等）；

（4）软件技术的数据安全（软件技术在被应用的同时，也收集了大量的用户数据和个人隐私，相关数据的安全性也是重点国家和地区关注的重点）；

（5）软件技术的进出口（关于软件产品和信息技术的进口和出口，涉及多方面问题，一直是重点国家和地区关注的焦点）。

重点国家和地区对技术应用管理维度的关注也各有侧重。

1. 美国

2000 年，美国将软件业正式列入制造业，此后美国软件业迅速发展，现已成为美国的第三大支柱产业。随着软件业的发展，美国制造业提供了更多就业岗位，2013 ~ 2018 年美国软件工程师的数量增长了 20%。[①]美国还在世界范围内拥有最为广泛的软件市场，是全球最大的软件产出国。

美国国防部《2018 财年国防授权法案》要求国防部部长开展一项关于简化软件开发和采办法规的研究，鼓励信息技术的发展。对于市场的选择，美国坚持出口导向型战略，瞄准海外市场这一国家软件发展的核心目标，通过海外市场需求刺激本国软件行业的发展。

美国在世界软件市场中占据领先优势，但在国内为了维持市场平衡，对技术垄断审查十分严格。2018 年美国法院对高通技术做出判决，要求向对

---

① 《从欧美到亚洲，2019 年全球有多少个软件工程师？》，https：//zhuanlan.zhihu.com/p/79578973。

手授权专利技术许可,从而打破高通技术的垄断优势。另外,美国一直对海内外软件技术的数据安全性十分重视,并以此为理由,对包括华为、大疆在内的 33 家中国公司实施制裁。

总体而言,美国对软件技术应用管理的关注重点在五个方面。(1)软件技术的开发。为瓜分短视频巨大市场,美国各互联网科技企业开始转向短视频平台,探索信息技术的新发展,如谷歌收购 Fireworks 进行了功能升级,支持两倍时长的视频,打破横屏与竖屏边界的 Reveal 功能得到实现。(2)软件市场的开拓。对内,面对 TikTok、Likee、Zynn 等占据了美国大部分流量市场的中国软件应用,Facebook 和 Google 也推出类似应用,力图抢回市场;对外,美国一直将海外市场作为软件产品、信息技术的投放市场,如 YouTube、Facebook、Twitter 等都发展为全球性社交软件。(3)软件技术的反垄断。美国现行的《谢尔曼反托拉斯法》对垄断性活动进行严格控制。(4)对技术获取的用户数据有安全要求。如 2018 年加州出台的《2018 年加州消费者隐私法案》,2019 年提出的《2019 美国国家安全和个人数据保护法》,都要求对用户数据进行保护,尤其在社交媒体时代,确保各平台储存的用户信息的安全性显得更为重要。(5)软件技术出入境问题。美国对进入美国的海外软件产品或信息技术进行十分严格的审查,对其认为可能产生威胁的技术企业采取限制、制裁等措施,但自身在海外开展软件技术活动时,却十分"随心所欲"。

2. 欧盟

2001 年 2 月,欧盟委员会通过欧洲联盟第六个研究与技术创新框架计划的提案,确定了接下来五年在该领域的研究方向。2009 年欧盟着手探索未来新兴技术的大型研发和资助。2010 年,欧盟委员会发布了 2020 年"数字战略"行动计划。基于此,欧盟各成员国陆续出台了教育指导性文件来鼓励学校发展应用信息技术教育,并支持学生学习。

随着互联网技术的加速发展,欧盟对网络安全问题表现出了更多关注。欧盟全体会议通过的《欧盟网络与信息系统安全指令》是欧盟出台的第一个关于网络与信息安全的指导性法规,其主要内容包括欧盟各成员国要携手

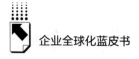

加强网络安全建设，提升风险防范能力；发生重大网络安全事故时采取备案制度等。

《5G 网络安全风险评估报告》是欧盟在 2019 年 5 月发布的一篇关于网络安全风险的报告，该报告不仅强调了网络安全风险日益增加，也强调了需要用新的方法来确保电信基础设施的安全。报告指出了一些安全挑战，与现有的网络情况相比，这些挑战"可能在 5G 网络中出现或变得更加突出"，这与大规模使用运行 5G 网络的软件有关。

欧盟对信息技术应用的关注主要在以下四个方面。（1）信息技术的开发应用。欧盟一直鼓励支持新兴技术的发展，掌握更好的技术才意味着掌握更多的主动权。（2）注重对信息技术人才的培养。欧盟推出"欧盟数字行动纲领"，支持中小学的信息技术教育工作。（3）信息技术的安全问题。数字化时代的到来，技术是具有记忆的，对于用户数据的收集、使用、存储等有严格的规范。（4）对海外技术的担忧。以 5G 为例，欧盟在美国的压力下，对中国华为的 5G 技术抱有一定担忧和敌意。

3. 印度

21 世纪，随着信息技术的发展，印度凭借其人才和技术优势着重发展高新技术产业，并将主要着眼点放在材料技术、信息技术和生物技术三个板块，经济获得了飞速发展。2003 年，印度政府发布《科技政策》，强调要优先发展材料技术、信息技术和生物技术，促进社会科创事业的发展。

中国短视频软件在印度发展迅速，但近期也屡次碰壁。印度市场相继出现了印度"山寨版 TikTok"——Mitron，以及一款具有偏见和针对性的 App——Remove China Apps。Remove China Apps 的功能是识别出中国企业开发的 App，例如 TikTok、UC 浏览器等，然后点击选中的 App，一键删除。

印度的软件技术应用管理主要集中在三个方面。（1）支持信息技术开发和转型。从 1984 年起，印度历届政府就不断出台相关法律推动本国信息技术产业的发展，如《计算机政策》《IT 技术园区计划》《电信港建设计划》《信息技术发展计划》《信息技术法》等。关于短视频平台的发展，各平台都在寻求转型，如 Likee 开始探索以短视频汇聚流量，然后再通过直播变现的方式，打造全球领先的短视频创作平台。（2）监督信息技术的安全问题。出台《信息技术法》等法律法规，完善信息产业发展法律体系。（3）关注信息技术的进出口问题。2019 年谷歌和苹果的印度应用商店都以 TikTok 可能会对青少年身心健康有害、隐私数据遭到泄露等理由将 TikTok 下架。印度此前推出多款带有偏见性的 App 应用，如 Remove China Apps 等，加深印度民众的偏见，引发国际矛盾，但都因违反谷歌应用商店政策被强制下架。

（五）企业经营管理环节

美国、欧盟、英国对市场垄断的管控都十分严格。美国反垄断法主要有三部法律，分别为《联邦贸易委员会法》《谢尔曼反托拉斯法》《克莱顿法》，这三部法律都针对企业市场垄断的行为进行约束。英国作为最早以法律保护竞争的国家，拥有完善的反垄断法律法规。《欧盟竞争法》对市场垄断的调查也十分严格。亚马逊、谷歌、Facebook 等企业近年来因涉及垄断事件被美国 FTC（联邦贸易委员会）、司法部以及欧盟组织等严格调查。

除市场垄断外，互联网科技企业涉及的逃税漏税、金融监管、消费者权益保护等企业经营管理问题也是管控重点。美国保障员工权益的法律条文十分完善，如《劳工法》《公平劳动标准法案》等对员工安全进行了周全保障。

宏观层面，互联网科技企业海外经营管理过程中需对目标国的经济政策走向、政局变动情况做出实时的关注，还要紧跟议会动向。对议会所关心的焦点和热点问题予以关注，对于与企业经营相关的重要议题，可争取旁听议会辩论。中观层面，要对目标国与企业投资、经营管理相关的各项法律及其配套政策有充分的了解，严格遵守当地关于劳动者保护的相关规定，不拖欠工资，及时缴纳保险，保证企业经营的合法性。此外，企业应认真研究当地工会组织的发展情况，积累与工会组织沟通和谈判的技巧。

微观层面，需适当了解目标国宗教信仰、宗教节日、宗教礼节相关知识，尊重员工的宗教信仰，对平台内涉及宗教信仰的相关内容进行严格管制，由表及里降低经营过程中各类风险的发生频率。

二　中国互联网科技企业全球化风险管理应对建议

（一）构建在地利益共同体

互联网科技企业在海外发展过程中需适配当地文化背景，强化自身的公益形象、弱化意识形态层面的"感知冲突"，以实实在在的"感知利益"为纽带强化与当地用户的连接。如为当地创造就业机会、积极参与当地公益活动，切实保证能让当地民众享受到利益，尽量规避潜在的文化冲突，通过构建利益共同体为企业的长期发展提供保障。

（二）尊重当地文化

互联网科技企业在对外交流中应避免显露文化、经济上的优越感。以美国为例，美国常以经济、文化上的优越感，以高高在上的角度对众多国家的制度、经济和文化等做过多的评判，遭到他国民众的诟病、反感甚至抵制。互联网科技企业应主动了解当地文化习惯以融入当地社会，保持与当地民众的友好关系，提升民众的认可度，进而获得当地政府的认可和扶持，防止因当地民众产生不满情绪出现经营管理困境。

（三）了解目标国的政治形势变化，建立风险监控预警大数据系统

在投资过程中，考虑到不同国家的社会状况，互联网科技企业的投资也可能受到政局变动的影响，因此境外投资企业需要提前基于大数据、人工智能技术跟踪目标国和相关国家综合形势变化的趋势，来建立较为完备的风险监控预警大数据系统，规避政治风险所带来的经济效益受损问题。同时要加

强与中国大使馆、政府驻外机构或其他海外商务机构的交流，更加深入地认识当地社会经济情况，建立预警大数据系统。

（四）投保海外私人投资保险，降低投资风险

为了保障企业的投资收益，互联网科技企业可以尝试在海外投资前投保海外私人投资保险公司来分担风险。海外私人投资保险公司，实行自负盈亏的公司化经营，其运转经费一般来源于企业投保的费用。海外私人投资保险公司具备双重作用：即保险和外交作用。保险可以有效对冲包括战争风险、国有化风险，汇率风险等大部分常见的由目标国造成的海外营商风险。企业投保海外私人投资保险不仅可以在发生风险时由保险公司偿付企业损失，还可以继续根据双边贸易协定，申请来自当地政府或企业的补偿，最大限度地挽回经济损失。

（五）强化在地风险管控和涉外内容审核

互联网科技企业需进一步强化涉外内容审核，避免激化国际矛盾，形成次生风险。就跨境电商平台来说，平台上往往有几十万甚至上百万的卖家，每个卖家又有许多商品，这些海量的内容在翻译过程中会产生一些文化沟通上的风险。因而区别于国内的内容审核管理机制，精细化的在地风险管控势在必行。

（六）防患未然，基于多业务线做好战略竞争的切实准备

近期，中美战略竞争关系进一步凸显。与互联网科技企业相关的竞争主要体现在两方面。一方面，美方对于中国互联网科技企业的制裁会进一步强化，对中国技术研发、学术科研、人才培养、合作交流等方面会加强限制甚至进行封锁。目前在技术封锁、人才培养阻断和科研工具（matlab 等基础工具）封锁方面都在持续施加压力。对于中国互联网科技企业而言，各个业务线对美国品牌和技术的依赖度需要进一步降低，提前进行风险转移。目前互联网领域的各类软件系统、研发设备、信息技术还高度依赖于美国，多元

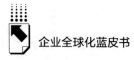

化价值链的建构势在必行。另一方面，中国市场对于美国文化和相关产品的限制也会进一步严格，中国互联网科技企业需要对相关业务线的系统性风险进行评估，对部分美国文化浸透性强的产品（部分教育类、文娱类产品）或美国品牌依赖度高的业务线进行切割和转型。

案 例 篇

Case Study

B.5
中国互联网科技企业全球化典型案例

清博智能舆情分析课题组 *

摘　要：　本报告旨在为中国互联网科技企业制定全球化战略提供借鉴与
参考。采用文献式的案例研究法，将大疆、联想、商汤科技、
中国电信、阿里巴巴、字节跳动、华为及腾讯八家中国互联网
科技企业作为样本，从总体业务板块和时间线概述、主要"出
海"地区、代表性业务线以及成功模式经验四个维度进行分析
与归纳。虽然中国成功"出海"的互联网企业主营业务不尽相
同，但是可以发现它们在经营理念上有着非常多的共通之处。
例如对内坚持奋斗者精神，按劳分配，鼓励员工为公司做出更

* 课题组组长：向安玲，清博研究院副院长，研究方向为媒介大数据、新媒体研究、国际传
播、网络舆论。组员、执笔人：赵思源，中国传媒大学普什图语专业本科生，研究方向为国
际关系、南亚研究；张亚男，河北大学新闻与传播学院硕士研究生，研究方向为政治传播、
传播理论研究；李亭竹，中国人民大学新闻学院硕士研究生，研究方向为政治传播、舆论研
究；郭念彧，湖南大学外国语学院博士后流动站博士后，研究方向为二语习得及跨文化研
究；周俊宏，武汉大学信息管理学院硕士研究生，研究方向为知识图谱、金融舆情。

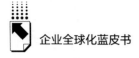

大贡献；对外着力维护客户关系，以客户需要为中心，创新产品服务，争取更广阔的用户市场；并着力建设企业发展的生态圈，联合各方力量，推动技术革新，加强对当地法律、风土人情的适应，努力承担社会责任，为当地创造更多税收和就业岗位，并与政府及媒体时刻保持高频度的开放沟通等。

关键词： 互联网科技企业　海外业务　企业全球化

一　大疆

深圳市大疆创新科技有限公司（以下简称大疆）是众多"出海"企业中异军突起的一支重要力量，以其为代表的"出海模式"——先在北美打响知名度之后再切回国内，让国内众多智能硬件企业看到了方向。在其海外业务方面，主要有大疆消费级无人机和影像系统、大疆农业、大疆行业和大疆教育四项（见图1）。

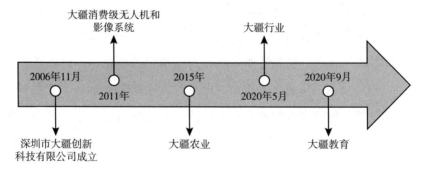

图1　大疆海外业务发展进程

资料来源：大疆官网，由课题组整理。

大疆创立至今，从第一代飞控系统到无人机系统和手持影像系统，其消费级产品覆盖了摄影器材、电子消费、户外运动、百货家电、玩具潮品等众多领域，已经销往 100 多个国家和地区。

从 2012 年开始，大疆将无人机技术应用于农业领域，并于 2015 年设立大疆农业品牌。依靠其积累多年的无人机产品与核心技术，大疆农业与合作伙伴，共同构建了以"人才培养、产品提升、药剂优化、技术升级"为核心的飞防生态系统，并将该系统成功应用于海内外多个种植区域。

大疆行业应用业务则以"重塑生产力"为使命，主要提供智慧城市与安全防控等服务，致力于实现产业生态智能化升级，同时为政府、公共事业机构及企业客户呈现更加智能、高效、安全的未来。目前，大疆无人机智慧城市与安全防控服务已应用于北美、欧洲、东南亚等多个国家和地区的公共安全、能源、农业、建筑、基础设施等领域。

2020 年 9 月，大疆正式推出其教育平台，致力于融合前沿科技与教育，让年轻一代接触科技教育，探索未来科技。从各类机甲大师赛到青少年挑战赛，再到高中生假期营，大疆正逐步开拓多种场景下不同年龄段的机器人教育市场。

在进行海外业务推广时，大疆也针对不同地区使用了不同的推广策略，并取得了一定的成果（见表 1）。

表 1　大疆的全球化策略

行业领域	策略	案例
大疆消费级无人机和影像系统（成熟阶段）	联合专门营销公司，在社交媒体平台进行线上推广宣传，借助节日进行销售引流	2018 年大疆携手飞书互动，主要通过 Facebook 和 Instagram 两大全球社交媒体平台，进行线上营销推广，拓展海外市场。同时通过带动营销节奏，促进用户下单。此外，大疆还借助黑五活动、圣诞促销等节庆狂欢浪潮，推动销售额达到新高。同时，借势新品上线、新品发布等重大节点，利用"引流 + 转化"获得投资回报率最大化①
	重点放在北美和欧洲，设立海外专门办公室，与顶级电子连锁零售平台合作	大疆除了在深圳设立总部，还在全球多个地点设立办公室，包括法兰克福、洛杉矶、东京、旧金山等，负责地区性市场营销、销售支持、客户服务、物流等事宜。同时在海外与北美、欧洲的顶级电子连锁零售大卖场合作，如 Best Buy、Media Market 等，进行大疆各系列产品的售卖。2016 年 3 月，大疆还与苹果公司建立首批独家零售合作关系，使旗下一部分产品得以在全球逾 400 家 Apple Store 零售店销售②

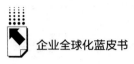

行业领域	策略	案例
大疆消费级无人机和影像系统（成熟阶段）	参与线下活动进行商品展出和宣传	大疆前期主要将产品向无人机业余爱好者群体推销或是参加小型贸易展或数码展进行展出。后期大疆几乎参加了所有大型影像展览会，包括科隆 Photokina 世界影像博览会、日本国际摄影器材与影像展览会、德国纽伦堡国际玩具展览会等。2014 年，大疆新增覆盖了包括亚马逊在内的 12 个北美地区航空摄影供应商、电商渠道③
	进行跨界跨行业合作	2013 年开始，大疆参与了独立电影节，并将产品在《生活大爆炸》《反恐 24 小时》《国土安全》等热门美剧中进行推广。2015 年，大疆"悟"系列无人机对洛杉矶举办的"Air + Style"单板滑雪比赛进行直播，开创了无人机被用于大型现场直播的先河，扩大了品牌的受众面
	划分用户群体，做到精准化、个性化营销	大疆营销部门根据不同用户群体，推送不同系列产品。比如针对家庭收入稳定、对高价摄影和科技器材有极高兴趣的使用者，推送明星级产品 Mavic 系列；针对对高科技有兴趣的学生和年轻白领，就推送无人机、Go pro、机器人等产品
	通过数据洞察，划分全球市场层级，定制区域化营销策略	大疆将目标市场划分为三个层级：美国（一级市场）、欧洲（二级市场）、澳洲和亚洲（三级市场）。针对不同级别的市场及受众属性，定制相应的营销推广策略。例如欧美用户偏爱简单明快的画风，因而广告常常直接强调产品和优惠信息，并且突出视觉冲击力。
	重视用户反馈，专注创新，提高技术自主能力与性价比	大疆深耕无人机技术多年。其代表作"精灵"（Phantom）系列把智能拍摄、高清图传、飞行控制和增稳云台合而为一，并且售价在 1000 美元以下，在当时绝无仅有④
大疆农业（发展阶段）	借鉴国内的先进飞防经验，结合各地农业发展实际情况，广泛进行地推与演示活动	2019 年，大疆农业合作伙伴为马来西亚农业部及其他农业相关部门提供围绕大疆植保无人机与精准农业的相关解决方案，同时受马来西亚邀请，为马来西亚当地农民提供植保无人机演示与培训⑤
大疆行业：智慧城市与安全防控服务（发展阶段）	服务多样化，涉及公共安全、石油与天然气、电力和测绘	2019 年，澳大利亚发生森林大火，在大疆专业相机的协助下，消防员得以定位着火点，回传到消防局指挥中心的火场实况也为指挥人员的灭火决策提供了参考。2018 年，美国加利福尼亚州北部比尤特县天堂镇突发山火，应急部门使用大疆无人机飞行多达 518 架次，拍摄了 70000 张图像，累计 1.4 万亿像素。通过这些图像，作业人员在两天内完成了 17000 英亩受灾区域的二维地图绘制，帮助灾后救援人员、市政规划人员、科研人员以及社会公众了解森林、房屋、人员的受灾情况，极大地推动了灾后重建进程⑥

续表

行业领域	策略	案例
大疆行业：智慧城市与安全防控服务（发展阶段）	新建生产线，并推出"政府版"新系统，打消数据安全质疑	自2017年起，大疆开始被美国政府机构怀疑其存在数据安全问题。2019年，大疆在美国加利福尼亚州特辟了一条全新的生产线，专供"政府级别"客户使用。之后美国方面对大疆无人机又进行了为期一年多的测试和审查，之后宣布该版本无人机系统能够符合在防止数据泄露方面的要求
	提供专业化无人机行业知识培训	2018年9月，慧飞与大疆正式联合推出日本无人机应用技术项目，并发布无人机测绘技术课程。此项目面向专业和行业用户提供无人机培训服务，为日本无人机应用和普及培养更多人才，推动日本无人机行业应用的持续发展⑦
大疆教育（起步阶段）	初入市场，暂时不考虑经济效益	2019年8月，大疆举办RoboMaster机甲大师赛。大疆提供的信息显示，这次比赛门票收入仅为50万～60万元，而公司为此投入了8000万元。该赛事一年一度，5年来大疆公司已经为此投入3.5亿元，⑧但也累计吸引了全球超过3万名青年工程师、500所高校报名参与

注：按成熟度划分为起步阶段、发展阶段、成熟阶段。

资料来源：

① 《占据全球70%无人机市场份额，大疆"出海"的秘诀是什么?》，一点资讯，2018年10月31日，http：//www.yidianzixun.com/article/0KOqr02x？s=wfbl&appid=s3rd。

② 《"出海"记｜大疆打造国际企业之路：先占领欧美，再"回到"中国》，参考消息网，2017年8月22日，https：//www.cankaoxiaoxi.com/finauce/20170822/2222141.shtml。

③ 《美国禁令阴影下，大疆的壁垒和危机》，凤凰网科技，2020年12月25日，https：//tech.ifeng.com/c/82URDE6qZ7C。

④ 《魔幻2020，"大出海"时代的新神器》，南风窗微信公众号，2020年9月29日，https：//mp.weixin.qq.com/s/AZf_GU3IjZUFfGXhmDw9ng。

⑤ 《在东南亚遍地开花 DJI大疆农业究竟做了啥?》，《世界热带农业信息》2019年第9期。

⑥ 《看山护林｜大疆无人机如何保护生产力?》，DJI大疆行业应用微信公众号，2020年3月12日，https：//mp.weixin.qq.com/s/3mBDih4GpIkOHAXlWECv9w。

⑦ 《慧飞正式推出日本无人机应用技术培训项目》，慧飞新闻，2018年9月14日，https：//m.uastc.com/utc_huifeinews/show/308.html。

⑧ 《无人机独角兽大疆缘何斥资3.5亿办教育》，经济观察网，2019年8月17日，http：//www.eeo.com.cn/2019/0817/363818.shtml。

（一）大疆消费级无人机和影像系统"出海"策略

在消费级无人机和影像系统业务方面，2011年至今，大疆已经深耕10年。在线上，2018年大疆在Facebook和Instagram等社交平台的广告触达人数为 4500 万、广告展示次数为 1.7 亿次。① 在线下,大疆不断与大型卖场合作,参加各类商品展出活动,还积极参与到电影节、体育赛事中,在全球范围内进一步提升了其在无人机市场的品牌知名度。

同时,大疆积极利用用户数据,将用户群体分类、目标市场分级、自身产品升级,为用户提供更加精准、优质的服务。截至 2020 年,大疆累计专利申请量超过 4600 件,在国际上排名第 29。此外,大疆产品还占据了全球超 80%、国内超 70% 的市场份额,在全球民用无人机企业中排名第一。②

(二)大疆农业"出海"策略

在大疆农业"出海"方面,日韩、东南亚、拉美等国家和地区是目标市场的第一梯队。日韩的无人机农业市场成熟度较高,大疆植保无人机表现稳定,占有 60%~70% 的市场份额。东南亚、拉美市场增长潜力大,经济水平和作业环境较好,尤其是东南亚环境类似于中国,华裔较多,大疆能够广泛地开展地推与演示活动,推广难度相对较小。③

欧洲、北美和澳新等国家和地区作为第二梯队,本身经济发展程度能满足使用植保无人机的需求,但因其农业现代化程度高,基础设施齐全,大疆产品的推广需要一定的时间和成本。为满足第二梯队国家和地区数据安全方面的要求,大疆新建生产线,特别推出"政府版"新系统,打消这些国家和地区的数据安全顾虑。

大疆农业数据显示,截至 2020 年 6 月,大疆农业全球市场保有量为 6 万台,全球作业面积累计 6 亿亩次,并培训超过了 4 万名专业持证的植保无人机飞手。截至 2020 年 7 月 12 日,大疆农业植保无人机全球单年作业面积突破 2 亿亩次,全球发货量突破 3 万台。

---

① 《占据全球 70% 无人机市场份额,大疆"出海"的秘诀是什么?》,一点资讯,2018 年 10 月 31 日,http://www.yidianzixun.com/article/0KOqr02x?s=wfbl&appid=s3rd。
② 《2020 年大疆无人机行业发展现状分析 占据全球及国内市场份额分别超 80% 和 70%》,搜狐网,2020 年 10 月 19 日,https://m.sohu.com/a/425778418_114835。
③ 《在东南亚遍地开花 DJI 大疆农业究竟做了啥?》,《世界热带农业信息》2019 年第 9 期。

（三）大疆行业"出海"策略

在大疆行业方面，大疆通过多样化的服务，为政府和企业在公共安全、石油与天然气、电力和测绘等方面提供高质量服务。从 2020 年初的澳洲大火救援，到 4 月切尔诺贝利森林大火扑救，再到 7 月日本唐津城的三维重建，以及全年参与全球抗疫活动，大疆行业应用全年累计服务全球客户超过 18 万次，全年累计解决客户问题 7 万余次，体现了自己的社会担当与社会价值。

此外，大疆还面向大众提供专业的无人机行业知识培训服务，截至 2020 年 12 月，全球慧飞培训时长超过 200 万小时，有超过 12 万名学员毕业，获得 UTC 证书。[①]

（四）大疆教育"出海"策略

2020 年 3 月，大疆推出其首款教育机器人，8 月推出首款编程教育无人机，9 月正式推出大疆教育平台。为了探索这片对大疆而言新的蓝海，大疆表示暂时不会考虑其经济收益。2020 年 6 月 12 日，大疆教育与新南威尔士大学正式签署战略合作协议，双方旨在教育、培训和人才发展方面建立战略合作伙伴关系。

从 2013 年首次举办 RoboMaster（机甲大师）大学生夏令营开始，历经多年的探索与沉淀，大疆逐渐形成了以机器人为核心，集产品、课程、赛事于一体的教育体系。[②] 大疆教育表示，未来将会同更多青年工程师与机器人教育的爱好者继续探索前沿科技。

总体来看，大疆在海外面临一系列拓展阻碍时积极应对，为其他互联网科技企业提供了经验借鉴。针对刚进入国外市场时的营销难题，大疆分别从线上和线下进行宣传，通过线上的社交媒体和线下的大型商场，大疆渐渐打响品牌知名度。同时，借助一些国外节日活动为自己的产品进行引流销售。在开拓次

①《2020 年终盘点 ｜ 每一个"你"都是英雄》，DJI 大疆行业应用微信公众号，2020 年 12 月 17 日，https：//mp. weixin. qq. com/s/OLcIPxc8qS9cpEg8BGUzMA。

②《大疆教育与新南威尔士大学签署战略合作协议》，智能制造网，2020 年 6 月 12 日，https：//www. gkzhan. com/news/detail/124879. html。

级市场方面，大疆通过划分全球市场层级和用户群体来定制区域化策略和个性化推送，加上线下的展览展出和众多的跨界联名，提高了自身的影响力。

在农业领域，大疆借鉴国内的先进飞防经验，结合各地农业发展实际情况推广并定制服务，真正做到惠及民生；在行业领域，大疆力求提供专业化服务和培训；在教育领域，大疆希望通过大力投资，开拓新的蓝海，以创造更好的收益。

二 联想

联想集团（以下简称联想），由中国科学院计算技术研究所于 1984 年创办，是一家国际化的互联网科技企业。2004 年，联想通过收购美国 IBM 公司的个人电脑事业部，积极开拓海外业务，迈出了全球化的重要一步。

如今的联想是一个集 PC、移动、云服务及平台发展于一体的大型跨国公司，在全球信息产业及供应链领域的发展日趋成熟（见图 2、图 3），联想"出海"策略见表 2。

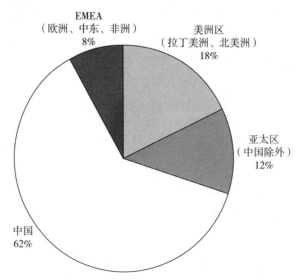

图 2　2019～2020 年按地域划分的联想员工占比情况

资料来源：《联想 2019～2020 年报》，2020 年 6 月。

图 3　联想利益相关者

资料来源:《联想 2019~2020 年报》,2020 年 6 月。

表 2　联想的全球化策略

业务端	总方针	具体策略	案例
A 端 (起步 阶段)	外部融资	联想通过与海外企业的兼并和收购,开拓联想在海外地区的销售渠道	案例一:联想于 2004 年并购 IBM 公司 PC 事业部,标志着联想开始为进军全球 PC 市场积蓄力量[①] 案例二:2011 年,联想与日本 NEC 成立"Lenovo NEC"合资公司 案例三:为提升云产品的服务能力,联想于 2012 年收购了美国 Stoneware 公司 案例四:联想于 2014 年通过收购摩托罗拉及 IBM 的部分业务,成为 X86 服务器市场中的全球排名前三的供应商 案例五:2017 年,联想与日本富士通集团成立合资公司,进一步扩大其在日本的影响力
	调整企业在海外市场的管理机制和成本控制模式	联想通过建立"大船结构"管理模式,进一步扩大国际影响力,规范各管理部门,将资源向联想的重点项目(诸如 PC 及供应链)集中,形成突破[②]	在海外项目等方面,联想有一整套系统性的管理机制

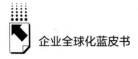

续表

业务端	总方针	具体策略	案例
A端 （起步阶段）	品牌战略	联想实行双品牌战略运作	案例一：2007 年 11 月，联想对外宣布，在全球范围内的标识从 legend 全面过渡到 Lenovo 案例二：2008 年 1 月，联想发布 PC 电脑品牌 Idea，开始在全球市场中开拓个人电脑消费板块③
	加大技术研发力度	联想集团转向以科创板为核心的产品研发赛道	2021 年 1 月，联想集团提交科创板申请 CDR 上市及买卖的企划案。联想集团通过与中金公司建立战略伙伴关系，开展与科创板有关的业务机生产线，计划在香港科创板上市④
B端 （发展阶段）	联想执行 3S 战略⑤	联想提供"基础设施＋边缘计算功能"的解决方案	2018 年，大型跨国零售集团 Ahold Delhaize 在比利时的 800 多家门店使用联想和 Scale Computing 合作的边缘基础设施解决方案，效果显著，减少了这些企业部署和管理边缘 IT 基础设施所花费的时间
	联想执行 3S 战略	提供"基础设施＋绿色节能"的解决方案	案例一：联想为地处巴西雅瓜里乌纳、墨西哥蒙特雷的设施安装太阳能装置，增加约 14 兆瓦的新太阳能发电装机容量 案例二：联想购买支持巴西（风力）、印度（风力）、墨西哥（风力）、欧洲（水电）及美国（风力）100% 可再生能源项目的可再生商品 案例三：联想集团在美国北卡罗来纳州惠特塞特及莫里斯维尔建立太阳能发电站
		利用智能供应链管理系统，构建"自有制造＋外包"的生产制造双模式	联想旗下产品 ThinkPad X1 Carbon 的部件就是一个典型范例。ThinkPad X1 Carbon 仅主要部件就有 129 个，其中电池、键盘和接口产自中国，内存产自韩国，处理器产自马来西亚，主板上的关键元器件来自法国和越南，操作系统来自美国。联想将 ThinkPad X1 Carbon 产品放在海外市场进行打磨研发，其组件在日本进行开发，在美国进行设计，在中国进行生产制造，在全球近 180 个国家和地区销售和提供服务
	依托云服务，为用户提供服务转型的解决方案	凭借机架规模的云解决方案，联想优化软件服务，使之具有高弹性、高性能和高安全性	案例一：联想、微软和 NVIDIA 设计了一个超融合的混合云，在组织的数据中心内支持 Azure 云服务⑥ 案例二：联想于 2011 年在欧洲与 Medion 公司建立合作关系，延长其虚拟运营商的业务线

续表

业务端	总方针	具体策略	案例
B端（发展阶段）	依托云服务，为用户提供服务转型的解决方案	深耕基础号卡业务，采取面向未来物联网市场的 Global Lenovo API 战略:旗下的虚拟运营商业务、安卓生态系统、Windows 业务优化、企业云存储、视频通话——友约[⑦]	联想懂的通信是联想虚拟运营商业务品牌和运营主体。2017 年,联想懂的通信发布具备 e-SIM 服务的笔记本[⑧]
	遵循可持续发展的基本理念	联想在生产、物流、回收、包装各环节实行绿色环保管理,使用绿色信息平台,加强供应商绿色规范管理,促进全球供应链的可持续发展[⑨]	联想积极避免使用来自其供应链的冲突矿产,并全力支持 EICC、无冲突措施(CFSI)、非政府组织及政府机构为解决这一复杂问题所开展的活动
		积极与海外政府部门和组织协会展开密切合作,促进节能减排的可持续发展	案例一:作为 PAIA 项目成员,联想参加了欧盟 ICT 足迹试点测试 案例二:在 2011 年,UL 向联想集团(Lenovo)颁发首张联想数据中心存储设备之能源之星®(ENERGYSTAR®)证书,承认联想的数据中心在产品存储的连接性、容量优化方法、存储分类法及运作模式等方面符合《能源之星数据中心存储1.0版本》标准内的要求[⑩]
	致力于实现企业的社会价值	联想秉承国际组织理念,尊重人权,提升国际传播影响力	2009 年,联想成为联合国全球契约组织的缔约方,联想支持并尊重人权的保护,确保商业行为绝不践踏人权。其坚守这些准则,并建立供应链社会责任计划,以履行承诺,并在供应链领域践行全面的《RBA 行为准则》

注:按成熟度划分为起步阶段、发展阶段、成熟阶段。

资料来源:

①《联想并购 IBM 的背景、过程、意义和影响》,精彩信息网,2019 年 7 月 29 日,http://www.33cn.org/s/15603.html。

②汪洋:《中国造联想无限 (2005)》,哈尔滨出版社,2005。

③《联想成中国最强"出海"品牌,带给"出海"企业哪些启示?》,搜狐网,2018 年 2 月 7日,https://www.sohu.com/a/221338856_115931。

④《联想集团欲闯科创板 科技含量够吗?》,新浪财经,2021 年 1 月 16 日,https://finance.sina.com.cn/roll/2021-01-16/doc-ikftpnnx7755242.shtml。

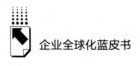
续表

⑤《联想首开"云誓师"先河　未来十年将聚焦服务与解决方案》，《重庆晨报》2020 年 4 月 14 日，https：//www. cqcb. com/vision/ai/2020 – 04 – 14/2330319_ pc. html。

⑥《NVIDIA，联想和微软开发超融合混合云》，新浪科技，2020 年 10 月 14 日，https：// finance. sina. com. cn/tech/2020 – 10 – 14/doc – iiznctkc5501525. shtml。

⑦《联想云服务集团是干什么的？看完此文你就会一目了然》，2020 年 8 月 26 日，https：// baijiahao. baidu. com/s？ id = 1676080333971325324&wfr = spider&for = pc。

⑧《联想发布 e – SIM 服务　虚拟运营商模式初见成效》，腾讯科技，2017 年 2 月 27 日，https：//tech. qq. com/a/20170227/071568. htm。

⑨《联想：以绿色智能制造引领可持续未来》，中国经济网，2020 年 8 月 25 日，http：//www. ce. cn/cysc/tech/gd2012/202008/25/t20200825_ 35600504. shtml。

⑩《联想集团：环境、社会和公司治理（ESG）报告：使命驱动智能变革》，https：//investor. lenovo. com/sc/sustainability/reports/FY2020 – lenovo – sustainability – report. pdf。

（一）PC 业务"出海"策略

早期，联想 PC 业务主打低端家用电脑，面向小型企业及收入较低的国内农村地区销售采用 AMD 处理器的低价电脑，在个体消费者中有着良好的口碑，联想也因为优异的成本控制能力而闻名业界。作为一个区域品牌，联想积极构建全球化品牌扩张和品牌国际化的战略，并于 2000 年正式开启联想的全球化之旅。

在不被外界看好的情况下联想使用收购策略率先抓住行业的重要变革契机，大胆进军海外市场，并成功借助知名品牌提升了品牌知名度和增强品牌延伸穿透力，无形之中节省了培养独立品牌的大部分成本。

其中，最重要的节点是 2004 年完成并购 IBM PC 业务，这一行业领先品牌给联想带来的收益巨大，除品牌效益外，还有其先进的管理经验、优秀的企业文化以及在电脑行业里突出的研发能力，使得联想不断提升整体后勤保障功能及供应链效率，帮助企业在全球用户中打造了良好品质的坚实标签，为后来联想的进一步发展奠定了坚实的基础，可以说对联想进一步扩大市场占有率进入国际 PC 高价值产品领域助力极大。

除此之外，联想的收购之路也收获颇丰。2011 年与日本 NEC 成立合资公司，在日本 PC 市场实现了重大突破，同年收购了德国的 Medion 公司，整体水平持续上升。在收购 Stoneware 公司后，联想云产品的服务能力大提升。

2014 年，联想又部分收购了行业巨头摩托罗拉和 IBM 的业务，在原有基础上 IT 周边设施和移动设备的全球影响力不断攀升，使得联想一举成为全球市值超过 421 亿美元的第三大供货商。

2019 年末，联想正式与故宫文创开展战略合作，以涵盖多个产业线及品类的联名产品进行深度结合，在现代产品中融入故宫及馆藏文物的设计元素，探索如何将以电子产品为代表的现代科技与中国传统文化相融合，开创了一大全新领域。这一举措，不仅借用国风 IP 向全球数码科技爱好者献出独属自己的潮流风范，向全球用户展示产品实力，而且凸显企业尊重中华传统文化，不忘国粹的担当与使命感。联想 PC 业务从 2004 年全球占比仅 2.4% 的市场份额，发展成为 2020 年全球占比 25% 的 PC 领导品牌。

（二）移动业务"出海"策略

联想凭借卓越的运营能力及切实可行的业务战略实现逆势增长，但仍存在诸多挑战。

全球手机市场的竞争日趋白热化，其市场份额主要集中在三星、苹果等头部企业，联想旗下的移动业务受全球移动市场的影响，盈利持续减少。从 2019 年 7 月到 2020 年 7 月，联想的移动业务呈疲软势态。以印度市场为例，在此期间，联想仅在 2019 年 7 月达到其在印度市场占比的最高额，近 2.91%。接下来，其在印度移动市场所占份额持续减少，截至 2020 年 7 月，联想占印度移动市场份额不到 2%。对此，联想从多方面进行探索和破局。

（1）设立新智能设备业务组，助力技术极速迭代

2018 年 5 月，联想成立新智能设备业务组。新的业务部门整合了联想 PC 和智能设备业务部门（PCSD）、移动业务部门。新业务组与原始数据中心组（DCG）一起致力于"智能设备 + 云"和"基础设施 + 云"的技术一

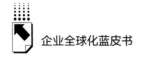

体式服务，为全球客户提供智能技术保障。

（2）以可持续发展为抓手，探索新式"出海"路径

在推广传统的 PC 及移动业务的基础上，联想坚持走绿色可持续发展之路，逐渐建立起一个拥有上百万供应商和部件的全球供应链体系。其中 3/4 的供应商都符合绿色发展要求。

具体来看，联想侧重供应商的管理及与环境保护组织及协会的合作。

一是就供应商管理方面而言，联想采购部门拥有较为成熟的采购程序，实现多领域、标准化，制定了相当全面的供应商操守准则。基于这些准则，联想格外关注供应商的环境友好表现，如环保消费、可再生材料的使用、温室气体的减排及避免使用冲突矿产等。

例如，联想在美国北卡罗来纳州惠特塞特及莫里斯维尔等地建立太阳能发电站，又为地处巴西雅瓜里乌纳、墨西哥蒙特雷的设施安装太阳能装置，增加约 14 兆瓦的新太阳能发电装机容量，目前项目发展发展态势甚好。再如，联想购买支持巴西（风力）、印度（风力）、墨西哥（风力）、欧洲（水电）及美国（风力）100% 可再生能源项目的可再生商品。

二是积极寻求与环境保护组织及协会的合作。作为 PAIA 项目成员，联想参加了欧盟 ICT 足迹试点测试。UL 于 2011 年向联想集团（Lenovo）颁发首张能源之星®（ENERGYSTAR®）证书，承认联想的数据中心在产品存储的连接性、容量优化方法、存储分类法及运作模式等方面符合《能源之星数据中心存储 1.0 版本》标准内的要求。能源之星是美国环境保护署推出的一项政府计划，其在促进企业发展、提高企业的能源效益等方面发挥着重要的作用。

（3）推动云服务助力相关业务板块的发展

联想一直在寻求从硬件设备制造商到智能化服务商的转型。在联想的发展战略中，云服务一直是联想转型的核心，也是联想为用户提供服务转型的重要依靠。

联想的云服务板块主要分为五个方面：虚拟运营商业务、安卓生态系统、Windows 业务优化、企业云存储、视频通话——友约。

第一，联想在虚拟运营商业务部分发展良好，这也是联想推行这部分业务的原因之一。第二，乐安全、个人云、乐商店是联想安卓生态系统的主要组成部分。同时，基于设备协同之间的互联，例如旗下的茄子快传，是发展此业务的中心。第三，Windows 业务优化主要是指系统的安全防御和系统的优化升级。第四，联想之前也收购过一家美国的云存储企业。早期联想主要致力于企业云的存储工作，如今联想则着重发展云存储上的平台级服务企业。第五，视频通话——友约类似于 Facetime，是一个免费视频通信工具，支持手机、电脑、平板、电视等设备。大屏视频通话，目前这个应用也已经被预装在一部分联想设备中。

由此看出，云服务一直是联想未来版图的重要一部分，也是未来发展的主要导向。

（4）技术赋能多元产业，激活产业链的普惠性应用

联想赋能多元行业，实现普惠性应用主要体现在包括教育业、智慧医疗、智慧城市、防灾防控等在内的全球多个行业场景落地应用。

第一，教育业。2018 年以来，学生们可以通过联想虚拟现实（VR）教室，不出教室进行模拟实地考察。联想 VR 教室配备了 Mirage VR S3 头戴显示器，可提供沉浸式 STEM 体验。还预装了用于职业探索的软件，以及带有形成性评估的课程映射 VR 课程。教师可以通过这种沉浸式的学习方式将 STEM 课程带入生活，并带领学生进行非洲、亚洲等地的生物多样性之旅。联想为客户提供商业质保、集成解决方案支持和专业发展支持。

不仅如此，联想 VR 技术改变了美国中小学生学习方式。2020 年上半年，位于美国马里兰州的巴尔的摩沃辛顿堡中学将联想的 VR 技术应用在了其学校的虚拟教室中，当学生戴上联想 VR 设备时，他们仿佛置身撒哈拉沙漠或者火星表面。坐在巴尔的摩教室里的孩子可能几秒钟内就能看到大峡谷的砂岩方块或珠穆朗玛峰的峭壁。

除此之外，自 2019 年底起，位于美国印第安纳州的兰道夫东部学校开始向教师提供 Lan School Air。该软件工具是联想旗下的基于云端的课堂管理软件，适合线上线下融合式教学。

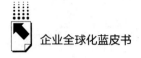

这款课程管理软件还培养美国中小学生利用互联网进行在线交流的能力，促进他们发展创造性思维以及树立协作意识，这些品质对于他们走出校门之外的生活至关重要。可以说，Lan School Air 保障了疫情期间全球教师及学生的正常教学及学习生活。

第二，智慧医疗。联想开发出一款试验性技术，可以利用 AR 头戴显示器/AR 眼镜帮助识别黑色素瘤，更好地绘制痣的变化情况。医生用智能手机拍下患处的照片，AR 设备会根据 AI 分析，将当前图像与之前的痣的尺寸图像叠加，医生通过 AR 眼镜可以看到这张图片。它使用同步定位和映射（SLAM）技术来区分有病和无病组织。

2018 年，联想联手 Starlight 和 Google，共同研发 Mirage Solo 头戴显示器及专为医院定制的多款 VR 内容，其中一款 Starlight Xperience 的 VR 内容，非常契合儿童的认知规律。

2019 年，联想利用增强现实及人工智能技术，推动癌症研究的发展。在秘鲁，非营利组织 Feelsgood 正在使用联想的产品和解决方案来缓解肿瘤患者的压力和焦虑。

第三，智慧城市。2018~2019 年，联想为位于南美洲哥伦比亚的波哥大提供了 Pivot3 边缘计算解决方案，将整个安全网络集中在一个控制中心，大大提升了计算的时效性。该解决方案纳入了 1000 多个摄像头、传感器、数据库、视频数据以及面部识别和行为分析等分析功能，使得波哥大更加智能和安全。

第四，防灾控灾。马来西亚气象局利用强大的联想高性能集群进行天气预报，利用其强大的计算能力，来运行高度复杂的数值天气预报模型。利用由近 300 个计算节点组成的液冷联想系统，MMD 每天可以完成 4 个 7 天的预报，分辨率为 1 公里，并发布暴雨、季风、洪水和海啸的天气预警。

在德国，科学家们正在利用由 6400 个联想 ThinkSystem SD650 节点组成的超级 MUC - NG 进行地震和海啸模拟，通过 ThinkSystem SD650 节点及水冷计算节点的连接，德国科学家可以更好地预测未来的自然灾害。

总的来看，联想一方面以云计算及人工智能等技术为核心驱动力，通过赋能海外多产业链,进行优化升级,从而实现自身业务的多维拓展。另一方面,联想着眼于可持续发展,通过与多方合作,促进绿色环保产业及节能减排技术的发展。不仅如此,联想还通过积极履行社会责任建立良好的企业全球形象和公共关系,促进其全球化的发展。

三 商汤科技

北京市商汤科技开发有限公司(以下简称商汤科技)作为全球领先的人工智能平台公司,秉承"坚持原创,让 AI 引领人类进步"的使命和愿景,推出了一系列领先的人工智能技术,自主研发并建立了全球顶级的深度学习平台和超算中心,业务覆盖马来西亚、泰国、印度尼西亚、韩国、我国澳门等多个国家和地区。目前,商汤科技已与 1100 多家国内外知名的企业和机构建立合作,成为亚洲领先的 AI 算法提供商,其全球化策略见表 3。

表 3 商汤科技的全球化策略

全球化布局区域	策略	案例
欧洲	依托 AI,赋能各行各业,实现双赢	案例一:商汤科技与瑞士电梯品牌迅达签署协议将 AI 技术引入多种乘梯系统方案中,促进有关电梯系统的研发和应用,实现对多种乘梯安全隐患行为或事故的智能识别和管理,实现安全管理和运营效率的双重提升,推动电梯行业的智能化升级① 案例二:商汤科技获颁 BSI 全球首个欧盟医疗器械新法规下 AI 软件 CE 认证,商汤 SenseCare 肺部 CT 影像辅助诊断软件可有效对肺部多种病症(含新冠肺炎)进行辅助诊断②
东南亚	依托 AI,赋能各行各业,实现双赢	案例一:新加坡首个 24 小时手机购物无人商店落地。此无人商店的技术支持来源于商汤科技旗下研发的 AI 人脸识别技术③ 案例二:将商汤科技 AI 技术引入泰国的地产业。根据协议,商汤科技不仅为 SKY ICT 提供 AI Cloud 云技术的解决方案,也为 Sansiri 提供"智慧楼宇"的管理方案,帮助管理人员提高在安全管理、停车管理、指挥调度中心等地产行业各个环节的运营效率,降低管理成本④

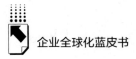

续表

全球化布局区域	策略	案例
日韩	依托 AI,赋能各行各业,实现双赢	商汤科技联手韩国 LG CNS 集团科技抗疫。新冠肺炎疫情期间,商汤科技发挥自身算法和技术优势,为 LG CNS 提供智慧通行产品及 AI 智慧防疫解决方案。0.3 秒全程无感通行、未佩戴口罩提醒等多项功能,让商汤 SensePass 产品成为 LG CNS 员工和访客刷脸"无接触"通行的神器,有效避免不必要的停留和聚集,降低疫情传播风险⑤
		商汤科技与日本领先运营商达成合作,能够通过 NEXCO 提供的日本闭路电视数据,智能分析摄像机采集到的高速公路交通事故、拥堵情况等路况信息,并进行结果验证,为日本高速公路的安全问题及未来发展提供了极大的助力⑥
澳洲	依托 AI,赋能各行各业,实现双赢。	商汤科技遥感技术部对袋鼠岛全岛的用地进行分类、路网提取。商汤科技技术团队将路网提取的算法与其人工智能解译技术叠加,对全岛的路网进行提取检测。通过解译,商汤科技还原了袋鼠岛失火前的森林全貌,并与失火后的森林面积进行对比,发现森林覆盖率只有原先的 10%,烧掉将近 1700 平方公里⑦
中国	双循环开放模式	商汤科技新一代人工智能计算与赋能平台项目落户临港新片区,则是采用"内循环"开放创新模式的典型案例。其依托临港新片区国际数据港,探索跨境及海外智能化场景和应用,一方面更好地服务国内,另一方面增加其在海外的经营机会⑧
	产研学一体化模式	其一,总部位于上海的商汤科技与 15 所全球顶尖高校建立"全球高校人工智能学术联盟",商汤科技还与上海交通大学共建清源研究院。其二,商汤科技日益完善企业内部的人才梯队培养体系,加大研发产品的投入力度,加速 AI 科研进程。其三,选址对产品研发的促进作用。2019 年,商汤科技将全球研发总部选在上海,该市的 AI 产业基础坚实、资源雄厚,其资本市场开放且发达,可以为商汤科技产业的孵化、发育创造有利条件⑨

资料来源:

①《商汤科技携手迅达中国,AI 技术打造智能扶梯安全新标杆》,商汤科技官网,2020 年 12 月 3 日,https://www.sensetime.com/cn/news – detail/55723? categoryId = 72。

②《欧盟医疗器械新法规颁布后,商汤医疗 AI 软件获 CE 认证》,雷锋网,2020 年 10 月 22 日,https://www.leiphone.com/category/healthai/D4ZbTcnki3adUBay.html。

③《科技公司掀起 AI 技术"出海"潮,新加坡真的是"完美"第一站吗?》,亿欧官网,2020 年 9 月 12 日,https://www.iyiou.com/analysis/20190912112232。

④《商汤科技与泰国 SKY ICT、Sansiri 公司达成合作》,搜狐网,2019 年 12 月 23 日,https://www.sohu.com/a/362215875_ 115035。

续表

⑤《彰显中国原创 AI 科技力量，商汤"出海"助力疫情全球防控战丨中国品牌日》，封面，2020 年 5 月 8 日，http://www. thecover. cn/news/4228509。

⑥《商汤科技与日本高速公路运营商达成合作 中国原创 AI 技术国际化再进一步》，北方财经资讯网，2020 年 3 月 27 日，http://www. economybf. com. cn/Html/？35403. html。

⑦《商汤科技张琳：AI + 遥感能够擦碰撞出什么样的火花？》，泰伯网，2020 年 3 月 24 日，http://www. 3snews. net/domestic/244000060651. html。

⑧《商汤科技"新一代人工智能计算与赋能平台"重点项目正式启动》，中证网，2020 年 7 月 7 日，http://www. cs. com. cn/ssgs/gsxw/202007/t20200707_ 6074067. html。

⑨《AI 应用加速赋能实体经济，上海夯实产业发展"智能底座"》，第一财经，2019 年 6 月 22 日，https://www. yicai. com/news/100676615. html。

可以看到，商汤科技以 AI 算法为核心驱动力，通过融资、技术革新、建立与合作商的战略合作伙伴关系、招聘资深和杰出的技术人才等方式实现 AI 领域的创新性突破。在 A 端，商汤科技近些年获得大批合作伙伴商的资金加持。2017 年 7 月，商汤科技获鼎辉、赛领领投。除此之外，商汤科技又获中金公司、基石资本、华宇投募股权投资、TOL 资本等多达 20 余家知名投资机构与战略伙伴参投，完成 4.1 亿美元的 B 轮融资，突破当时全球 AI 领域单轮融资最高纪录。2018 年 4 月，商汤科技又获其战略伙伴新加坡主权基金淡马锡投资，完成 C 轮 6 亿美元融资。商汤科技获得国内外合作商的领投与跟投说明了其在 AI 领域的影响力。在 B 端，商汤科技为风靡世界的 SNOW、B612、LINE 等众多在海外享有盛誉的 App 提供解决方案，从而促进其与合作商的联动互赢。在 C 端，商汤科技提供 AI 算法支持，赋能国内外娱乐平台，满足用户的使用体验。

尽管商汤科技在人工智能技术领域享有盛名，但是商汤科技的"出海"之路却非一帆风顺。其遇到的阻碍有以下几点：融资疲软、遭遇贸易壁垒、海外 AI 市场竞争激烈、海外业务线布局混乱以及缺乏将 AI 技术与商业落地场景结合的经验。

从内部环境来看，商汤科技资本积累已饱和，融资后劲不足。2020 年以来商汤科技的同行企业诸如依图、旷视科技、云从科技相继完成在海外的 C 轮及 D 轮投资，相比之下，商汤科技的后续融资却始终没有在海外市场落地。其次，由于商汤科技加大了对海外市场的基础设施建设投入，导致资产负债率高，毛利率低。截至 2019 年，商汤科技的资产负债率达到了 102.35%。硬件占比多、服务做得重是导致其毛利率走低的主要原因。商汤科技的诸多 AI 项目都处于基础搭建阶段，需要大量人力和物力支持，因而耗资严重。在行业培育阶段，商汤科技通常会为打开渠道，树立在海外市场的品牌知名度而牺牲短期利益，为后续的快速增长夯实基础。此外，缺乏明晰准确的商业布局、缺乏将 AI 技术与在地化商业落地场景完美结合的切实可行的实施方案，也导致商汤科技在拓展海外业务线的进程中受阻。

从外部环境来看，一方面政策风险加剧使得商汤科技遭遇贸易壁垒。2019 年 10 月，美国商务部工业和安全局（BIS）宣布对 28 家中国互联网科技企业及组织进行贸易封锁，列入实体清单，其中包括商汤科技。另一方面，AI 行业竞争激烈，人工智能"去魅化"进程使得商汤科技全球化业务开展遭到行业内部阻击。

面对内外部环境的冲击，商汤科技从战略制定、商业模式、行业应用等方面进行突围。

（一）善治、惠民、兴业的全球战略

商汤科技提出三种全球化发展策略：善治、惠民和兴业。善治是发展跟治理相关的业务，惠民是提出与民生相关的发展方针，兴业是跟企业赋能相关的业务。围绕善治、兴业和惠民这三个发展策略，商汤科技以人工智能为驱动力，采用内循环的开放创新模式，发展与当地社会文化融合的产业技术并保障引入 AI 技术企业的安全和隐私。

（二）双循环开放模式

2019~2020 年，商汤科技新一代人工智能计算与赋能平台项目落户临港新片区国际数据港，则是采用"内循环"开放创新模式的典型案例。其依托临港新片区国际数据港，探索跨境及海外智能化场景和应用，一方面更好地服务国内，另一方面增加其在海外的经营机会。

（三）产研学一体化模式

第一，商汤科技与国内外高等研究中心及大学开展合作，致力于"AI +"领域的发展。总部位于上海的商汤科技与 15 所全球顶尖高校建立"全球高校人工智能学术联盟"。与此同时，商汤科技还与上海交通大学共建清源研究院。第二，商汤科技日益完善企业内部的人才梯队培养体系，加大研发产品的投入力度，加速 AI 科研进程。第三，选址对产品研发的促进作用。2019 年，商汤科技将全球研发总部选在上海，该市的 AI 产业基础坚实、资源雄厚，其资本市场开放且发达，可以为商汤科技产业的孵化、发育创造有利条件。

（四）AI 赋能全球行业市场

第一，东南亚市场。商汤科技将 AI 人脸识别技术引入新加坡企业，新加坡首个 24 小时手机购物无人商店落地。此无人商店的技术支持来源于商汤科技旗下研发的 AI 人脸识别技术。早在 2018 年，商汤科技为推动 AI 技术在新加坡及亚洲地区的发展，与南洋理工大学等科研机构和运营商签订了战略合作备忘录，推动大型企业及中小企业的数字化转型，并针对各行各业及社会机构需求，量体裁衣，制定具有针对性的 AI 解决方案。①

商汤科技与泰国的 SKY ICT 公司达成合作。2019 年 12 月，商汤科技与泰国的 SKY ICT 公司 Limited 和 Sansiri Public Company Limited 签署了三方协议，将商汤科技 AI 技术引入泰国的地产业。根据协议，商汤科技不仅为 SKY ICT 提供 AI Cloud 云技术的解决方案，也为 Sansiri 提供"智慧楼宇"的

---

① 《商汤科技进军新加坡 加速全球布局》，中国新闻网，2018 年 7 月 3 日，https://www.chinanews.com/gn/2018/07 - 03/8554715.shtml。

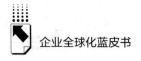

全方位解决方案。

第二，欧洲市场。商汤科技与瑞士品牌迅达 Schindler 就迅达自动扶梯安全智能响应系统开发签署战略合作协议。迅达是全球领先的电梯、自动扶梯、自动人行道及相关服务供应商。商汤科技将 AI 技术引入多种乘梯系统方案中，促进有关电梯系统的研发和应用，实现对多种乘梯安全隐患行为或事故的智能识别和管理，以"AI＋电梯"实现安全管理和运营效率的双重提升，从而为乘客创造更友好、更具人文关怀的乘梯体验并推动电梯行业的智能化升级。

商汤科技获颁 BSI 全球首个欧盟医疗器械新法规下 AI 软件 CE 认证，商汤科技 SenseCare 肺部 CT 影像辅助诊断软件可有效对肺部多种病症（含新冠肺炎）进行辅助诊断。

第三，日韩市场。商汤科技联手韩国 LG CNS 集团科技抗疫。LG CNS 是 LG 集团子公司，也是韩国最大的 IT 服务供应商。在新冠肺炎疫情期间，商汤科技发挥企业自身优势，利用算法和技术，为 LG CNS 提供智慧通行产品及 AI 智慧防疫解决方案。其中，商汤 SensePass 产品是一款无接触刷脸通行"神器"，它可以在 0.3 秒的时间内完成人脸识别认证和佩戴口罩检测，有效避免不必要的停留和聚集，降低疫情传播风险。

2020 年 3 月，商汤科技与日本领先的高速公路运营商"中日本高速道路株式会社"（NEXCO）达成合作，在"交通视频解析技术提案征集"项目中试行引入商汤科技原创技术，使得中国原创 AI 技术国际化再进一步。①

自动驾驶技术也是商汤科技的发展重点。2017 年底，商汤科技与日本本田汽车公司达成了进行深度合作，以更好发展自动驾驶技术。2019 年 1 月，商汤科技又在日本茨城县常总市建立了海外智能汽车研发基地，进行自动驾驶测试的同时还成功运营了"AI·自动驾驶公园"。此外，商汤科技也与中日本高速道路株式会社达成合作，为其提供智能视频分析服务。商汤科

---

① 《商汤科技与日本高速公路运营商达成合作 中国原创 AI 技术国际化再进一步》，北方财经资讯网，2020 年 3 月 27 日，http：//www.economybf.com.cn/Html/？35403.html。

技可以对采集到的高速公路路况视频进行实时的分析验证，为日本高速公路的安全问题及未来发展提供了极大的助力。这一发展策略，也为中国其他的互联网科技企业提供了创新合作的蓝本。

第四，澳洲市场。凭借人工智能解译技术，商汤科技利用"AI＋遥感"，对澳洲袋鼠岛的大火进行分析。2020年3月，澳洲袋鼠岛失火，导致房屋倒塌动物死亡。针对这一情况，商汤科技遥感技术部对袋鼠岛全岛的用地进行分类、路网提取。商汤科技技术团队将路网提取的算法与其人工智能解译技术叠加，对全岛的路网进行提取检测。通过解译，商汤科技还原了袋鼠岛失火前的森林全貌，并与失火后的森林面积进行对比，发现森林覆盖率只有原先的10％，烧掉将近1700平方公里。

（五）国际大赛折桂，增强品牌影响力

商汤科技以人工智能为核心技术，不仅致力于前沿研究，在国际大赛中斩获多次大奖，还参与科技部、工信部、国家发改委等部委级别的报告研究。如2020年8月23～28日，商汤科技技术团队参加两年一届的欧洲计算机视觉国际会议（European Conference on Computer Vision，ECCV）。商汤科技研究团队共有60篇论文入选该会议，其论文主题涵盖对抗式生成模型、三维点云理解与分析、视频理解与分析、目标检测等前沿领域，展现了其在计算机视觉领域的科研及创新实力。[1] 此外，商汤科技荣获两个桂冠，分别是ECCV LVIS Challenge 2020冠军和由苏黎世联邦理工学院（ETH）主办的ECCV AIM 2020冠军。

（六）采用"一站式"广告营销策略

商汤科技SenseNeo商汤智广"一站式"广告营销平台集内容创作、媒体投放、效果分析于一体，其内置的AIGC商汤智影视频创作引擎更可轻松生成

---

① 《60篇论文入选两度夺魁"史上最难ECCV"商汤再创佳绩》，《重庆晨报》2020年8月25日，https：//www.cqcb.com/vision/ai/2020－08－25/2885690_pc.html。

创意短视频，囊括脚本生成、背景替换、横竖屏转换、配字幕等覆盖短视频广告生产的多种服务，将传统由人工主导的短视频拍摄和制作模式，转变为AI辅助的自动化生成模式，助力广告主节约广告内容制作成本并提升效率。[①]

综合上述案例分析可知，商汤科技之所以能在面对贸易壁垒、融资后劲不足、毛利率低、同行竞争激烈等不利因素的情况下脱颖而出是因为其着眼于全球布局，致力于在 AI 与各行业的交叉领域进行产品的研发、布局及为其合作企业提供切实可行的解决方案，其成功主要依托于以下四点。

第一，通过提倡善治、惠民和兴业这三个全球化发展策略，商汤科技以人工智能为驱动力，采用内循环的开放创新模式，发展与当地社会文化融合的产业技术并保障引入 AI 技术企业的安全和隐私。第二，商汤科技部署全球化战略，依托 AI 赋能各行各业，实现双赢。第三，商汤科技建立商汤生态系统，将关于企业发展、政府等各类关系的管理思想融入符合社会和经济商业发展思想的契约精神，从而驱动了更多技术创新、模式重构、国际研发等内容模式的发展。第四，商汤科技具备采用一体式营销策略，配合其不断创新进取的精神，品牌的知名度和美誉度得以不断提升。

四　中国电信

随着海外通信业务一体化需求逐渐攀升，为了进一步开拓海外市场，中国电信集团有限公司（以下简称中国电信）于 2012 年组建"中国电信国际有限公司"，此举整合了中国电信的全球国际业务资源和人才队伍，将集团原来分散的海外分支公司和部门进行统一管理和运营。同时联合 2006 年创办的子公司——中国通信服务公司，以国际公司的形式稳步进军国际市场。[②] 此后，中国电信的国际业务规模逐渐扩大，成功实现了多产品、全方

---

① 《商汤科技 AI 广告营销平台发布，让营销变得简单》，金融街，2021 年 1 月 15 日，http：//www. financejie. com/articleid/92597. html。

② 《中国通信服务股份有限公司海外发展策略》，http：//www. doc88. com/p－5088405774883. html。

位服务的突破，在世界各地设立的子公司和分支机构也达到40多个。

中国电信国际有限公司主要向海外华人、跨国公司以及国际通信商提供业务支持，包括互联网网络接入服务、固定通信业务、数据通信业务、互联网数据中心及云计算服务、多地虚拟运营商业务及物联网全球连接服务、专业及行业解决方案服务等各类增值业务。①

而中国通信服务公司的业务则涵盖了互联网网络建设服务（设计、施工、监理）、互联网网络维护服务和互联网信息技术应用服务等各项服务。截至2019年底，中国通信服务公司在34个国家和地区设立分支机构，重点拓展亚太、中东、非洲、拉美等区域业务，为客户提供专业化、一体化、差异化的通信建设等相关服务。②

在全球化拓展道路上，中国电信通过业务重组，跨行业、跨部门、跨区域联动在不断摸索前进（见表4）。

表4　中国电信的全球化策略

业务板块	策略	案例
固定通信业务（发展阶段）	依靠坚实的国内客户与固定通信业务基础，进行海外业务拓展	2001年，基于扎实的客户服务基础和海外业务发展需求，中国电信在美国拿到了相应的业务运营牌照，逐步打开了欧美发达国家市场①
	紧跟"一带一路"倡议政策，广泛参与国际知名会展	2019年，中国电信参与世界电信展，面向各国参展代表展示综合智能信息服务解决方案，包括互联网接入及转接服务、固定及移动话音服务、国际专线服务等，致力于向客户展示优势基础业务②
	结合海外互联网特征，构建业务模型	2009年，中国电信在进行CN2网络优化扩容项目时结合海外互联网业务特征，重构业务预测模型，科学预测了承载流量，保证建设方案的成功进行
	海外市场管理精细化，设立专门分支机构	2008年，中国电信进入非洲市场，在25个非洲国家设立了分支机构，在近30个国家和地区组建了工程、技术和服务团队。2015年成立中国电信(非洲中东)有限公司

① 《中国电信集团有限公司2019年社会责任报告》，http：//www.chinatelecom.com.cn/shzr/2019shzr/202009/P020200915519139091991.pdf。

② 《中国电信集团有限公司2019年社会责任报告》，http：//www.chinatelecom.com.cn/shzr/2019shzr/202009/P020200915519139091991.pdf。

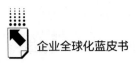

业务板块	策略	案例
网络接入 业务 （发展阶段）	助力当地新基建，为当地多领域发展提供有力支持，实现企业社会价值	2019 年，中国电信旗下中国通信服务国际公司中标尼泊尔电信 4G LTE 建设项目，作为总承包商，负责为尼泊尔全境提供 4G LTE 网络建设及运营维护等服务。④2019 年 12 月，尼泊尔全境 1500 余个 4G 站点试商用开通，实现 4G 网络对区县以上行政区域的覆盖，助力当地经济、文化、教育等行业发展
	与新兴运营商合资	2018 年，中国电信和菲律宾本地 Udenna 公司以及 Chelsea 公司组建了 Mislatel 财团，参与菲律宾第三家电信运营牌照的竞标并且取得成功，标志着其正式进入菲律宾电信市场，进行网络建设和运营服务⑤
国际数据 通信业务 （发展阶段）	云网融合，自建在地化数据中心、网络节点和数据机房	2016 年，中国电信主动联合海外各国互联网运营商，与其中 100 多家达成互联关系，80 多家运营商开展 IDC 合作，且在境外自主建立 13 个数据中心和 300 多个数据中心机房⑥
	推进细分领域国际标准调研，增强既有资源复用性	在海外构建 IPX 网络项目中，中国电信作为后入者，首先尊重国际标准，其次尽量利用现有的网络资源，减少投资。在解决 LTE 国际漫游方面，按照国际标准建设 DRA 和 DNS；在保护中国电信的 LTE 国际漫游服务正常进行时，也为全球其他运营商提供各项业务转接服务
	打造数据中心互联（IDC）专网	在进行国际 IDC 网络创新设计实践时，中国电信考虑到云数据中心业务网络架构的承载量，其南北流量、东西流量承载的业务、数据差别较大，进行区分建模和流量预测。同时采用 VLL 技术＋海缆传输构建国际 IDC 网络，将 8 个海外云数据中心节点纳入国际 IDC 网络
	依托当地政府政策支持，与各方分享权益，惠及当地民生	在哈萨克斯坦，由于各乡村地理位置偏远，无法每家每户接入光纤宽带。2015 年，当地政府推出"数字哈萨克斯坦"项目，旨在进一步提升全国特别是农村及偏远地区的通信基础设施水平。中国电信选择联手丝路基金通过光宽带连接城镇，提高偏远村镇的网络覆盖率，为当地教育、医疗卫生等引进新信息技术⑦
国际通信 设施服务 业务 （成熟阶段）	与周边接壤的多个国家和地区合作建设 61 条陆地光缆	2015 年，中国电信与 10 多个周边接壤国家和地区联合建立了跨境陆地光缆，建成 19 个国际陆缆边境站。通过这些光缆可直接连接中亚、北欧、东南亚地区，有效进行国际通信服务⑧
	大量收购海底光缆，同时参与建设 12 条国际及地区性海缆	中国电信通过中美海缆、中美直达海底光缆、日美海缆等国际海缆可通达北美；通过亚太 2 号海底光缆等国际海缆可通达东北亚、东南亚各国；通过珀斯－新加坡海缆等国际海缆可通达澳洲、南亚、中东、北非和欧洲地区⑨

续表

业务板块	策略	案例
国际通信设施服务业务（成熟阶段）	兼顾卫星资源建设	中国电信是中国基础电信运营商中唯一拥有卫星移动通信牌照的运营商。中国电信拥有包括 C 频段、天通一号等多种卫星移动通信以及甚小口径终端（VSAT）通信、卫星国际专线、卫星宽带接入（IPSTAR 系统）等业务⑩
社会责任承担（起步阶段）	坚持本地化雇佣政策	2019 年,中国电信国际公司非中国大陆籍雇佣员工达到 697 人,中国通服国际公司非大陆籍员工达到 3314 人⑪
	开展海外员工培训	2019 年,中国通信服务国际公司尼泊尔分公司在尼泊尔实施"安全培训下基层"专项活动,向通信设施建设的一线施工人员进行安全教育培训,提高作业人员的安全意识,促进尼泊尔通信承包商提升安全生产意识、安全生产能力和通信服务水平,提高尼泊尔通信基础建设能力

注：按成熟度划分为起步阶段、发展阶段、成熟阶段。

资料来源：

① 《中国电信海外化》, 2019 年 4 月 17 日, https：//www. jinchutou. com/d – 88025331. html。

② 《中国电信亮相 2019 年世界电信展 展现助力"一带一路"国家互联互通新成果》,中国电信官网, 2019 年 9 月 10 日, http：//www. chinatelecom. com. cn/news/02/201909/t20190910_ 48952. html。

③ 《中国电信某海外公司 CN2 网络优化扩容项目》, 2021 年 1 月 22 日, http：//www. hxdi. com/chs/category. php？id = 23。

④ 《中企助力尼泊尔电信构建完善的全国 4G 通信网络》,中国新闻网, 2019 年 10 月 3 日, https：//www. chinanews. com/gj/2019/10 – 03/8970887. shtml。

⑤ 《中国电信入局菲律宾 5G 战场,揭秘运营商二十载出海之路》,搜狐网, 2019 年 7 月 10 日, https：//www. sohu. com/a/325854792_ 482239。

⑥ 《中国电信拓展海外 IDC 服务 云网融合破解中企"出海"痛点》,《通信信息报》2017 年 5 月 4 日, http：//data. p5w. net/s1782801. html。

⑦ 《中国电信践行"一带一路"倡议：跨越鸿沟 共享信息文明》,中国电信官网, 2017 年 5 月 15 日, http：//www. chinatelecom. com. cn/news/02/201705/t20170515_ 33279. html。

⑧ 《中国电信国际战略为"一带一路"奠基》,《人民邮电报》2016 年 9 月 21 日。

⑨ 《中国电信与亚太运营商共同启动 新跨太平洋国际海底光缆工程建设》,中国电信官网, 2017 年 6 月 21 日, http：//www. chinatelecom. com. cn/news/06/ydyl/xw/201706/t20170621_ 33919. html。

⑩ 《中国电信陆海空天全方位通信服务助力进博会"越办越好"》,中国电信官网, 2019 年 11 月 4 日, http：//www. chinatelecom. com. cn/news/02/201911/t20191104_ 49694. html。

⑪ 《中国电信集团有限公司 2019 年社会责任报告》, http：//www. chinatelecom. com. cn/shzr/2019shzr/202009/P020200915519139091991. pdf。

（一）固定通信业务"出海"策略

在整个固定通信业务领域,中国电信坚信海外拓展要靠坚实的客户与业

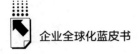

务基础，于是将海外拓展工作重点放在了业务的拓展方面，即在具体的服务延伸发展、业务发展、市场拓展等方面。

同时搭乘国家"一带一路"倡议的便车，中国电信广泛参与海外通信类会展，宣传自己的基础业务，争取在共建"一带一路"国家中提高国际影响力。

（二）网络接入服务"出海"策略

在进行业务海外布局的过程中，中国电信的海外公司内部需要进行 CN2 网络的优化扩容，这就要求根据区域网络运维数据进行专门研究和分析，以保证方案准确性以及网络接入服务正常运转。

通过率先在海外建立分支机构，中国电信较早地打开了国外的市场。在通信服务方面，中国电信国际公司到 2017 年已经在全球 30 个国家和地区设立分支机构；中国电信的全资子公司中国通信服务公司也在全球提供通信建设服务，目前已在全球 50 个国家和地区设立子公司或办事机构。例如，从 2008 年至今，中国电信在非洲多个国家已经建立了 20 多个网络节点，解决了用户的网络通信问题，助力"智慧非洲"建设。在网络接入服务海外拓展方面，中国电信积极助力当地新基建，采取了单独投标担任总承包商和与当地企业合资两种方式，在各地开展网络运营和建设服务。

（三）国际数据通信业务"出海"策略

在国际数据通信业务方面，中国电信采取"云网融合"策略，自建在地化数据中心、网络节点和数据机房，推进云服务和网络服务共同发展。在一些业务线不熟悉的领域，还积极推进细分领域国际标准调研，增强既有资源复用性，避免投资浪费。

为了进一步保障数据中心的业务网络架构稳定，中国电信为海外区域打造数据中心互联专网，提高云数据中心的业务承载量。截至 2020 年 8 月，中国电信全光骨干网 2.0 的覆盖、规模均位列全球之首。中国电信五大区域骨干网系统总长达 22 万公里，包括 470 个 ROADM 节点、2357 个 OA 节点，网络总容量达 590T；5039 条 100G，区域 WSON 控制，恢复时间小于 2 分钟，光层直达，时延最小。① 中国电信在 42 个国家和地区拥有包括 18 个 IDC 节点在内的 183 个国际网络节点，国际传输出口带宽超过 50T。②

此外，中国电信还积极配合海外各地政府政策，与各方分享权益，惠及当地民众，帮助其普及网络数据通信。

（四）国际通信设施服务业务"出海"策略

在国际通信设施服务业务方面，考虑到各国由于经济发展不均衡而导致的信息基础设施建设的数字鸿沟，中国电信采用"天地空"全球化布局策略，积极参与陆缆、海缆、卫星和其他通信设施的建设。

根据中国电信数据，截至 2019 年，中国电信共收购、打造了 37 条国际海缆，与周边接壤的国家和地区建成了 61 条陆缆，形成了 35 个陆缆直连系统。

2020 年，中国电信国际海陆缆通达全球 72 个国家和地区，建立了全球 5 大流量转接中心。③ 未来 5 年，中国电信还将规划和建设 5 条新海缆，增强各洲之间的国际海缆连接。

（五）社会责任承担

在社会责任承担方面，中国电信坚持本地化雇佣政策，依法维护海外员工权益。截至 2018 年，中国电信全球员工本地化率已达 90%，在海外市场始终遵守当地法律法规，有序竞争。④ 随着员工队伍的壮大，中国电信也十分注重加强员工培训，助力员工发展；加强海外安全生产管理，努力保护员

---

① 《中国电信智能全光网络大事记》，中国电信官网，2020 年 10 月 29 日，http：//www. chinatelecom. com. cn/expo/05/202010/t20201029_ 57663. html。

② 《中国电信与亚太运营商共同启动 新跨太平洋国际海底光缆工程建设》，中国电信官网，2017 年 6 月 21 日，http：//www. chinatelecom. com. cn/news/06/ydyl/xw/201706/t20170621_ 33919. html。

③ 《这条"海底长城"有多"燃"？中国电信告诉你》，人民网，2020 年 6 月 24 日，http：//gz. people. com/n2/2020/0624/c372080 - 34110128. html。

④ 《苗圩勉励中国电信为"一带一路"建设做更大贡献》，C114 中国通信网，2016 年 9 月 21 日，http：//www. c114. com. cn/news/117/a973415. html。

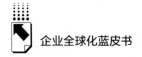

工安全，履行自己的社会责任。

总的来看，在国家"走出去"战略的倡议下，中国电信在"出海"过程中并非一帆风顺，但通过国际业务重组，中国电信国际公司积极推动全球化转型工作，依托"一带一路"倡议主动联动共建国家进行合作，拓展了自己的海外市场。

同时，在面临各国信息技术发展不均衡的情况时，中国电信不懈地进行海、陆缆建设，形成了云网融合的布局，打造"天地空"全球化布局，推动了各国之间电信建设发展，为世界上大部分国家和地区提供了便利。此外，中国电信还坚持本地化雇佣政策，参与海外公益活动，为当地提供了众多就业机会，带动当地产业发展，也提高了自身的国际影响力。

五　阿里巴巴

阿里巴巴集团控股有限公司（以下简称阿里巴巴）通过跨区域、跨文化与跨界的企业合作连接方式，以技术赋能全球中小企业发展从而助力企业变革升级，成为全球最大零售商之一，经营包含 B2B 贸易、网上零售、第三方支付和云计算服务等在内的主要内容，涵盖消费者、商家、品牌、零售商、第三方服务等多方角色，现已在美国纽约和中国香港交易所上市。

其创办的阿里巴巴国际站以数字化人货场为内环、数字化履约服务为外环、数字化信用体系为连接纽带，对整体贸易进行矩阵布局，并基于当前时代变化和目标顾客痛点需求，用数字化技术精准匹配买卖双方，提高跨境效率与用户体验，以国际站为基础为各大企业打造领域内的"商业操作系统"。①

阿里巴巴先后推出了"数字化出海 1.0"和"数字化出海 2.0"计划。数字化出海计划主要以数字技术为基础，帮助跨境贸易搭建基础设施，构

---

① 《数字化"出海"2.0，跨境电商的下一个风口》，连连支付官网，2019 年 12 月 11 日，https：//global. lianlianpay. com/article_ platform/19 - 11240. html。

建商家赋能体系，从而实现跨境贸易全球布局，后期线上交易额和支付买家数大幅增长，掀起了跨境贸易交易的浪潮。2019年6月实行的"数字化出海2.0"计划则优先整合生态内的多方优质资源，进一步利用数字化科技手段对不同国家进行不同策略的定向流量引入，与此同时注重海外买卖双方流量的精准匹配，并提供包括支付金融、物流在内的一揽子数字外贸解决方案，在既有产品和服务矩阵的基础上搭建了一条通往国际化的数字贸易道路。①

表5为阿里巴巴的全球化策略。

表5 阿里巴巴的全球化策略

业务板块	策略	案例
跨境电商	构建跨境贸易全链路	案例一："数字化出海2.0"计划实现了信用担保、支付金融、基础物流和跨境供应链全面升级，并为买卖双方提供了与各自相适应的服务优惠政策及有关解决运输物流的预选方案，力求达到三方满意的局面。截至2019年6月已为中小企业累计放款超100亿元，扩展了多元化的融资方式和放款场景 案例二：欧美、中东、非洲以及东南亚等多个重点国家和地区以及8个重点行业实现了广告直通车的定向引流与投放，同步进行的还有行业小二提供的针对性辅导，相辅相成① 案例三：2020年3月25日，eWTP比利时公共服务平台上线，整合政务与商务等能力，实现一系列贸易便利化解决方案
	产品品牌化	案例一：速卖通给商户提供了更多打造专属品牌的产品工具系统，针对不同的产品特色，帮助各商户做好自有品牌的营销宣传，为消费者提供高性价比的服务 案例二：阿里巴巴旗下东南亚旗舰店电商平台Lazada以B2C为主，走高端形象路线，目前网红直播已在泰国上线，重视引导卖家让自己的商品品牌化②
	制度&管理方式本地化	速卖通在一些重点国家如俄罗斯做本地化的投入，帮助其增强物流、支付等电商基建能力。速卖通可以直接连接消费者，从而及时获得消费者使用、购物体验的反馈，进而根据每个国家消费者的不同情况，快速改进相关营销方式，形成差异化的产品研发和设计③

---

① 《阿里巴巴国际站数字化"出海"2.0隆重发布》，阿里巴巴国际站，2019年9月18日，https：//supplier. alibaba. com/content/detail/PX52343Y. htm。

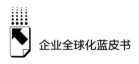

续表

业务板块	策略	案例
跨境电商	业务多元化	案例一:速卖通目前拥有 18 个语种的站点,消费者覆盖全球 200 多个国家和地区④ 案例二:Lazada 则引入了淘宝内容的相关功能,包括主界面展示模式,增加可用产品种类,周期性、季节性地实施相关促销活动等
	逆流而上	案例一:2020 年 4 月,重启"春雷计划" 案例二:2020 年 4 月,速卖通启动跨境 C2M 体系力挺"万商复苏" 案例三:2020 年 5 月,速卖通推出"AliExpress Connect"计划,为内容创作者及网红达人创造更多就业机会 案例四:2020 年 7 月,阿里巴巴国际站设立 10 亿元外贸专项补贴并提供 6 月护航服务⑤ 案例五:2020 年 8 月,Lazada 泰国表示将扶持并孵化多个天猫品牌"出海"泰国 案例六:2020 年 10 月,阿里巴巴国际站宣布启动"百亿生态投资基金"计划
	合并当地企业	案例一:2016 ~ 2018 年,阿里巴巴不断投资并控股 Lazada。截至目前,阿里巴巴集团对 Lazada 的投资额总计达到 40 亿美元⑥ 案例二:2017 年,Lazada 以近 5000 万美元的价格收购新加坡电商平台 Redmart,并将 Redmart 的冷链物流体系和 Lazada Logistics 整合配置在一起,改进后通过菜鸟物流配送服务复制应用到其他国家
云计算	组织架构调整	为拓展海外业务,阿里云引入了包括华为原企业 BG 高管袁千在内的大量海外经营管理人才,并于 2018 年 11 月底将云事业群升级为云智能事业群
	深耕东南亚市场	袁千接管阿里云国际化业务后,迅速为阿里云制定了"深耕东南亚、保持亚太第一"的海外拓展方针。2019 年 7 月阿里云宣布将在 2020 年继续扩建印尼数据中心,并在菲律宾成立生态联盟。印度尼西亚地域节点将扩充到 3 个可用区,马来西亚有 2 个数据中心,不仅可以提高云服务能力,还可以有效提升防护应急能力
	大比例投入核心技术研发	2020 年阿里云提出要在未来 3 年继续投资 2000 亿元,用于包括云操作系统在内的重大核心技术研发攻坚以及建设更加先进的数据服务中心
	与当地合作伙伴共同开拓市场	案例一:根据商业模式、政治文化、风俗习惯制定有针对性的"走出去"策略。例如为符合印尼法律政策的要求,阿里云在印尼本地建立数据中心,不仅符合了数据落在本地的要求,而且对政府部门、金融机构也会有更强的吸引力 案例二:2015 年,阿里云在新加坡设立海外总部 案例三:2015 年 10 月,阿里云和 Meraas 集团在迪拜建立合资公司 Yvolve 案例四:2016 年 5 月,阿里巴巴与软件银行集团在日本成立 SB Cloud Corporation"的云计算公司⑦ 案例五:阿里云成为奥运会的全球指定云服务商(2017 ~ 2028 年)

续表

业务板块	策略	案例
数字媒体及娱乐	参与投资	2015 年，就《碟中谍5》与派拉蒙达成了投资合作；阿里影业与 Amblin Partners 联合出品《绿皮书》《一条狗的使命》等⑧
	与当地伙伴合作	案例一：2016 年，阿里影业入股 Amblin Partners，通过其资源和渠道的助力，参与到多元化内容投资中 案例二：印度的在线票务公司 TicketNew 大部分股权被阿里巴巴收购，其主要目的是拓展中下游业务
	衍生品的联合开发	以淘宝、天猫平台上消费者偏好的数据为支撑，阿里巴巴更准确地制作参考影片的"风格指南"，同时协助商家确定消费者的付费习惯及相关衍生品，并把粉丝们的需求和动向传递给影片制作方
承担社会责任，助力当地发展	培养全球年轻创业者	面向欠发达地区的中小企业推出系列战略合作计划、商务孵化技术应用、全球电子商务平台等。2019 年 4 月，阿里巴巴创始人马云在日内瓦提出 B200 计划
	助力海外企业联动互赢	马来西亚机场全面启动新电子服务枢纽——马来西亚航空 eWTP 枢纽
	丰富消费者互动体验	2020 年 12 月，总部建于菲律宾马尼拉的阿里云为 Kumu 提供动力
	助力疫情教育	2020 年 4 月，阿里钉钉正式发布海外版 DingTalk Lite，疫情期间面向全球用户免费
	推出"数字出海同心战疫"方案	通过定向商机引入、流量精准匹配、金融扶持等机制帮助商家实现特殊时期的过渡与发展，同时更好地借助数字化管理与运营实现行业升级⑨

资料来源：

①《初心不改，实力再造数字化外贸新风口——阿里巴巴国际站隆重推出"数字化出海2.0"》，搜狐网，2019 年 6 月 20 日，https：//www. sohu. com/a/319569839_ 120054395。

②《"出海"东南亚电商：阿里被腾讯反超，本地化策略成竞争关键》，《21 世纪经济报道》2020年 9 月 3 日，https：//m. 21jingji. com/article/20200903/herald/9cdcf59a3583bc7030871641e935fa89_ zaker. html。

③《阿里速卖通：中国与世界贸易的高速路》，环球网，2020 年 1 月 14 日，https：//3w. huanqiu. com/a/21eee3/3wcB5fDgXKU？agt＝8aaaa14。

④《阿里速卖通：已开通 18 个语种站点，覆盖 200 多个国家和地区》，新浪财经，2019 年 12月 24 日，http：//finance. sina. com. cn/stock/relnews/us/2019－12－24/doc－iihnzhfz8028558. shtml。

⑤《阿里国际站设 10 亿元"新外贸专项补贴"提供 6 月护航服务》，网经社，2020 年 7 月 18日，http：//www. 100ec. cn/detail－－6564006. html。

⑥《Lazada 今年战略：发展直播内容、关注品牌，全面开放入驻》，搜狐网，2019 年 3 月 7 日，https：//m. sohu. com/a/299799793_ 235957。

⑦《阿里云"出海"，目标直指国际顶级云计算服务商》，阿里云，2017 年 3 月 27 日，https：//yq. aliyun. com/articles/72756/。

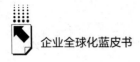
⑧《阿里影业"出海"记》，搜狐网，2019 年 2 月 26 日，https：//www.sohu.com/a/297773944 _100240657。

⑨《阿里国际站推出"数字出海同心战疫"整体解决方案》，网经社，2020 年 2 月 13 日，http：//www.100ec.cn/detail - - 6544694.html。

　　阿里巴巴作为中国互联网头部企业之一，始终贯彻"通过创造新的商业模式来得到一个更加方便高效的世界"企业内核，通过发展核心商业、云计算、数字媒体、娱乐、金融服务以及创新业务等重要产业，助力各大国内外企业利用变革营销方式，提升贸易效率。

　　电子商务作为阿里巴巴的主要盈利板块，背靠集团掌握的大数据基础能力与产品研发技术，现有跨境电商平台不仅可以直接连接消费者与商家，降低中间成本互惠买卖双方，还可根据不同国家消费者的不同情况，快速进行本地化需求响应，对相关产品进行差异化研发设计，并把先进人工智能技术应用于全球化业务当中，使不同国家对各类商品的不同需求和供给相匹配，形成良性正循环，从而达到卖家、买家、平台三方互利共赢的目的。在人才培养方面，面向欠发达地区的中小企业推出了系列战略合作计划、商务孵化技术应用等助力全球企业发展。

　　除此之外，阿里云在国际化的发展道路上选择与当地合作伙伴共同开拓市场的"出海"策略也值得我们学习。据阿里云的公开数据，截至目前阿里云已在全球 21 个地域开放了 64 个可用区，覆盖国家和地区超过 200 个。同时，阿里巴巴财报显示，2019 年阿里云营收首次突破 50 亿美元，达 52 亿美元，同比增长64%。① 更有 IDC 发布的报告预测，由于中小型企业（SME）对云计算的需求增加，到 2025 年，东南亚的云计算市场规模将达到 403.2 亿美元。②

---

① 《2019 年阿里云营收破 50 亿美元！已成为全球第三大云计算公司》，新浪财经，2020 年 3 月 3 日，http：//finance.sina.com.cn/stock/relnews/hk/2020 - 03 - 03/doc - iimxyqvz 7557467. shtml。

② 《阿里云"出海"往事》，猎云网，2020 年 7 月 20 日，https：//www.lieyunwang.com/ archives/467764。

与此同时，阿里云也具有业务与产品状态融合的特点，积累了过去10～15年移动互联网快速发展及在电商、物流、金融等方面布局的多重行业经验，也拥有应对高并发流量的成功经验，为阿里云的国际化发展提供更多附加价值，也能更好地帮助新兴互联网企业及国家进行数字化转型。

综合来看，推出全球电子商务平台、构建全球电子服务体系、利用阿里云计划增强阿里巴巴合作商与其消费者的互动是阿里巴巴能够助力当地企业发展的三个关键要素，同样也是自身快速占据市场份额，实现稳定发展的关键因素。

六　字节跳动

字节跳动成立于 2012 年 3 月，以人工智能在移动互联网场景下的应用为发展核心。作为一家年轻企业，它的办公室已经遍布 30 个国家 180 多个城市，拥有超过 6 万名员工。截至 2019 年底，字节跳动旗下产品全球 MAU（月活跃用户）超过 15 亿。[①] 字节跳动起初是 30 人的公司，在 2020 年非公开股票交易中，估值已经超过 1000 亿美元；在 2020 年胡润全球独角兽企业榜中已经跃居第二（见表 6）。可以说字节跳动的快速发展和布局使其成为全球头部独角兽企业。

表 6　2020 年胡润全球独角兽企业榜 TOP10

单位：亿元

排名	企业名称	价值	总部所在地
1	蚂蚁集团	10000	杭州
2	字节跳动	5600	北京
3	滴滴出行	3700	北京

① 《张一鸣挖角迪士尼前高管，字节跳动海外换帅玄机》，光明科技，2020 年 5 月 19 日，https：//tech. gmw. cn/2020 - 05/21/content_ 33847999. htm。

续表

排名	企业名称	价值	总部所在地
4	陆金所	2700	上海
5	SpaceX	2500	洛杉矶
6	Stripe	2500	旧金山
7	爱彼迎	2450	旧金山
8	快手	1950	北京
9	菜鸟网络	1900	杭州
10	Palantir Technologiesl	1800	帕洛阿尔托

资料来源：根据公开资料整理，2020 年。

技术出海是字节跳动长期以来的重要发展策略，该公司从 2015 年开始谋求全球化布局，并致力于建设全球创作与交流平台。目前已经推出了 TopBuzz、TikTok、Vigo Video 等产品（见表 7）。

表 7　字节跳动主要海外产品

Logo 标识	产品名称	Logo 标识	产品名称
	TopBuzz 海外新闻平台		Vigo Video 火山短视频海外版
	TikTok 抖音短视频国际版		Musical. ly 全球短视频社区平台
	Buzz Video 西瓜短视频海外版		Lark 飞书海外版，企业办公软件
	Helo 社交媒体平台		News Republic 全球移动新闻服务平台

资料来源：字节跳动官网，2021 年。

TopBuzz 作为今日头条海外版于 2015 年上线，是字节跳动旗下的海外新闻应用产品，也是字节跳动布局海外市场初次试水的产品，产品发布后，先后进入美国、巴西、日本等市场。2016 年，字节跳动先后投资了印度本土最大的内容整合平台 Dailyhunt 及印尼新闻推荐阅读平台 BaBe，开始布局东南亚市场。

2017 年，字节跳动开始涉猎短视频领域，成立抖音平台后收购美国 Flipagram（音乐短视频社区平台），同年 9 月 TikTok（抖音短视频国际版）发布，进而通过收购全球短视频社区平台 Musical.ly 打开美国市场，并同时收购 News Republic（全球移动新闻服务平台）进一步拓宽新闻领域布局。

除此之外，字节跳动在海外还推出或投资了若干产品，包括西瓜短视频海外版（Buzz Video）、飞书海外版（Lark），并在东南亚市场发布火山短视频海外版（Vigo Video）。随着这些产品用户数量日益增长，且用户黏性也在稳步递增，字节跳动渐渐渗透进海外用户的日常生活，甚至以 TikTok 为代表的社交媒体，成了年轻人生活的新风尚。

目前，字节跳动仍在进行广泛的全球化布局（见表8）。

表8　2015～2020 年字节跳动部分海外产品上线/投资时间

产品名称	产品简介	上线/投资时间
TopBuzz	海外新闻平台	2015 年 8 月
Buzz Video	西瓜短视频海外版	2015 年
Dailyhunt	印度最大的内容整合平台	2016 年 10 月
BaBe	印尼新闻推荐阅读平台	2016 年 12 月
TikTok	抖音短视频国际版	2017 年 5 月
Vigo Video	火山短视频海外版	2017 年 7 月
Flipagram	音乐短视频社区平台	2017 年 7 月 收购
News Republic	全球移动新闻服务平台	2017 年 11 月
Musical.ly	全球短视频社区平台	2017 年 11 月 收购
Lark	飞书海外版	2019 年 4 月
Viamaker	短视频剪辑平台	2020 年 4 月

资料来源：字节跳动官网、新时代折券研究所，2020 年。

虽然从 2019 年底至今，字节跳动迅速"出海"占领市场的过程中，面临重重阻碍，但是 TikTok 作为字节跳动技术"出海"的头部产品，已经势不可挡地成为一种潮流，成为新一代年轻人时尚文化的代名词。

TikTok 针对各个国家和地区的 ARPU 值（每用户平均收入），对目标国家和地区的市场进行划分：首先分为 S、A、B 三级，S 级包括美国、日本、英国，A 级是印度、韩国、欧洲、西欧（德国、法国），B 级为中东、东欧、南美；其次是北非、东南亚。①

人口众多、年轻人口多、消费水平高、文化包容多元的日本、美国、印度等国是 TikTok 的重点运营区域，但也各有不同。日本发达程度高，加之 Z 世代（1995～2009 年间出生人群）所喜爱的二次元和宅文化等流行亚文化发展相当成熟，是短视频传播和社区文化营造的优质市场，因而比较适合 TikTok 发展。印度的互联网产业近几年处于飞速发展时期，有较为充分的市场红利，民族性格比较乐于展示，因而在内容创作和内容消费上的需求急需释放。而美国的 ARPU 值比较高，文化比较多元开放，流行文化产业发展相当成熟，基础设施发展也十分成熟，年轻人消费欲望旺盛，也很适合短视频内容的创作和消费。

TikTok 及抖音的 Sensor Tower 商店下载数据表明，这两款产品以 5600 万下载量位列全球移动应用（非游戏）下载榜冠军。其中，抖音下载量占 11%，TikTok 美国市场的下载量占比为 10%。②

字节跳动的全球化策略如表 9 所示。

表 9　字节跳动的全球化策略

区域	策略	案例
北美（美国为主）总榜（1～3）娱乐（1～3）	从已被市场验证过的产品形态入手，以投资并购的形式快速跟进	在 TikTok 进入北美前，收购美国最受欢迎的短视频应用 Musical. ly，缩短了 TikTok 的冷启动周期
	引入多位海外高管	前华纳音乐集团高管 Ole Obermann 加盟字节跳动，出任音乐总监；前谷歌资深员工 Theo Bertram，担任字节跳动欧洲政府关系与公共政策总监等
	加大广告投入	TikTok 在美国 2018 年、2019 年的广告支出分别高达 10 亿美元、40 亿美元
	板块布局本土化合作	TikTok 与加拿大电商平台 Shopify 达成全球合作，将进一步发展电商业务

① 《TikTok 将重点布局美国、日本和印度国家》，雨果网，2019 年 9 月 16 日，https：//www.cifnews.com/app/postsinfo/468598。

② 《Sensor Tower：去年 12 月抖音及 TikTok 为全球移动应用下载榜冠军》，观察网，2021 年 1 月 14 日，http：//www.looktmt.com/0042/910/40769596247.html。

续表

区域	策略	案例
英国总榜（1~3）娱乐（1~3）	扩大海外团队，逆势招聘，引进成熟企业人才	TikTok 极速扩大欧洲团队，多位互联网国际大厂前员工纷纷加入了其伦敦办公室
	联合、支持多样化线下实体产业、引流与合作共赢	TikTok 和三星电视合作率先在欧洲推出电视端应用，将平台内容推送从移动端的私人性向"家庭"转变
		支持英国下一代影院制造，邀请很多戏剧界的人才加入 TikTok，把戏剧创作精神带到社区。让人们在平台上可以了解各种形式的英国戏剧，了解更多关于艺术这一重要部分的信息
日韩总榜（≥10）娱乐（4~6）	拉拢 KOL，推出系列话题	进驻日本市场最初六个月，运营团队拉拢具有网络影响力的名人，针对日本校园文化推出了各种系列话题成功打开日本市场
	板块布局本土化合作	TikTok 与索尼达成协议，获数千名艺术家音乐版权
		联合 Billboard 在日本推出音乐节目《NEXT FIRE》
	多种方式鼓励短视频优质内容的创作	TikTok 在日本和韩国启动"TikTok Spotlight"音乐人计划。鼓励优秀的日韩独立音乐人在平台上创作内容
		TikTok 在日本推出"育成计划"，对优质创作者进行重点扶持，使其成为粉丝破万的 TikTok 达人
	算法颗粒度细化，内容、评论、交互圈层化	在 TikTok 平台中，粉丝量较大的内容发布者视频会在每个区都进行推送，而普通用户基本上只有本地区或者本国的人才能看得到
印度总榜（1~3）（封禁前）娱乐（1~3）（封禁前）	针对不同市场用户习惯，打造产品功能	东南亚及南亚市场前景较为广阔，印度互联网用户平均年龄较低，且愿意在社交媒体上花费大量时间，渴望表达自己。TikTok 在印度市场利用名人效应和切合当地习俗的策略进行全面推广
	主打"下沉"市场，对印度"腹地"下层用户更友好	TikTok 植根于印度的腹地，可以满足贫困阶层和下层中产对于"能引起共鸣和舒适感"的娱乐内容的需求
	强调创建社区平台，锁定用户	TikTok 既是视频制作工具，又起到了内容推广平台的作用，这种平台模式成功地锁定了用户，提高了 TikTok 的用户黏性

注：按下载量排名。

资料来源：根据公开资料整理，2020 年。

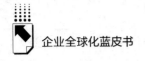
（一）"出海"策略

1. 北美（以美国为主）市场

（1）从成熟的产品形态入手，投资并购，快速跟进

当下很多互联网巨头在"出海"布局的过程中，都会采取战略投资或全资收购的方式进入海外市场，这样可以帮助海外产品快速冷启动，同时缩短在海外进行团队搭建所需的时间周期。

在 TikTok 进入北美之前，Musical. ly 已经成为美国最受欢迎的短视频应用，这个由中国企业家朱俊和阳陆育在中国上海推出的短视频应用，自 2014 年 8 月推出以来，在美国青少年中尤其受欢迎，而后 Musical. ly 决定专注于美国市场。

之后，字节跳动决定以收购 Musical. ly 的方式进军美国市场，以 10 亿美元达成协议，收购完成后，2018 年 8 月，Musical. ly 并入 TikTok。Musical. ly 将年轻的用户引流到 TikTok，使 TikTok 在短时间内迅速占领用户市场，同时拥有了海量的成熟内容作品。

（2）引入多位海外高管

字节跳动在进入国外市场初期已引入多位海外高管，2019 年 10 月，前华纳音乐集团高管 Ole Obermann 出任 TikTok 全球音乐总监。① 12 月，前谷歌资深员工 Theo Bertram 加入 TikTok，担任欧洲政府关系与公共政策总监。2020 年，TikTok 引入的海外高管还包括前微软首席知识产权顾问 Erich Andersen、前 Hulu 高管 Nick Tran。同期，字节跳动 Helo 也收获了前万事达公司高管 Rohan Mishra 和前索尼助理副总裁 Chhandita Nambiar 的加盟。②

---

① 《太意外！7000 亿字节跳动突放大招 国际版抖音要彻底火了?》，东方财富网，2020 年 5 月 20 日，http://finance. eastmoney. com/a/202005201490898120. html。

② 《迪士尼前高管梅耶尔出任字节跳动 COO，将掌舵 TikTok》，搜狐网，2020 年 5 月 19 日，https://www. sohu. com/a/396123497%5F260616。

（3）加大广告投入

仅在美国，TikTok 在 2018 年就投入了 10 亿美元广告费，而 2019 年广告费用则飙升至 2018 年的千倍。巨大的广告支出也带来了丰厚的回报，2020 年 4 月，TikTok 在美国的下载量居全球第三，高达 1.65 亿次，占比 8.2%。[①]

（4）板块布局本土化合作

2020 年 10 月，TikTok 宣布与加拿大著名电商平台 Shopify 达成新的全球合作关系，目前，TikTok 在进一步开拓市场的过程中，已在美国为 Shopify 商家提供了新的 TikTok 商品购买渠道。由此可见，TikTok 的电商业务已经开始布局，并将于明年进一步向北美、欧洲、东南亚等其他地区拓展业务。

2. 英国市场

（1）扩大海外团队：伦敦办公室吸引众多谷歌、Facebook 员工加入

人才是互联网科技企业最核心的资产。很多互联网科技企业通过高薪引进成熟企业人才，借鉴成熟企业运营经验，少走弯路。

TikTok 在扩大以英国为主的欧洲团队时，就有多位互联网巨头的前员工纷纷加入其伦敦办公室。招聘网站领英的数据显示，至少有 12 名前谷歌员工跳槽到 TikTok，同时从 Facebook 离职后加入 TikTok 的员工人数也相当可观。美国消费者新闻与商业频道曾有做过一篇报道，"*TikTok has moved into Facebook's backyard and is starting to poach its employees*" 介绍道，自 2018 年以来，TikTok 及其中国母公司字节跳动聘用了来自 Facebook 的 20 多名员工。[②] TikTok 通过提供远超于市场平均水平的薪资，向多个地区开放岗位需求，招揽当地优秀人才，迅速扩充海外队伍。

---

① 《TikTok 全球下载突破超 20 亿人次，它做对了什么？》，36 氪，2020 年 5 月 6 日，https：//36kr. com/p/695947614345344。

② 《外媒：TikTok 自 2018 年以来已从 Facebook 挖走多名员工》，站长之家，2019 年 10 月 15 日，https：//www. chinaz. com/2019/1015/1054436. shtml。

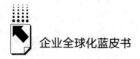
（2）联合、支持多样化线下实体产业、引流与合作共赢

一是 TikTok 和三星电视合作率先在欧洲推出电视端应用。2020 年 12 月，TikTok 与三星电视宣布合作，推出电视上的 TikTok 应用程序，这是一款将 TikTok 的流行内容带到家庭的新应用程序，可在英国的三星电视设备上使用。电视上的 TikTok 是专门为家庭观看体验而创建的，这意味着 TikTok 在尝试将"个人化使用体验"扩展至家庭领域。

二是 TikTok 支持英国下一代影院制造。2020 年有很多戏剧界的人才加入 TikTok，把戏剧创作精神带到社区，包括安德鲁·劳埃德·韦伯（Andrew Lloyd Webber）和凯莉·霍普·弗莱彻（Cinderella Carrie Hope Fletcher）这样的偶像，汉娜·洛瑟（Hannah Lowther）这样的新兴人才，以及皇家歌剧院（Royal Opera House）这样的机构，让人们在平台上可以了解各种形式的英国戏剧，了解更多关于艺术这一重要部分的信息。

3. 日韩市场

（1）拉拢 KOL，推出系列话题，成功打开市场

一方面，在邻国日本，短视频市场大部分被 Facebook、Snapchat 和 YouTube 等网络巨头瓜分；另一方面，这些巨头并没有专注于短视频市场，这也为 TikTok 提供了机会。但是，在具有独特文化且经常戴着"有色眼镜"看待中国公司的日本市场，TikTok 面临巨大的挑战。在最初的六个月里，其运营团队每位成员都承担着拉拢具有网络影响力的名人的任务，木下优树菜是 TikTok 签约的第一位名人，双方进行了多达七轮的讨论才最终达成协议。此外，针对日本强大的校园文化和尊重相似性文化，TikTok 也推出了各种系列话题成功打开日本市场。①

（2）算法颗粒度细化，内容、评论、交互圈层化

在 TikTok 平台中，如果用户是属于同一个文化区的，例如日韩同属于

---

① 《TikTok：抖音的国际化之路》，2020 年 6 月 17 日，https：//liuxue. xdf. cn/blog/zhangyang qing/blog/2223172. shtml。

东亚文化圈,粉丝量较大的内容发布者则会在每个区都推送,而普通用户基本上也只有本地区或者本国的人才能看得到。另外,即便是同一个视频,在不同地区推送也存在差异,日本区的用户优先看到的是日本用户的评论,其他国家同理。会因为国家或者地区的区别,评论的先后顺序都会有所改变。①

(3)板块布局本土化合作

第一,与头部音乐公司合作,获得音乐版权。TikTok 在 2020 年 11 月与索尼音乐娱乐公司(Sony Music Entertainment)达成的一项新协议。根据该协议,TikTok 获得了数千名艺术家的音乐版权,其中包括碧昂斯(Beyonce)和特拉维斯·斯科特(Travis Scott)等著名艺术家。

第二,联合制作全新音乐节目。2020 年 10 月,TikTok 和音乐排行榜 Billboard 在日本推出全新音乐节目《NEXT FIRE》,该音乐节目通过现场直播、人物访谈,为 TikTok 原创用户和原创内容提供更多展示机会,并通过 Billboard Japan 的 TikTok 账号连续播出四周。

第三,与日韩 21 家音乐公司推出音乐人计划。2019 年 4 月,TikTok 在日本和韩国启动"TikTok Spotlight"音乐人计划。"TikTok Spotlight"音乐人计划与环球音乐、索尼音乐、华纳音乐等日韩 21 家唱片公司和词曲版权公司开展合作,同时还邀请顶级音乐制作人、词曲作者和歌手担任导师和评委。② 他们与 TikTok 共同为新兴音乐人提供支持,使其有更多机会向音乐爱好者、唱片公司、词曲版权公司、词曲作者、制作人等展示自己的作品。

第四,TikTok 在日本推出"育成计划"。2019 年 2 月,TikTok 开始了扶持 1000 多名优质内容创作者的"育成计划",对入选该计划的账号进行重点扶持,目标是帮助这些账号成为粉丝破万的达人账号。日本 TikTok 上的

---

① 《广告主为什么选择运营 TikTok 企业账号?》,网易,2021 年 1 月 14 日,https://www. 163. com/dy/article/G0APH28A0538TGFF. html。

② 《解决版权危机 TikTok 推出音乐人计划》,中关村在线,2019 年 4 月 10 日,http://news. zol. com. cn/713/7139059. html。

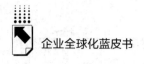

内容正趋于多元化，Vlog、绘画、漫画是其内容最多的三个分类，并且正在覆盖越来越多的垂类。

第五，与首尔大学共同培养创作者。在韩国，TikTok 通过多种方式鼓励短视频优质内容的创作。比如举办"1 Million Audition"在线挑战活动、与当地 MCN 机构合作，发掘和培养韩国创作者。2018 年 10 月，TikTok 与首尔大学设计与艺术继续教育学院签署内容合作协议，为和该学校专业相关的众多垂类，包括时装、美容、视觉设计和配音等媒体内容创作相关专业的学生和机构创建账号，并提供多方面支持。比如，TikTok 会邀请学生参加公司组织的各类活动并提供内容创作经验分享。首尔大学则计划在本学期内使用 TikTok 作为实践课程，进而培养新一代创作者。

4. 东南亚及南亚（以印度为主）市场

（1）针对不同市场用户习惯，打造产品功能

东南亚及南亚市场前景最为广阔，两地居民愿意在社交媒体上花费大量时间，并且渴望表达自己、乐意与家人和朋友分享。截至 2017 年，大多数东南亚及南亚国家仍没有流行的短视频应用，Kwai 在 2016 年进入市场但并没有获得成功。2017 年，TikTok 在东南亚及南亚市场利用明星效应进行全面推广，并根据当地的生活习俗提供不同的挑战活动，推动平台社区建设。2018 年，其下载量已经遥遥领先其他同赛道产品。

（2）主打"下沉"市场，对印度"腹地"下层用户更友好

如果说 Instagram 是吸引印度社会上层和富人崇拜者的"精英化"应用，那么 TikTok 则是植根于印度的腹地，主要展示普罗大众生活的社交短视频应用。对于大部分民众而言，他们只不过想在茶余饭后观看一些能引起共鸣的、轻松的娱乐内容。因而 TikTok 可以不断满足他们的这点需求。印度二、三线城市用户已经对 TikTok 形成了很强的黏性，甚至 TikTok 在被印度封禁前，曾慢慢渗入印度一线市场。

（3）强调创建社区平台，锁定用户

Dubsmash 作为在印度市场的另一款视频内容制作工具，曾经颇受欢迎而如今逐渐衰落，与其相比，TikTok 更加强调内容推广平台的作用，强调创建社区平台，而不仅仅是一种工具。这种平台模式成功地锁定了用户，让 TikTok 变得很容易"上瘾"。TikTok 在印度的 5200 万月活用户每天要花 29 分钟在平台上面刷视频。[①]

（二）稳固市场、延续红利策略

1. 电商化延续红利

目前，TikTok 发展较为稳健的市场是美国、日本和印度。而中东地区、巴西以及欧洲的英法德等国家和地区也都会逐渐成为 TikTok 新流量的来源地。[②]

国内抖音已经在电商领域不断发力，通过短视频电商、直播电商等获取了大量红利，这必然成为"跨境电商"新流量的入口。然而从海外电商涉及的客户体验来看，当前 TikTok 这一功能尚不成熟，比如物流、支付等方面还未完全打通，再加之各国法律法规差异甚远，本地社会文化风险也需要考虑在内，因而平台内容审核等方面需要更加严格把控。但可以肯定的是 TikTok 开通电商功能将是必然。预计 TikTok 电商业务也一定会在海外成功推行。[③]

2. 加强内容审核

政策监管要与内容产品相匹配，字节跳动占领海外市场后，青少年用户聚集，由此产生了数据隐私以及内容合规等方面的问题。

2020 年 2 月 28 日，美国联邦贸易委员会（FTC）发布了一项裁决称，

---

① 《TikTok 在印度"下沉"，它可能和你熟悉的抖音不同了》，36 氪，2020 年 2 月 22 日，https：//36kr. com/coop/toutiao/5179402. html。

② 《集结了十几家代理商 Tiktok 将开启全球商业化征程?》，亿邦动力网，2021 年 1 月 25 日，https：//m. ebrun. com/370823. html? from = groupmessage。

③ 《太意外! 7000 亿字节跳动突放大招国际版抖音要彻底火了?》，东方财富网，2020 年 5 月 20 日，http：//finance. eastmoney. com/a/202005201490898120. html。

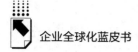

TikTok 因违反了美国《儿童隐私法》处以 570 万美元罚款；① 2020 年 4 月初，印度泰米尔纳德邦高等法院发布禁令，提出要禁止下载 TikTok、禁止 TikTok 视频在电视上播出。②

TikTok 对此做出积极回应并建立了严格的审核机制。2019 年 11 月，TikTok 宣布，将在美国引入第三方机构，让他们为平台的内容管理政策提供咨询服务和建议。③

为应对美国政客以所谓"威胁数据安全"为由的打压，2020 年 7 月 29 日，TikTok 首席执行官（CEO）凯文·梅耶尔（Kevin Mayer）宣布，TikTok 将公开驱动其内容审核算法的代码，以便专家实时观察其执行情况。④ 强化短视频内容监管一方面有助于提高平台内容质量，维护社会和谐；另一方面也使其适应当地政府的要求。此外，作为短视频内容分享平台，TikTok 在布局全球市场过程中，必然会遇到文化、习俗、用户使用习惯的差异，为此，TikTok 在不同市场中除保留抖音的基本功能之外，又根据具体市场的不同风格增加了一些独有的特色。

七　华为

华为技术有限公司（以下简称华为）作为一家全球领先的信息与通信技术解决方案供应商，致力于实现更具信息化的社会、构建更完善便捷的通信世界。现有企业客户、运营商客户和消费者三方与华为合作发展，打造了专属的华为品牌。发展至今，华为已建立起属于自己的复杂业务体系，当前业务板块主要分为运营商业务、消费者业务、企业业务和云服务这四大板

---

① 《中国互联网出海防触礁指南》，《新疆都市报》2019 年 11 月 17 日。
② 《中国互联网出海防触礁指南》，《新疆都市报》2019 年 11 月 17 日。
③ 《TikTok 美国引入第三方机构 提升内容审核透明度》，《参考消息》2019 年 10 月 18 日，http://www.canbaoxiaoxi.com/china/20191018/2393289.shtml。
④ 《为证清白，TikTok 宣布将公开内容审核算法的代码》，观察者网，2020 年 7 月 30 日，https://www.guancha.cn/internation/2020_07_30_559498.shtml。

块，四大业务领域相辅相成、协同发展，共同组成华为生态战略布局版图的核心内容。[①] 具体业务分布情况如表 10 所示。

表 10 华为业务分布情况

运营商业务	消费者业务	企业业务	云服务
5G 部署	核心产品与服务	网络服务	华为云使能行业 + 智能
AI 使能自动驾驶	高端手机创新	智慧解决方案	云 + 网 + 数字业务
无线网络 & 固定网络云	网络解决方案	金融领域	共建开放合作云生态
核心网及 IT	全场景布局	能源领域	终端云服务体系
网络能源	智慧生态布局	交通领域	—
全球服务	体系升级	企业生态	—

资料来源：根据公开资料整理，2020 年。

　　梳理华为创办至今的发展历程，不难发现其中的整体策略与独到之处。1987 年，华为成为一家生产用户交换机（PBX）的中国香港公司的销售代理，[②] 1996 年开始全球化发展战略，以 C&C08 机迈出国际化发展步伐。2000 年初，华为则慢慢扩大地域影响，进军包括马来西亚、泰国、新加坡等在内的东南亚市场，[③] 陆续接到许多高额移动智能网订单。2014 年初，华为市场份额位列全球第六。到 2018 年底，华为已在全球共有 23 个地理区域运营 40 个可用区，全球范围内合作企业盟友超过 6000 家。2020 年第一季度，华为占全球手机出货量的比重为 18.0%。超越苹果，仅次三星，已呈坐二望一的态势。华为云着力构建"一云两翼双引擎"的计算产业布局，以鲲鹏和昇腾为基础，努力打造开放生态系统，在手机市

---

① 《华为 5G 时代最新战略出炉！扩张四大核心业务，布局三个产业生态》，搜狐，2019 年 9 月 17 日，https://m.sohu.com/a/341327696_99929649。

② 周洪娟：《华为的企业文化演进与创新》，硕士学位论文，对外经济贸易大学，2011。

③ 《华为国际化调查报告（精简版）》，https://www.docin.com/p-1421598521.html。

场取得不错成绩的同时，2020 年 5G 建设也取得了不错的进展，据不完全统计，目前已有 300 多种 5G 商用的应用案例，涵盖了 30 多个行业。其中在远程医疗、媒体直播、智慧矿山、智能制造、智能港口等新兴领域的应用非常成功。[①]

华为作为 ICT 产业的领导者，发展自身企业的同时，同样致力于践行海内外社会责任，在以企业的核心价值观为发展标准的同时，社会责任也肩负在身上，共同前行。近年来，中国云计算市场规模不断发展，尤其是公有云的部署规模持续攀升（见图 4），华为也正是基于自身技术产品上的持续创新与改进，坚持可持续发展的理念，不断实行内部整合优化，并在技术、业务等方面注入新活力，补足经验。在成功踏入中国云市场第一梯队后，没有故步自封，依旧向前飞奔，朝着全球五强的目标前进。[②] 华为突出的战略与服务如表 11 所示。

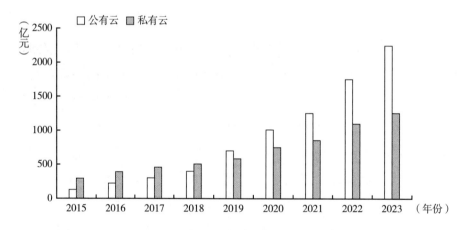

图 4　2015～2023 年中国云计算市场规模统计情况及预测

资料来源：中国信息通信研究院，2020 年 7 月。

---

① 《5G 前传 3.0 技术白皮书：2020 年底中国会部署超过 60 万基站》，新浪 VR，2020 年 9 月 17 日，https://vr.sina.com.cn/news/report/2020-09-17/doc-livhvpwy7190688.shtml。

② 《华为云：做"黑土地"，让万物生长》，搜狐，2021 年 1 月 19 日，https://www.sohu.com/a/445398351_467215。

表 11 华为自身突出的战略与服务分析

战略与服务	具体措施及优势	实际案例与成就
华为云	推崇"产品为王""用户体验至上"	案例一:2013 年,成为私有云开源组件 OpenStack 金牌会员 案例二:2014 年,FusionCube 一体机和 FusionSphere 云操作系统分别进入 Gartner 一体机和虚拟化魔力四象限
	深耕企业与政务市场,逐步加强基础软件能力	案例一:2015 年,在私有云基础上,开始涉足公有云市场,正式推出企业云服务 案例二:2016 年,就云服务项目,陆续与德国电信、西班牙电信等签约合作
	采用开放混合云架构共同支持私有云和公有云	2017 年,集中整合具备公有云能力的团队,成立 Cloud BU(华为云)
	面向多个垂直行业发布企业云服务解决方案	2018 年,基本搭建完成了各项业务需求模型,满足了绝大多数客户的大部分需求
	紧抓新增消费用户和用户新增消费两项指标	2019 年,华为云在云操作系统、云服务器、全栈全场景 AI、云生态平台等多个维度实现了突破
	目标明确,不断实行内部调整优化,实现多维度突破	华为云在差异化市场中找准定位,实现从芯片到硬件再到软件和服务的软硬件一体化更新,迅速占领市场
	在海外构建多个数据中心、架设服务器	截至 2020 年 9 月,华为云已上线 210 多种云服务,提供 210 多种解决方案;已发展 18000 多个合作伙伴,汇聚 150 万开发者;云市场上架应用 3500 多个,云市场年交易额超 10 亿元[①]
HMS 生态	给开发者提供语言本地化、软件本地化、多媒体本地化等一系列本地化服务[②]	HMS 生态目前已是全球第三大应用生态;2020 年年初,在海外市场上已经开放了 HMS Core 4.0
	引入了海外云测试能力,为企业及开发者提供云测试服务、AI 数据标注服务、安全服务、推广服务等	目前华为 HMS 已有 200 万的注册开发者,其中海外开发者近 30 万[③]
	陆续向全球的开发者及合作伙伴开放搜索、广告、地图、浏览以及支付五大重要的服务引擎	自 2020 年 9 月以来,HMS 出海生态联盟已由 13 家合作伙伴发展为近 200 家会员单位[④]

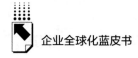

续表

战略与服务	具体措施及优势	实际案例与成就
"平台+AI+生态"战略	AI技术加持于平台,基于应用场景形成新型生态合作网	华为云EI帮助客户伙伴,针对不同的应用场景选择合适的AI规模化,在众多行业中不仅实现了效率提升,还不断突破极限,实现创新发展。2019年,华为企业业务实现销售收入897.6亿元,同比增长8.6%⑤
	以主动开放生态、主动让利伙伴、主动统筹资源、主动培养人才策略协同构建生态环境	截至2019年底,全球已有700多个城市、228家世界500强企业在数字化转型的道路中选择华为作为其重要战略伙伴
	打造开放、合作和共赢的多元生态系统⑥	华为目前全球合作伙伴数量已超过28000家,其中合作伙伴的商业贡献已占华为全球企业业务总体收入的86%⑦
海外社会责任承担	辅助开展社区公益活动	2019年,华为在全球范围内开展了170多项社区公益活动,支持社区文化、艺术、体育等活动,救助社区弱势群体(如妇女、儿童、贫困人口、重大疾病患者)等⑧
	提供教育培训与本地化工作岗位	案例一:携手联合国教科文组织、GSMA、Safaricom、比利时非营利组织Close the Gap等推出移动数字课堂DigiTruck,为肯尼亚偏远地区乡村教师、妇女儿童提供数字教育,确保得到公平的优质教育机会⑨ 案例二:华为与东非联合国教科文组织签署合作备忘录,数字技能和AI能力助力非洲发展⑩
	承建有线无线网络覆盖	案例一:在基础教育领域,华为先后承建西班牙、英国、埃塞俄比亚等多个国家及区域的有线无线网络覆盖,提升教育公平化 案例二:2020年6月,华为投资10亿英镑的助推光电研发项目在英国剑桥落地⑪
	提升科研资源获取的便捷性	2019年,助力巴西、泰国、巴基斯坦、意大利等国的国家研究与教育网络建设,提升了科研资源获取的便捷性
	荣誉与成就	获得EcoVadis社会责任评估金牌,最佳企业社会责任创新公司等荣誉;在中国民营企业100强社会责任发展指数名列第一⑫

资料来源:

①《Forrester最新报告,中国云服务HAT格局已定》,2020年10月23日,http://www.sohu.com/a/426808245_ 588651。

②《中国开发者的进阶玩法:"出海"去,寻找下一个流量洼地》,搜狐网,2020年12月10日,https://www.sohu.com/a/437478965_ 115602。

续表

③《华为 HMS 生态进一步推进！中国开发者如何扬帆"出海"？》，搜狐网，2020 年 12 月 11 日，https：//m. sohu. com/a/437613157_ 118417。

④《华为 HMS "出海"服务引擎：解决 3 大"出海"痛点，实现 7 大流量入口》，搜狐网，2020 年 1 月 12 日，https：//www. sohu. com/a/444048747_ 115514。

⑤《华为 2019 年致力打造数据世界底座，企业业务收入实现 897 亿元人民币》，环球网，2020 年 3 月 31 日，https：//tech. huanqiu. com/article/3xe4jO5Yhnw。

⑥《华为鲁勇：以"四个主动 + 三个协同"成就智能时代客户与伙伴》，2019 年 4 月 30 日，https：//www. sohu. com/a/311266314_ 610727。

⑦《华为 2019 年在企业市场稳健增长》，环球网，2020 年 4 月 1 日，https：//3w. huanqiu. com/a/9b83e2/3xf4cl6JQJO? agt = 10。

⑧《华为发布 2019 年可持续发展报告》，小熊在线，2020 年 7 月 8 日，http：//www. beareyes. com. cn/2/lib/202007/08/20200708001. htm。

⑨《华为与比利时非营利组织 Close the Gap 合作提升数字技能》，华为官网，2019 年 9 月 10 日，https：//www. huawei. com/cn/news/2019/9/huawei – close – the – gap – digitruck。

⑩《华为与联合国教科文组织签署合作备忘录让数字技能和 AI 能力普惠非洲》，华为官网，2019 年 9 月 18 日，https：//www. huawei. com/cn/news/2019/9/unesco – east – africa – huawei – sign – mou。

⑪《华为 10 亿英镑大项目获批落地剑桥后 美国火速施压英国》，搜狐网，2020 年 6 月 28 日，https：//www. sohu. com/a/404583721_ 120631046? _ f = index_ pagefocus_ 2。

⑫《2019 年中国企业社会责任发展指数排名》"在京揭晓，中国日报网，2019 年 11 月 18 日，http：//ex. chinadaily. com. cn/exchange/partners/82/rss/channel/cn/columns/j3u3t6/stories/WS5dd264baa31099ab995ec984. html。

综合来看，华为以"构建万物互联的智能世界"为核心驱动力，以运营商业务、消费者业务、企业业务和云服务四大业务布局为辅助，① 协同推进，共同发展，并在社会责任和人文关怀上持续发力，为当地的社会、经济的发展带来积极影响，现已成为全球领先的 ICT 基础设施和智能终端提供商，更好地实现了扎根当地、服务当地、与当地融合的目标。

就华为目前的"出海"现状来看，多个头部垂直领域应用产品在海外成绩斐然，值得注意的是由于"出海"目标区域不同，市场众多，在针对不同国家和地区"出海"时采用的多变策略也值得我们深入学习。例如开发阶段需要提前了解并尊重当地风俗习惯，开发过程注重合法合规、个人隐

① 郑富康：《华为管理模式的变革分析及经验借鉴》，《现代企业文化》2019 年第 22 期。

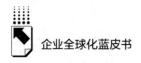

私信息数据安全等问题，营销阶段则需要关注消费者消费习惯、海外资源种类合理分配、推广资源手段相互结合等问题。[①]

华为的全球化策略如表 12 所示。

表 12　华为的全球化策略

区域	策略	案例
欧洲	根植本地市场与环境互动，走品牌高端化路线	案例一：在高端场所发布高端旗舰机型 案例二：联袂影响力大的代言人为品牌证言
	打造品牌故事，传递全新品牌认知	案例一：针对华为名称问题，设计颇具创意的广告语：Wow way，将宣传语设为：Make it possible 案例二：联合 Doner London 在短期内快速铺开大量的户外广告 案例三：挖掘人性温情，打造诸多有趣味性和话题性的宣传视频
俄罗斯	屡战屡败，屡败屡战，反其道而行之	案例一：1994 年，华为确定进军俄罗斯，但屡屡碰壁 案例二：1998 年，俄罗斯电信业一片灰暗，任正非依然坚持建立算法研究所，在俄罗斯市场前景十分虚无、毫无生机的情况下，连续几年碰壁，一无所获
	"土狼战术"	马不停蹄地组建当地营销队伍，培训后送往俄罗斯各个地区
	本地化经营	俄罗斯贝托康采恩、俄罗斯电信公司和华为三家合资，建立第一家合资公司：贝托—华为合资公司[①]
泰国	合作秉承双赢原则	华为为泰国客商提供了"客户化方案、高新价低产品和优质的服务"，赶上了泰国电信业发展跳跃期的班车
	全面树立品牌形象	案例一：始终秉承"质量好、价格低、服务好"的宗旨；与当地媒体合作投资将华为定位成物美价廉的国际化品牌 案例二：在代理商和经销商店面投放大量宣传资料 案例三：赞助泰国人民热衷的体育赛事，在泰国遭遇洪水灾害时捐出巨额善款 案例四：遵守宗教精神，关注环境保护、劳工利益、社区建设、教育事业、慈善事业等[②]

[①] 《2020 应用"出海"回顾分析："出海"机遇与挑战并存，开发者如何乘风破浪》，腾讯网，2020 年 12 月 31 日，https：//new.qq.com/rain/a/20201231A0326800。

续表

区域	策略	案例
泰国	服务本地化 & 市场多元化	案例一:因地制宜,针对三线市场投入大量的墙体广告、电视广告、电影片头广告等,并在强档时机做促销活动 案例二:泰籍员工占75%,"热线服务""市场拓展""售后服务"等业务部署完善 案例三:延伸产品类型,增加产品规格,升级核心功能,并在售后服务中严于律己
	灵活定价	全方位了解竞争对手价格及顾客需求,迅速对价格做出调整,提高产品价值,推出低价产品(品牌)与敌手抗衡③
非洲	技术适配,以客户需求为核心,提供性价比高的产品	案例一:以客户需求为导向,向非洲客户提供物美价廉的传输设备和宽带设备 案例二:坚持低价战略,立足非洲中低端消费市场,为非洲客户提供物美价廉的产品,占领非洲运营商市场④
	积极响应市场 & 提供一站式"保姆"服务	案例一:为一个客户项目可投入多于国外同行数倍的技术人员 案例二:除了产品本身物美价廉外,在设备运送、安装、售后和维护等一条龙服务中也整合成一个购物体验链 案例三:弥补产品进入市场初期产品质量和品牌优势的不足,同样也是打响华为品牌效应的第一步
	加强品牌建设	案例一:积极参加非洲的各种电信专业展览会及峰会 案例二:诚邀客户及媒体到中国和华为总部参观
	持续提升技术创新能力	案例一:华为每年在创新研发上的投入占公司总收入的10%~15%⑤ 案例二:2015年,华为研发总投入超过90亿美元 案例三:2016年3月16日,华为以3898件企业专利蝉联全球第一
	注重当地社会发展,人才培养,履行企业社会责任	案例一:华为在非洲的7个培训中心已累计对超过3万名信息及通信技术专业人员进行了培训,助力当地年轻一代的学习成长 案例二:为安哥拉Cazange医院提供了"数字医院解决方案" 案例三:与联合国教科文组织、非洲大学合作,宣布将共同实施移动教育项目,设立了华为奖学金和ICT实验室
新加坡	不计成本打开市场局面	为新加坡三大电信公司之一专门开发一套软件,安排了一个1000多人的团队耗时一年,不计成本地研发项目并通过了新加坡电信苛刻的测试⑥

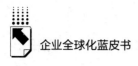

续表

区域	策略	案例
印度	本地化运营	案例一：选择印度本地人 P Sanjeev 负责当地线上渠道 案例二：与代工厂伟创力合作，在印度清奈建立工厂，通过支持印度制造争取印度用户的支持[⑦]

资料来源：

①《华为国际化第一站（俄罗斯篇）》，新浪财经，2017 年 3 月 30 日，https：//cj.sina.com.cn/article/detail/1279746217/202901

②《华为进军泰国市场的营销策略》，2019 年 5 月 22 日，https：//max.book118.com/html/2019/0522/7200002122002026.shtm。

③《以"四个主动 + 三个协同"成就智能时代客户与伙伴》，搜狐网，2019 年 4 月 30 日，https：//www.sohu.com/a/311266314_ 610727。

④《"出海"非洲：学习华为进入非洲市场的营销策略》，博展海外传播，2019 年 10 月 29 日，http：//www.proexpo.cc/a/450.html。

⑤《华为坚持将年收入约 15% 投入研发》，中国经济网，2019 年 6 月 28 日，http：//tc.people.com.cn/n1/2019/0628/c183008 – 31200738.html。

⑥《华为海外拓展的新加坡往事》，经济观察网，2011 年 9 月 7 日，http：//www.eeo.com.cn/2011/0907/210717.shtml。

⑦《华为强化印度本地化运作，获将有望提升在当地的市场份额》，知乎专栏，2018 年 6 月 12 日，https：//zhuanlan.zhihu.com/p/37985505。

总的来看，近年来华为产品应用范围变得越来越广泛，行业地位也在不断上升，主要依托于以下三点。

第一，华为始终具备优秀的狼性文化基因和危机意识，能将用户需求放在第一位，坚持本土化运营，并对市场进行有针对性的产品细分，从而为用户提供更好的软硬件产品，让更多的用户得到最好的体验。

第二，华为领导者将企业发展理念与符合社会和经济商业发展思想的契约精神相融合，面对挫折挑战不屈不挠，敢于迎难而上，驱动了技术创新、模式重构、国际研发等内容模式的发展。

第三，华为具备强大的软硬件实力，以自主研发的处理器打开市场，逐步占据产业链的顶端，通过资源整合、开放云端等一系列创新操作，坚持不断创新进取的精神，帮助品牌不断提升知名度和美誉度，从而达到了如今的影响力。

八 腾讯

腾讯 2009 年开始国际化进程，作为中国互联网头部科技企业之一，始终坚持以"用户为本，科技向善"为使命，建设高水平的企业人才队伍，加强科技创新，积极开展企业间合作，实现互联网行业协同发展，通过技术丰富互联网用户的生活，助力企业数字化升级。

目前腾讯已经拥有了非常庞大的业务体系，整体"出海"目标国遍布全球（见图 5），其业务可分为社交、娱乐、金融、资讯、工具、平台这六大部分，具体包括十几条业务线、上百种产品，且在众多领域处于领导地位（见图 6、表 13）。

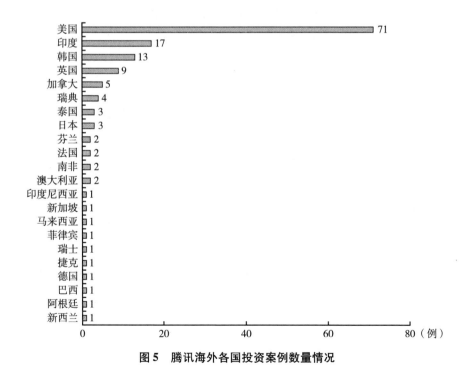

图 5　腾讯海外各国投资案例数量情况

资料来源：IT 橘子、深响，2020 年 7 月。

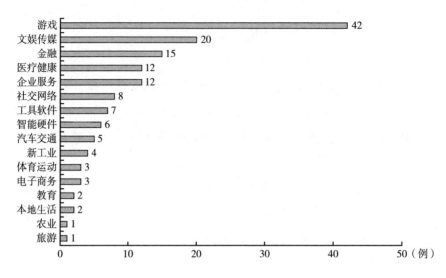

图6 腾讯海外投资行业案例情况

资料来源：IT 橘子、深响，2020 年 7 月。

表13 腾讯的全球化策略

业务板块	布局区域	策略	案例
游戏"出海"（起步阶段）	全球	全面布局，因地制宜，提供特定服务，满足多种用户体验感，提高游戏用户社交体验及黏性	案例一：GME 针对游戏内语音功能需求设置了实时语音解决方案，提供 3D 实时语音、离线语音消息及支持 120 种语言的语音转文本等功能 案例二：腾讯云米大师聚合国内外 80 多种主流支付渠道，一次接入即可全面覆盖，无须软硬件投入
		提供技术解决方案	案例一：在全球同服游戏场景下，腾讯云的全球应用加速（GAAP）技术有效解决全球玩家访问卡顿或者延时过长问题 案例二：利用手游加固 MTP、宙斯盾抗 DDoS、WeTest 等功能有效提高了产品的安全性能
		海外投资（收购），行业布局	为加速国际化扩张，腾讯游戏在海外投资（收购）方面也在加速前进，投资（收购）包括 Supercell、Sharkmob 等在内的 30 多家全球知名游戏公司和工作室

续表

业务板块	布局区域	策略	案例
视频"出海"（发展阶段）	亚洲	通过内容、产品、服务在内的平台搭建，多点进攻，构建起了平台式的整体"出海"模式	2019年6月，腾讯视频在泰国推出视频流媒体服务平台WeTV，提供泰语字幕/配音的中文原创内容
		为海外用户提供精品国产内容，并与当地的内容供应商和制作团队建立长期合作，共同发展本土内容	2020年1月13日，与泰国运营商BEC World达成战略合作，将通过各自互联网视听平台向用户提供优质泰国电视剧内容
文创"出海"（发展阶段）	日本	积累经验及资源渠道及海内外资源整合	2016年，与日本企业联合出品动画，后于2017年对作品进行多方面的本地化调整，创作出具有普世价值观的作品，开始将国产网络动画输出海外，为后续发展提供了重要的参考经验
	全球	打破刻板印象；借助"新"技术，打造全新的文化生产方式；汇聚多元文化IP，持续完善IP开发产业链	案例一：动漫方面，《一人之下》《狐妖小红娘》入选中国IP海外评价TOP20 案例二：剧集方面，以《庆余年》等为代表的大热影视剧已成功输送日本、韩国、北美等国家和地区的电视台 案例三：网文方面，阅文旗下的起点中文网，截至2019年6月，起点国际共计上架5万多本海外原创作品、400本中译本，累计访问用户量达1800万，并成功帮助《鬼吹灯》系列、《诛仙》系列、《盗墓笔记》系列等国内头部作品的不同译本上线海外①
金融"出海"（成熟阶段）	亚洲	并购，牵手本地龙头企业	2010年8月，腾讯控股公告称，全资附属公司新驿有限公司与M－Web Thailand Holdings B.V.签署协议，以1050.08万美元收购泰国Sanook2496股②
		收购，渗透到东南亚文化娱乐领域，抢占第三方支付的入口；技术输出	案例一：腾讯与京东和谷歌建立合作关系，向印度尼西亚网约车公司Go－Jek投资了12亿美元③ 案例二：2012年，腾讯注资韩国第一大即时通信工具Kakaotalk成为第二股东

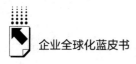
业务板块	布局区域	策略	案例
腾讯云"出海"（发展阶段）	全球	完善其生态系统，专注基础数据库的研发	案例一：腾讯云于 2019 年联合 Intel 定制 CPU，支持全球企业的高级 RAS 特性，降低虚拟化场景下硬件故障对可用性的影响④ 案例二：腾讯数据库团队于 2015 年正式进驻腾讯云，开始为国内金融企业提供金融级云数据库服务。2020 年，腾讯的国产金融级分布式数据库还在印度尼西亚 Bank Neo Commerce 银行新核心系统完成搭建并正式投入使用⑤
		提供技术支持，促进其与合作商在海外市场的快速发展⑥	案例一：腾讯云在 2020 年下半年推出的千帆计划中，联合外部 40 余家 SaaS 企业，为他们在全球市场提供稳定的基础设施和底层技术支持⑦ 案例二：2017 年 12 月，国外安全人员检测到有黑产团队利用公开细节的 CVE－2017－5638 以及 CVE－2017－9822 等高危安全漏洞展开攻击行动，腾讯云提供安全可靠的技术支持，及时进行安全预警，提醒网站用户根据预警内容进行自查和安全问题修复⑧
		助力合作厂商，提高国际影响力⑨	案例一：腾讯云为 VIPKID 提供软件定义网络和音视频解决方案，帮助客户构建了全球骨干网络，实现流量的动态控制，有效提升 VIPKID 在全球业务落地和布局效率，同时降低了成本⑩
开放平台"出海"（发展阶段）	日本	投资海外有自需的企业，实现合作互赢	案例一：腾讯小程序助力日本当地药妆企业鹤羽药妆 TSURUHA 集团，腾讯小平台为消费者构建了一个便捷的发展平台，帮助广大鹤羽药妆消费者轻松选购其需要的商品。不仅如此，腾讯通过微信公众号，帮助鹤羽药妆与顾客进行互动并让其吸引更多中国消费者，让更多的消费者淘到多种优质产品⑪ 案例二：腾讯于 2020 年 6 月向日本游戏公司 Marvelous 投资 50 亿日元，使其摆脱了因高研发费用而陷入的资金困境⑫

续表

业务板块	布局区域	策略	案例
开放平台"出海"（发展阶段）	中国国内	将海外业务转移回国内，助力双循环	美国特朗普于2020年8月6日引用美国《国际紧急经济权力法》，签署行政令，禁止与微信母公司腾讯进行任何有关微信的交易。针对这一点，腾讯平台已将其大部分的业务转移回国内，联合国内众多企业，助力循环
	全球	打破边界，加大科技研发力度，促进人工智能发展	2018年，腾讯优图人脸团队刷新国际权威测评MOT challenge多目标跟踪比赛的两项纪录（MOT2015：人体检测跟踪任务，MOT2017：人体跟踪任务），在两个榜单中排名世界第一[13]

注：按发展阶段划分为起步阶段、发展阶段、成熟阶段。

资料来源：

①《从IP开发到文化"出海"，腾讯新文创战略渐入成熟期》，新浪财经，2020年5月15日，http：//finance.sina.com.cn/stock/relnews/hk/2020 – 05 – 15/doc – iircuyvi3251456.shtml

②《腾讯控股收购泰国Sanook约50%股份》，第一财经，2010年8月26日，https：//www.yicai.com/news/398439.html。

③《谷歌、腾讯和京东将向印尼网约车公司Go-Jek投资12亿美元》，36氪，2018年10月30日，https：//36kr.com/newsflashes/3279136096257。

④《"腾讯云"首次对外披露虚拟化技术发展线路图，细说如何应对四大挑战》，36氪，2020年6月29日，https：//www.36kr.com/p/772086471554306。

⑤《腾讯云旗下国产数据库在印尼Bank Neo Commerce银行投入使用》，新浪财经，2020年11月16日，http：//finance.sina.com.cn/stock/relnews/hk/2020 – 11 – 16/doc – iiznctke1727141.shtml。

⑥《腾讯云TStack解决方案》，腾讯云，2020年5月15日，https：//cloud.tencent.com/solution/tstack？from = information.detail。

⑦《腾讯首次披露SaaS打法，"千帆计划"助力SaaS加速器成员成长》，腾讯云，2020年6月9日，https：//cloud.tencent.com/developer/article/1641345。

⑧《你的服务器可能成为别人的挖矿机！腾讯云五大策略护卫网站安全》，雷锋网，2018年1月31日，https：//www.leiphone.com/category/industrynews/0aPNEVuTdsLV3GUI.html。

⑨《首次重磅公布"出海"战略：6大核心能力、12大解决方案，腾讯云成国内"出海"领先云厂商之一》，投资界，2019年5月22日，https：//news.pedaily.cn/201905/443305.shtml。

⑩《双城记丨VIPKID和腾讯云的创业二三事》，搜狐网，2019年6月14日，https：//www.sohu.com/a/320630053_212034。

⑪《微信助力日本药妆店于疫情期间开拓国际电商业务》，腾讯官网，2020年12月7日，https：//www.tencent.com/zh – cn/articles/2201101.html。

⑫《传腾讯（00700）将收购日本游戏开发商Marvelous20%股权，成最大股东》，新浪财经，2019年5月26日，https：//finance.sina.com.cn/stock/hkstock/hkstocknews/2020 – 05 – 26/doc – iircuyvi5027934.shtml。

⑬《腾讯优图刷新两项国际权威测评MOT Challenge纪录！多目标跟踪技术落地多项应用》，2018年6月6日，https：//mp.weixin.qq.com/s？_ _ biz = MzI4OTY3OTYzNA = = &mid = 2247486769&idx = 1&sn = 569b70cb21a 9127fd0c7cfe81f6e2aa4&chksm = ec2a3d4cdb5db45 aa795f1893d856dedb6762ecea764f1bbfc20d10554fbf1a257b78619532b#rd。

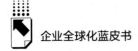
1. 游戏"出海"策略

2003 年腾讯组建游戏运营事业部，尝试进军游戏领域，随着多年发展，国内手游市场空间有限竞争加剧，因此腾讯加速了对海外游戏市场的战略布局，以投资、发行代理等手段，成为最积极走出大陆市场的游戏公司之一。[①]

国内平台先天优势不在，在"建立全球品牌"和"代表中国文化"双重目标的推动下，为用户带来最佳的游戏体验成为腾讯游戏的首要目标。内部人员开始深入海外进行大量调研，并以天美为基础，组建了一个从研发到发行的"出海"团队，制定详细"出海"战术，确定类型和题材。在后期实践中采取谨慎策略，先踏入同根同源的中国台湾地区试错，进而转战东南亚或日韩，继而试行欧洲和北美，像个新手一样，在逐个区域"打怪练级"。[②]

虽然事前已经做过调研，但在腾讯游戏全球市场持续增长的同时，还是遇到了巨大挑战。其中，中国游戏"出海"的共有问题，例如文化差异、用户习惯偏好、国外软硬件差距、当地经济基础等因素，以客户端兼容性为代表的游戏体验、网络安全作弊防控、支付场景等问题，都成了腾讯在推广时首要考虑的重点。例如欧美用户对个人信息的敏感度与时长限制参与度上有一定要求，对此腾讯采用了极为灵活的商业模式，通过人为的运营与反馈去调整数据，甚至修改基础引擎架构照顾用户体验，以兼顾不同地区玩家的经济实力和付费习惯。

除此之外，为应对这些危机，腾讯云的全球基础设施也显得尤为重要。除了使全球化基础设施不断完善外，也能在布局过程中同步分析当地市场，结合腾讯自身业务特点，选择特殊节点，逐步把双可用区作为境外数据中心标准的配置，为国内游戏企业"出海"提供完善的护航解

① 《腾讯游戏"出海"及行业解决方案》，2021 年 1 月 11 日，https：//mp. weixin. qq. com/s/V26Pd2_ MsFNGdN_ hgrCRDw。

② 《中国游戏"出海"不易，腾讯能击穿外国玩家吗?》，新浪科技，2019 年 4 月 19 日，https：//tech. sina. com. cn/i/2019 – 04 –19/doc – ihvhiewr7021696. shtml。

决方案。

在全球同服游戏的场景下，腾讯云的全球应用加速（GAAP）技术有效解决了全球玩家访问卡顿或者延时过长的问题；GME针对游戏内语音功能需求设置了实时语音解决方案，提供3D实时语音、离线语音消息及支持120种语言的语音转文本等功能；同时，腾讯云米大师聚合国内外80多种主流支付渠道，一次接入即可全面覆盖，无须软硬件投入；利用手游加固MTP、宙斯盾抗DDoS、WeTest等功能有效地提高了产品的安全性能。截至2021年4月，腾讯云目前已在全球开放27个地理区域，运营61个可用区，其一系列布局有效提高了游戏用户社交体验及黏性，助力游戏厂商快速开拓国际市场，为国内游戏"出海"提供了非常大的便利。

与此同时，为加速国际化扩张，腾讯游戏在海外投资（收购）方面也加速前进，很多全球知名游戏公司的背后都有腾讯的身影，包括Supercell、Sharkmob等在内的30多家游戏公司和工作室。据不完全统计，腾讯在2008～2019年在海外投资并购达114次，其中投资游戏领域38次（见表14），占比33.3%。这一拓展策略使PC和手游的营收结构很快得到调整，有利巩固了腾讯在全球范围内PC和移动游戏厂商地位。

表14　2008～2019年腾讯海外游戏投资情况

单位：亿元，%

时间	公司	国家	金额	持股比例	涉及领域
2008～2011年	GH Hope Island	韩国	0.15	—	PC
	Eyedentity Game	韩国	0.2381	—	PC
	Redduck	韩国	0.0895	—	PC
	Topping	韩国	0.0895	—	PC
	Nextplay	韩国	0.0895	—	PC
	Reloaded	韩国	0.32	—	PC
	Studio Hon	韩国	0.086	—	PC
	Outspark	美国	0.77	—	游戏发行

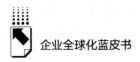

续表

时间	公司	国家	金额	持股比例	涉及领域
2012 年	Level UP	新加坡	1.9	49.00	游戏发行
	Epic Game	美国	21	48.40	PC
	Zam	美国	—	—	游戏论坛
	Kamcord	美国	0.07	—	游戏技术
2013 年	动视暴雪	美国	98.6	6.00	PC
	Plain Vanilla	冰岛	1.5	—	手游
	Hammer & Chisel	美国	两次投资、金额不详	—	手游
2014 年	4:33 Creative Lab	韩国	7.7	—	手游
	Dots	美国	0.7	—	手游
	Aiming	日本	—	16.84	PC + 手游
	CJ Games	韩国	35	28.00	手游
	TapZen	美国	0.56	—	手游
	PATI Games	韩国	12	20.00	手游
2015 年	Artillery	美国	—	—	PC
	Miniclip	瑞士	—	占多数股权	页游 + 手游
	拳头	美国	—	全资收购	PC
	Glu Mobile	美国	8.8	41.6	手游
	Pocket Gems	美国	10	38	手游
2016 年	Paradox	瑞典	1.48	5.00	PC
	Supercell	芬兰	605	84.30	手游
2017 年	Frontier Developments	英国	1.56	9.00	PC + 手游
	Miliky Tea	美国	—	—	PC + 手游
2018 年	蓝洞	韩国	34	10.00	PC + 主机
	Kakao Games	韩国	3.3	—	手游
	育碧	法国	28	5.00	PC + 主机
	Dream11	印度	7	—	手游
	Grinding Gear Games	新西兰	—	80.00	PC

续表

时间	公司	国家	金额	持股比例	涉及领域
2019 年	Fatshark	瑞典	3.7	36.00	PC + 主机
	Sharkrnob	瑞典	—	全资收购	PC + 主机
	Antstream Arcade	英国	—	—	云游戏

注：Glu Mobile 8.8 亿元投资金额为第一次投资，第二次金额未知。
资料来源：根据公开资料整理，2020 年。

2019 年第四季度，在腾讯的整体网络游戏收入中，海外游戏收入的占比高达 23%，金额超过 69.6 亿元。2020 年 5 月 13 日，腾讯旗下手游《PUBG MOBILE》登顶美区 iOS 手游畅销榜，该游戏当月收入同比增长 33%，收入达到 1.06 亿美元，成为国产"出海"手游中收入最高的一款。[①]

这在很大程度上归功于腾讯独特的战略眼光。回顾其重要历程可以发现，腾讯游戏新产品"出海"思路大有独到之处。

第一，对于外部市场，腾讯始终能紧盯市场新热点，锁定用户真实诉求，能从庞大的用户基数中抓取消费群，围绕重点提供多种服务。

第二，对于企业自身，善于全面布局，借用自身腾讯云服务建设助力游戏"出海"，利用自己的流量优势、社交属性实现整体替代，并因地制宜，不断改进，力争最大化满足用户的交互式体验。

第三，善于与本土化企业合作，加速整合海外游戏布局，避免新产品开发风险，使公司海外业务具备快速增长潜力，也巩固了腾讯的平台地位。

2. 视频"出海"策略

目前来看，腾讯视频内容"出海"既有单片内容的海外发行，又涵盖内容、产品、服务在内的平台搭建，多点进攻，层层递进，构建起平台式的整体"出海"模式，为海外用户带来更优质、更多方位的视听娱乐体验。

作为率先在海外多地落地的流媒体服务平台，腾讯视频 WeTV 虽然打破

---

① 《月收入达 1.06 亿美元！腾讯游戏火爆海外，股价再创新高》，新浪财经，2020 年 7 月 4 日，http：//finance. sina. com. cn/stock/relnews/hk/2020 – 07 –04/doc – iircuyvk2024312. shtml。

了行业内华语内容只提供给华人观看的行业壁垒，但"让全球用户共享好内容"的愿景，并不是一件容易实现的事。一方面，文化壁垒的存在是文化流动的现实障碍；另一方面，置身于全球市场，有 Netflix 和 Disney + 这样更为强劲的世界品牌作为竞争对手。

在内容布局上，腾讯 WeTV 吸取了 Netflix 刚进入亚洲市场时遭遇内容推广不顺畅的经验，深悟所有以内容为媒介的传播，都需要经历与当地"水土"相融合的阶段，所以"出海"时期并不是做单一的内容搬运。而是在为海外用户提供一些精品国产内容的同时，也要与当地内容供应商和制作团队建立长期的合作，共同发展本土内容。

从文化背景相近的亚洲市场入手，也是腾讯视频将内容与平台逐渐辐射至世界的一次容错率较高的探索。2019 年 6 月，腾讯视频在泰国推出视频流媒体服务平台 WeTV，提供泰语字幕/配音的中文原创内容，以及与当地合作伙伴创建的内容，自此开启了海外拓展第一站。随后，WeTV 陆续在印度尼西亚、菲律宾和马来西亚等国家和地区落地，成为这些国家和地区率先专门提供中国内容的流媒体服务平台，一步步拉近平台内容与国际用户的距离。

知晓新品牌的再次进入会面临着来自本土品牌和外部强敌的双重压力，腾讯视频 WeTV 于 2020 年 1 月 13 日与泰国 CH3 电视频道（简称泰国 3 台）运营商 BEC World 宣布达成战略合作，将通过各自互联网视听平台向用户提供优质泰国电视剧内容，腾讯视频 WeTV 也成为首个获得泰国 3 台同步转播和独家重播精选电视剧节目的合作伙伴。此次合作也标志着中国网络视听产业开启了更为双向的文化交流与内容分享。①

时至今日，WeTV 平台上的中国内容已突破 8000 小时。截至 2020 年 6 月，WeTV 月均活跃用户数量同比增长近 12 倍。腾讯视频在"出海"过程中能取得这样的成绩得益于以下几点。

---

① 《腾讯视频"出海记"》，澎湃，2020 年 12 月 31 日，http：//m. thepaper. cn/baijiahao_10622038。

第一，以早布局、深发展的思路为基础，实行了更快速、更深入、更持续的作战方式，让腾讯视频在"出海"的道路上占了先机。

第二，从内容交流一步步拓展至品牌落地，借助先进技术将优秀的中国内容产品及时且完整地传播给海外地区，并在发展过程中不断丰富改进，为海外用户带来了更优质、多方位的视听娱乐体验。

第三，构建起平台式的整体"出海"模式，基础坚实，后期再多点进攻，循序渐进，形成了一条从内化到外化，由点到面的"出海"路径。

3. 文创"出海"策略

从文化形态上来看，动画、漫画早已变成了一种国际化的媒体形式，行业巨头已具备各自的鲜明特色文化和娱乐方式，全球市场基础庞大。但中国动漫产业链各环节仍未发展成熟，动漫 IP 的制作和运营水平较海外作品仍存在一定的差距。处于这样的大背景之下，中国文创行业在近些年来的一次次"出海"尝试，集结全球文化大融合的发展机遇，在内容创作及市场营销方面进行了国际化战略布局。

腾讯动漫近些年来在内容"出海"这条道路上，先后经历了三个重要阶段。首先，2016 年与日本企业联合出品动画，主要是积累经验及资源渠道；其次，2017 年对作品进行多方面的本地化调整，创作出具有普世价值观的作品，开始将国产网络动画输出海外，为后续发展提供了重要的参考经验；最后，通过进一步整合海内外相关资源，有效弥补了现阶段中国动漫产业短板，最终实现了"由中方主导，多国合作"的动画内容生产模式。

随着泛娱乐战略逐步演进，腾讯跟随行业发展成立承载腾讯绝大部分内容产品的 PCG 事业群，收购新丽等公司，从线上到线下，从国内到国外，通过开创性尝试，布局大内容领域，进一步升级为"新文创"的跨界产业链。汇聚多元文化 IP，持续完善 IP 开发产业链，以更高效模式让中国动漫 IP 实现国际化运作，让海外更多观众了解中国动漫作品所带来的独特文化魅力，继而打造出具有全球影响力的中国文化 IP，实现文化"出海"。

在新文创战略下，这些布局开始不断释放价值。动漫方面，有两部作品入选中国 IP 海外评价 TOP20；剧集方面，大热影视剧成功输送日本、韩国、

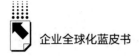

北美等国家和地区的电视台，圈粉不断；网文方面，阅文旗下的起点中文网早早布局海外，截至 2019 年 6 月累计访问用户数达 1800 万，成功帮助国内头部作品不同译本上线海外。

腾讯新文创战略能逐渐释放出价值，主要得益于如下两点。

第一，战略布局科学谨慎，首要吸取实操经验，"出海"探索不急不躁，稳中求胜，在完善自身短板的基础之上谋求发展，将战略付诸实践，继而实现新的突破。

第二，腾讯数字内容能力在不断增长，文化版图在不断扩充，且自身具有强化 IP 源头的梳理能力，全面打通作品创作源头、读者粉丝运营阶段、IP 孵化阶段等环节，提升了 IP 全生命周期的价值。腾讯进行了现代技术与传统文化的融合，在完成内容产业链整合后，围绕 IP 积累所产出的作品，成功实现了规模化协同效应。

4. 金融"出海"策略

微信支付虽在国内移动支付市场属于绝对的"王者"，但随着规模基数越来越大，国内移动支付市场的成长速度开始放缓。腾讯将目光投向海外，"出海"的业务落地集中在亚洲地区，以社交为触点，将支付和社交结合起来，借助腾讯与合作伙伴的技术产品，再打通更多的内容体系。

在海外，支付通常被国内"出海"企业和创投机构视为互联网经济发展的底层建筑，但这一建设过程也需要一个漫长的周期，微信支付"出海"挑战重重。其中主要的挑战包括监管环境、国家法律政策差异大，易造成合规性困局；部分国家与地区支付基础薄弱，难以提供第三方支付交易接口；加快本地化部署，需要发展更多境外服务商，人力成本高；需要应对当地政策的变化；用户的信用卡使用习惯短时间内难扭转；当地用户、商户对线上支付接受程度等问题。[1]

事实上，俄罗斯、越南等国都已经禁止了支付宝、微信支付等工具在其

---

① 《微信支付"出海"：能否重现国内荣光?》，投资界，2020 年 1 月 16 日，https：//news. pedaily. cn/202001/450528. shtml。

境内的使用。支付是各国金融基础设施的重要组成部分，无论从哪一个角度考量，国家都会对其行为进行严格的监管，而各国管理习惯、管理思路不尽相同，由此带来的监管不确定性，会成为影响此类企业海外发展的重要障碍。

腾讯作为移动支付的新"进场者"，部分市场的移动互联网基础尚未稳固，仍然有较大创新发展潜力与空间。在支付场景上，跨境电商的拉动，出境旅游业的发展，与出国留学人口的增长，成为拉动移动支付的"三架马车"。微信支付"出海"的"第一站"便是日韩与东南亚国家。同时，微信支付提出了"支付即营销"的口号，借助小程序扫码、下单、支付，给商户提供智慧支付解决方案，接入移动支付系统后，帮助商户提升门店流量和交易量。根据微信支付最新数据，海外商户总数同比增长235%，海外机构总数同比增长37%。可以说微信海外服务商策略已见成效。

而腾讯的另一策略是收购、并购成熟的同业公司。金融业影响力巨大，在各国都会受到高度监管，各国也对外资控股持谨慎态度，也将加大金融业的跨国并购风险。蚂蚁金服并购美国公司速汇金，就曾遭遇不少波折。所以微信要求海外服务商必须是海外合法注册主体，通常由当地的金融机构、银行、互联网企业等组成，对当地商业经济、政府政策和人文环境较为熟悉，有开发、运营能力，也有商户资源。对于更大规模和体量的机构服务商，还要求其有金融服务资质。在此基础上以资本开路收割当地成熟公司的股权甚至控股权，以文娱社交平台为突破口，获得第三方支付入口比如投资打车软件，抢占支付入口等，便捷地通过被投企业，间接分享当地市场红利，也取得了不错的效果（见图7）。

根据最新数据，微信支付已在超过60个境外国家和地区合规接入，支持16个币种直接交易；2019年跨境业务笔数增长76%，使用人数同比增长70%。①

---

① 《微信公开课PRO：微信支付晒出2019年"成绩单"》，新浪财经，2020年1月9日，https：//cj. sina. com. cn/articles/view/5816954579/v15ab7aed301900p1a4？ sudaref = www. baidu. com&display = 0&retcode = 0。

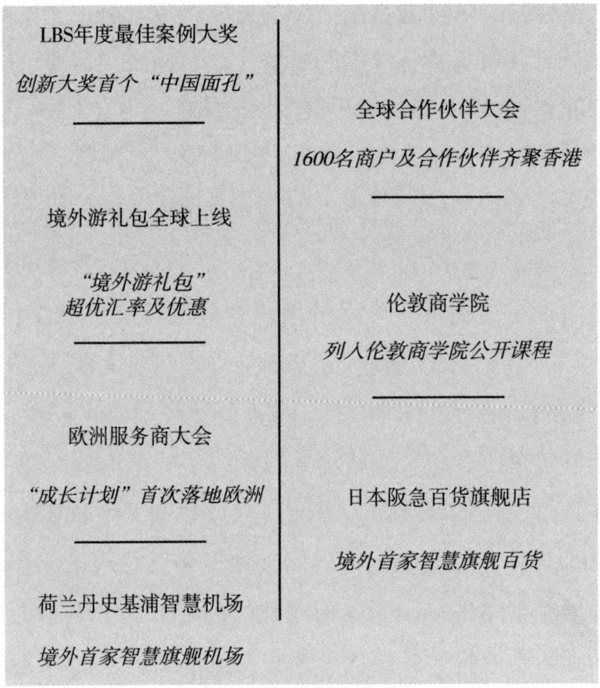

图7　微信支付 2019 年海外大事件

资料来源：投资界，2019 年。

5. 腾讯云"出海"策略

作为腾讯业务部门下的核心业务板块，腾讯云的"出海"之路道阻且长，其面临的风险与挑战体现在三方面：产品的研发及更新、海外复杂多变的网络环境、海外市场品牌传播效率低。

针对产品的研发和更新、海外复杂多变的网络环境挑战，腾讯云采取双打策略，一方面，腾讯云完善其生态系统，专注基础数据库的研发；另一方面，腾讯云不仅为其合作商提供 Doos 高防御 IP 包，为其合作企业撑起数据"保护伞"，而且联合多家企业，在千帆计划中为 SaaS 研发市场提供技术支持，促进其与合作商在海外市场的快速发展。①

---

① 《腾讯首次披露 SaaS 打法，"千帆计划"助力 SaaS 加速器成员成长》，腾讯云，2020 年 6 月 9 日，https：//cloud. tencent. com/developer/article/1641345。

腾讯云以安全为业务核心构建生态系统，及时调整企业架构，采用安全总体策略、云计算行业安全认证与合规、安全构架与安全服务以及安全审计与管理四项措施（见图8），形成完整的安全保障生态体系，为自身及其合作企业在扩展海外市场提供安全可靠的技术支持。

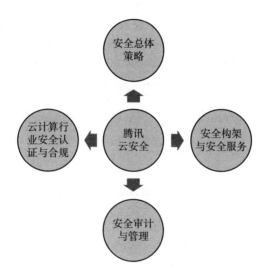

图8　腾讯云安全业务

资料来源：腾讯云官网，2020年。

针对海外市场传播效率低的问题，腾讯云帮助国内众多企业扩大国际影响力，从而提高其在当地市场的曝光率。在线少儿英语教育平台VIPKID就是其助力合作厂商，加强国际影响力的一个典型例子。为适应海量课程并发对可靠性、稳定性的要求，腾讯云为VIPKID提供软件制定网络和音视频解决方案，以更低成本帮助客户构建了全球骨干网络，实现流量的动态控制，有效提升VIPKID在全球业务落地和布局效率。腾讯云还将联合更多外部合作伙伴，助力国内企业开拓国际市场，加速提升中国企业和文化的全球影响力。

由此可见，腾讯云依托安全防护、无时差服务的两大"出海"核心能力，解决方案覆盖教育、智能终端等领域，是海外布局速度最快、分布区域

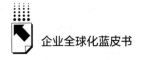

最广的云服务商之一。未来，腾讯云将持续加码"出海"市场，联合全球合作伙伴为"出海"企业在生态、技术、产品及品牌传播上提供进一步支持。除此之外，腾讯云推出专业扶持计划，为公益组织，创业者提供技术和资源支持。[①]

6. 开放平台"出海"策略

作为平台业务下的细分板块，由应用开放平台、微信开放平台、AI 开放平台、创业服务开放平台、内容开放平台及 QQ 开放平台组成。其"出海"之路面临多重挑战，先是被印度政府以边境冲突为由封禁其在印度的部分业务，后又受困于美国的贸易制裁。与此同时，在东南亚市场，腾讯平台与其同行的竞争日趋白热化。面对以上挑战，腾讯平台的解决策略为以下几点。

（1）投资海外有自需的企业，实现合作互赢

腾讯以微信生态系统为核心，以与合作商的战略合作为抓手，以增强合作商与活跃用户的互动为重要路径，提供了许多触达顾客的方式，为合作商及消费者提供多维度的服务，实现了以技术研发及市场营销为双轮驱动的"出海"模式。

（2）将海外业务转移回国内，助力双循环

随着中印边境争议地区的紧张局势继续升级，印度封禁微信。除此之外，美国前总统特朗普签署了有关 TikTok（字节跳动）和微信的禁令，以阻止这些企业在美国的发展。针对这一点，腾讯平台已将其大部分的业务转移回国内，联合国内众多企业，实现双循环。

（3）加大科技研发的力度，促进人工智能发展

在应用层面，腾讯 AI Lab 在内容 AI 产品的应用较多，微信里的"看一看"功能，QQ 浏览器、腾讯新闻和快报的内容推荐功能，都是基于大数据分析技术。在计算机视觉层面，QQ App 中的图像滤镜和腾讯视频中视频滤镜等都属于 AI 开放平台下的业务分支。

---

① 《千帆计划概述》，腾讯云，https：//cloud. tencent. com/document/product/306/47166。

此外，优图实验室是腾讯 AI 开放平台的核心，其业务范围涵盖人脸识别、音频识别、图像技术和 OCR 识别。

参考文献

郝杰：《中企"出海"启示录》，《中国经济信息》2014 年第 1 期。

王欣、崔亮亮：《科技自立是中国企业全球化的必然选项》，《通信产业报》2019 年第 17 期。

王哲：《中国民企在印度的投资现状及动因分析》，《现代经济信息》2018 年第 28 期。

张洁主编《中国周边安全形势评估（2015）》，社会科学文献出版社，2015。

张爽：《从"理性投资"到"高质量发展"的中国对外投资合作》，《国际经济合作》2020 年第 1 期。

张晓通、许子豪：《"一带一路"海外重大项目的地缘政治风险与应对——概念与理论构建》，《国际展望》2020 年第 3 期。

Sonny Zulhuda，Ida Madieha Abdul Ghani Azmi：《马来西亚社交媒体监管：选择与挑战》，《全球传媒学刊》2017 年第 2 期。

Canalys estimates（sell-in shipments），*Smartphone Analysis*，January 2021.

World Bank Group，*Global Economic Prospects*，January 2021.

Abstract

This book focuses on the topic of globalization of Chinese Internet technology enterprises, and conducts research and judgment on the environment, problems and trends of the globalization development of Chinese Internet technology enterprises. It is composed of four parts, namely the general report, the assessment, the risk management and the cases.

Through the multi-dimensional scanning of the strategy and globalization obstacles of 50 Chinese Internet technology enterprises, this report aims to show the basic situation, characteristics and development trend of key industries of Chinese Internet technology enterprises going abroad. In addition, this report provides reference experience and practical path for the path of globalization of relevant enterprises, and analyzes how Chinese Internet technology enterprises should deal with the situation of stricter foreign investment censorship, so as to avoid risks and move toward globalization.

This report uses a variety of methods, including comparative method, targeted interview and text mining based on big data, to sort out the models and paths of globalization of Chinese Internet technology enterprises. Horizontal comparison method is mainly used to compare the risks and effects of different modes of going aboard, different race tracks and different industries. The vertical comparison method is mainly used for diachronic report, that is, the historical changes of the globalization development of Chinese Internet technology enterprises. Interviews with companies and experts in related fields to gather professional opinions on strategies, recommendations, trends, etc.

This report builds the Enterprise Global Brand Communication Index model. The text mining method based on big data is used to capture and analyze the global policy communication, public opinion feedback, media reports and industry think tank views in the globalization cases of Chinese Internet technology enterprises.

In this report, based on over 100 million samples, scientific and operable indicators were selected, and data calculation and model iterative optimization were made.

The countermeasure research of this report is mainly divided into two parts: First, enterprises should dig opportunities in risks. It is analyzed from five aspects: capital, model, technology, strategic communication and government management. Second, enterprises need to understand the risks in key countries and regions, so as to predict and control them. The report focuses on the analysis of data security management, content management, copyright management, technology management and on this basis, puts forward countermeasures and suggestions for the risk management of Chinese Internet technology enterprises in the process of going overseas.

At present, Chinese high-tech enterprises have taken the lead in industrial application and model innovation, and are gradually turning to the refined competition. The application field of artificial intelligence has a comparative advantage, but the basic technology and theoretical research lag behind. Short videos, games and other projects are seizing the world's Internet life and entertainment outlet; as the basis for Internet technology enterprises to go abroad, the communication industry needs to be further strengthened. The overseas development of Chinese Internet technology companies has benefited a wide range of sectors, reflecting the responsibility of Chinese companies in many areas. Mature international Internet technology business platform to be incubated, brand effect to be tested; Regional and global policy and regulation research and talent reserve may be the key to the sustainable development of Internet technology enterprises. In the past few years, Chinese Internet technology companies have taken advantage of the "time machine effect" brought about by the "development lag" to copy business from mature markets to immature markets and successfully exported advanced business models overseas. In terms of capital "going abroad", we will continue to copy mature business models and carry out localized innovations. In-depth research in emerging markets, segmentation track; Insight

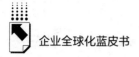
into the opportunities of going abroad in the post-epidemic era and discover potential categories; Pay attention to data compliance and strengthen privacy protection. In terms of mode "going abroad", pan-entertainment going abroad need to pay attention to the direction of subdivided categories, and improves the content review and management mechanism. Social products focus on research and segmentation of categories, expand entertainment functions; Tool products should enhance the independence of technology, establish content barriers; Cross-border e-commerce companies should adjust the selection dimension and focus on brand building. In terms of technology "going abroad", AI should lay a solid foundation for development and emphasize the ethical framework. In the field of cloud computing, storage and management needs should be met and multi-protocol support capabilities should be improved. Blockchain should actively strengthen industry supervision and promote the deep integration of the financial sector; In the space Internet field, we should seize the resources of orbit and develop low-cost space technology. In the field of mobile communications, we should increase investment in technology research and development and weaken political labels.

Keywords: Internet Technology Companies; Corporate Global Brand Communication Power; Globalization

Contents

I General Report

Abstract: Under the influence of COVID − 19, economies around the world hit bottom in 2020, and the world's external economic development will face new challenges. As one of the few countries in the epidemic to maintain positive economic growth, China's status in the international political structure is gradually enhanced, and the overseas expansion of domestic Internet high-tech enterprises has attracted the attention of international political forces. The changing international political landscape has also brought new opportunities and risks for Chinese Internet technology companies going overseas. This chapter reviews the overseas business growth of Chinese Internet technology companies in recent years, summarizes the multi-wheel drive model of Internet technology going abroad, and forecasts the growth of four key industries: games, e-commerce, artificial intelligence, and smart phones. In view of the impact of the current epidemic on the globalization of Internet technology enterprises, this paper discusses the derivative effects of the epidemic on Internet technology enterprises going abroad from three dimensions of "acceleration theory", "index theory" and "compensation theory", taking the epidemic as the original variable. Based on the

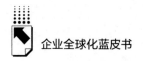
above content, the study also aims at the current situation of Internet technology enterprises globalization and explores the opportunities from three aspects of enterprise capital, mode, technology, points out that Chinese enterprises should adapt to the rapidly changing overseas business environment, study and judge emerging markets, and deeply cultivate the subdivision track. At the same time, the government and enterprises should pay attention to the global legal adjustment, and pay attention to the data compliance and privacy protection, to reduce business risk.

Keywords: Internet Technology Enterprise; Enterprise Globalization; Technology Innovation; International Discourse Power

Ⅱ　Evaluation Reports

B.2　Evaluation of Business Risks in Key Countries and Regions (2021)

Qingbo Public Opinion Research Group / 054

Abstract: In recent years, as Chinese Internet technology enterprises gradually go abroad, from the mature Internet markets such as Europe, America, Japan and South Korea to the emerging markets in Southeast Asia and India, the global competition situation in relevant fields is constantly changing. As the overseas business map is gradually taking shape, due to the many differences in different overseas markets, Internet technology companies' overseas business risks have also fermented, and global business risk events are frequent. This chapter adopts text analysis, content analysis, coding analysis and other research methods. By Summarizing the related risk theory at home and abroad and the related research results of the risk dimension division of overseas business, this chapter summarizes the risk categories faced by overseas business of Chinese Internet technology enterprises, and constructs the framework of business risk analysis in key countries and the evaluation index system of enterprise brand globalization. And according to the actual situation, the risk types, risk degree, countermeasures, media reports, public opinion feedback and other aspects of the business environment in key countries are coded. Further combining the local policy, economy, competition and public opinion environment for risk analysis, and finally business risk assessment and risk trend analysis for different countries and regions are formed in order to provide more theoretical reference and experience for chinese internet technology enterprises to "go abroad".

Keywords: Business Environment; Internet Technology Enterprise; Overseas Public Security

B.3 Evaluation of Global Communication Capability of Chinese Internet Technology Brands (2021)

Qingbo Public Opinion Research Group / 145

Abstract: The evaluation of global communication power of Chinese internet technology companies uses a global communication power indicator system for corporate brand. From the dimensions of brand voice, brand reputation, social responsibility, overseas business risks, etc. , the top Chinese Internet companies are evaluated to find the advantages and disadvantages in global communication. At the level of corporate global attention, this section focuses on the global voice communication of Tencent, Huawei, and Baidu; in terms of the global reputation of Chinese internet technology companies, the positive image communication events of Iqiyi, Lenovo, and Sohu are sorted out; in terms of social commitment, it shows that Chinese Internet technology companies are taking part in building new overseas infrastructure and fighting the COVID −19; In terms of risks during Chinese internet technology companies go aboard, we have collected representative cases of overseas risks in legal risks, data risks, social responsibility risks, and industry competition risks. The results of the index evaluation show that Chinese Internet technology companies are making efforts to integrate into the local environment and improve the brand voice in the process of doing business overseas. The problem of "losing voice" of Chinese enterprises in the international

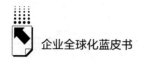

public opinion field has been improved to a certain extent. However, under the influence of the current international situation, the efforts of Chinese Internet technology enterprises have not directly brought positive reputation to their brands, so that Chinese Internet technology enterprises are still facing greater risks of overseas business.

Keywords: Global Communication Power Evaluation Index System; Oversea Risks; Internet Technology Companies

Ⅲ   Risk Management

B.4   Key Points and Countermeasures of Risk Management in
Key Countries and Regions

Qingbo Public Opinion Research Group / 166

Abstract: Taking the development characteristics, cultural differences, economic situation and other reasons of various countries and regions into account, different countries and regions have biased focus on the management and control of high-tech enterprises. This chapter mainly focused on the United States, the European Union countries, India and other countries and regions. The main points of risk management and control are compared, focusing on data security management, content management, copyright management, technology management and copyright management. On this basis, this paper puts forward countermeasures and suggestions for risk management of Chinese Internet technology enterprises in the process of going overseas: construct local interest community, respect local culture, establish risk monitoring and early warning system, insure overseas private investment insurance, strengthen local risk control and foreign-related content review, and make practical preparations based on business.

Keywords: Internet Technology Companies; Risk Management; Data Security

IV Case Study

Abstract: This chapter aims to provide reference for Chinese Internet enterprises to make globalization strategy. Using case study method, DJI, Lenovo, SenseTime, China Telecom, Alibaba, ByteDance, Huawei, and Tencent are taken as samples. In general, it is analyzed and summarized from four aspects: overview of overall business segments and time lines, main overseas regions, representative business lines and successful model experience.

In the process of globalization, internally, we should rely on the employees who work hard, put strives first, and let those who contribute get reasonable rewards. Externally, we should rely on customers and partners, adhere to customer-centric, and create value for customers through innovative products. And build a win-win ecosystem with suppliers, partners, industry organizations, open source communities, standards organizations, universities, research institutions and other stakeholders to promote technological progress and industrial development; last but not least, companies should also comply with applicable laws and regulations in the countries where they do business overseas, take social responsibilities, create jobs, contribute tax revenue, enable digital access, and maintain open communication with the local government and media.

Keywords: Internet Technology Companies; Overseas Business; Corporate Globalization

社会科学文献出版社

皮 书

智库报告的主要形式
同一主题智库报告的聚合

❖ 皮书定义 ❖

　　皮书是对中国与世界发展状况和热点问题进行年度监测，以专业的角度、专家的视野和实证研究方法，针对某一领域或区域现状与发展态势展开分析和预测，具备前沿性、原创性、实证性、连续性、时效性等特点的公开出版物，由一系列权威研究报告组成。

❖ 皮书作者 ❖

　　皮书系列报告作者以国内外一流研究机构、知名高校等重点智库的研究人员为主，多为相关领域一流专家学者，他们的观点代表了当下学界对中国与世界的现实和未来最高水平的解读与分析。截至 2021 年，皮书研创机构有近千家，报告作者累计超过 7 万人。

❖ 皮书荣誉 ❖

　　皮书系列已成为社会科学文献出版社的著名图书品牌和中国社会科学院的知名学术品牌。2016 年皮书系列正式列入"十三五"国家重点出版规划项目；2013~2021 年，重点皮书列入中国社会科学院承担的国家哲学社会科学创新工程项目。

中国皮书网

（网址：www.pishu.cn）

发布皮书研创资讯，传播皮书精彩内容
引领皮书出版潮流，打造皮书服务平台

栏目设置

◆ **关于皮书**
何谓皮书、皮书分类、皮书大事记、
皮书荣誉、皮书出版第一人、皮书编辑部

◆ **最新资讯**
通知公告、新闻动态、媒体聚焦、
网站专题、视频直播、下载专区

◆ **皮书研创**
皮书规范、皮书选题、皮书出版、
皮书研究、研创团队

◆ **皮书评奖评价**
指标体系、皮书评价、皮书评奖

◆ **皮书研究院理事会**
理事会章程、理事单位、个人理事、高级
研究员、理事会秘书处、入会指南

◆ **互动专区**
皮书说、社科数托邦、皮书微博、留言板

所获荣誉

◆ 2008 年、2011 年、2014 年，中国皮书
网均在全国新闻出版业网站荣誉评选中
获得"最具商业价值网站"称号；
◆ 2012 年，获得"出版业网站百强"称号。

网库合一

2014年，中国皮书网与皮书数据库端口
合一，实现资源共享。

中国皮书网

权威报告·一手数据·特色资源

皮书数据库
ANNUAL REPORT(YEARBOOK)
DATABASE

分析解读当下中国发展变迁的高端智库平台

所获荣誉

- 2019年，入围国家新闻出版署数字出版精品遴选推荐计划项目
- 2016年，入选"'十三五'国家重点电子出版物出版规划骨干工程"
- 2015年，荣获"搜索中国正能量 点赞2015""创新中国科技创新奖"
- 2013年，荣获"中国出版政府奖·网络出版物奖"提名奖
- 连续多年荣获中国数字出版博览会"数字出版·优秀品牌"奖

成为会员

通过网址www.pishu.com.cn访问皮书数据库网站或下载皮书数据库APP，进行手机号码验证或邮箱验证即可成为皮书数据库会员。

会员福利

- 已注册用户购书后可免费获赠100元皮书数据库充值卡。刮开充值卡涂层获取充值密码，登录并进入"会员中心"—"在线充值"—"充值卡充值"，充值成功即可购买和查看数据库内容。
- 会员福利最终解释权归社会科学文献出版社所有。

社会科学文献出版社 皮书系列
SOCIAL SCIENCES ACADEMIC PRESS (CHINA)

卡号：185477558754
密码：

数据库服务热线：400-008-6695
数据库服务QQ：2475522410
数据库服务邮箱：database@ssap.cn
图书销售热线：010-59367070/7028
图书服务QQ：1265056568
图书服务邮箱：duzhe@ssap.cn

S 基本子库
UB DATABASE

中国社会发展数据库（下设 12 个子库）

整合国内外中国社会发展研究成果，汇聚独家统计数据、深度分析报告，涉及社会、人口、政治、教育、法律等 12 个领域，为了解中国社会发展动态、跟踪社会核心热点、分析社会发展趋势提供一站式资源搜索和数据服务。

中国经济发展数据库（下设 12 个子库）

围绕国内外中国经济发展主题研究报告、学术资讯、基础数据等资料构建，内容涵盖宏观经济、农业经济、工业经济、产业经济等 12 个重点经济领域，为实时掌控经济运行态势、把握经济发展规律、洞察经济形势、进行经济决策提供参考和依据。

中国行业发展数据库（下设 17 个子库）

以中国国民经济行业分类为依据，覆盖金融业、旅游、医疗卫生、交通运输、能源矿产等 100 多个行业，跟踪分析国民经济相关行业市场运行状况和政策导向，汇集行业发展前沿资讯，为投资、从业及各种经济决策提供理论基础和实践指导。

中国区域发展数据库（下设 6 个子库）

对中国特定区域内的经济、社会、文化等领域现状与发展情况进行深度分析和预测，研究层级至县及县以下行政区，涉及省份、区域经济体、城市、农村等不同维度，为地方经济社会宏观态势研究、发展经验研究、案例分析提供数据服务。

中国文化传媒数据库（下设 18 个子库）

汇聚文化传媒领域专家观点、热点资讯，梳理国内外中国文化发展相关学术研究成果、一手统计数据，涵盖文化产业、新闻传播、电影娱乐、文学艺术、群众文化等 18 个重点研究领域。为文化传媒研究提供相关数据、研究报告和综合分析服务。

世界经济与国际关系数据库（下设 6 个子库）

立足"皮书系列"世界经济、国际关系相关学术资源，整合世界经济、国际政治、世界文化与科技、全球性问题、国际组织与国际法、区域研究 6 大领域研究成果，为世界经济与国际关系研究提供全方位数据分析，为决策和形势研判提供参考。

法律声明

　　"皮书系列"（含蓝皮书、绿皮书、黄皮书）之品牌由社会科学文献出版社最早使用并持续至今，现已被中国图书市场所熟知。"皮书系列"的相关商标已在中华人民共和国国家工商行政管理总局商标局注册，如LOGO（　）、皮书、Pishu、经济蓝皮书、社会蓝皮书等。"皮书系列"图书的注册商标专用权及封面设计、版式设计的著作权均为社会科学文献出版社所有。未经社会科学文献出版社书面授权许可，任何使用与"皮书系列"图书注册商标、封面设计、版式设计相同或者近似的文字、图形或其组合的行为均系侵权行为。

　　经作者授权，本书的专有出版权及信息网络传播权等为社会科学文献出版社享有。未经社会科学文献出版社书面授权许可，任何就本书内容的复制、发行或以数字形式进行网络传播的行为均系侵权行为。

　　社会科学文献出版社将通过法律途径追究上述侵权行为的法律责任，维护自身合法权益。

　　欢迎社会各界人士对侵犯社会科学文献出版社上述权利的侵权行为进行举报。电话：010-59367121，电子邮箱：fawubu@ssap.cn。

社会科学文献出版社